国家自然科学基金旅游研究项目文库

山地景区旅游者媒介地方感、满意度与品牌形象研究

明庆忠 邓杨夏 董敏杰 潘雪 等／著

中国旅游出版社

前　言

如果说追求新异及愉悦是旅游的核心，那么对不同地方的探寻就是旅游者最乐此不疲的活动。地方不仅承载着差异性的地理文化资源，也承载着人与此地的情感羁绊。移动互联网的普及让旅游者可以在短时间内获取海量的目的地信息，而在视频媒介逐渐发达的当下，地方具有了一个更能全面展示其特征的“橱窗”，每一个去往该地并进行上传活动的旅游者，都成了地方营销中的一环。旅游者的在地活动被媒介改变：查询、浏览、记录、分享成了旅游的一部分，在旅游景区，自拍杆和摄像头更是不可被忽视的存在。视频媒介的普及和使用是如何影响旅游者的出游、感知、情感活动的？而跟随着摄像机，我们是否也能进一步看到旅游者是如何与地方之间一步一步建立连接的？本研究正是在这两个核心问题的指引下展开对于人—媒介—地关系的讨论的。

相对而言，讨论媒介对旅游影响的研究，其案例地大多集中在城市区域，但山在源远流长的中国传统文化中一直具有崇高的地位，且广阔的山地区域相较于人口密集的城市，更加具有特色的差异性文化和景观，如何将广阔的山地区域变成更能带给旅游者良好旅游体验的目的地是极具价值的议题。因此，本研究选择5A级旅游景区玉龙雪山作为案例地。研究发现：第一，人地情感联系的缔结需要经历环境感知、复合体验、差异感受、情感关联四个过程，环境感知是人地情感联系建立的基础；复合体验是人地情感互动的深化；差异感受是对人地情感联系的形塑；情感关联则是人地情感联系缔结的标志。第二，山地旅游者的技术行为意向受到依赖度、技术使用感知、媒介使用情感的正向影响，依赖度还可以通过技术使用感知和媒介使用情感的并行和链式的中介效应对技术行为意向产生影响，技术使用感知也可以通过媒介使用情感的中介效应作用于技术行为意向。第三，技术使用感知会正向影响旅游者的地方依恋、地方认同等地方感因子，而媒介使用情感则对地方依恋、地方认同、地方依赖三者都具有显著影响，且其影响的路径系数远高于技术使用感知带来的影响，其中媒介使用情感与地方依恋之间的路径系数最高。第四，媒介对地方起到了反映宣传的作用，视频媒介成了地方营销的展示窗口，同时地方也具象丰富了媒介平台的信息，基于媒介平台信息和情感的传递，可以形成媒介地方感。

在互联网用户急速增长的信息时代，山地景区要发展得更好，就应该及时了解市场需求，及时了解旅游者的旅游需求和对景区的满意情况，从而以旅游者的视角去全面审视山地景区的特征，从旅游者对景区满意情况的角度去评估景区当下的发展状况。在互联网信息飞速传播的时代，通过收集和解读游客们发表的关于山地景区的游后的感言（评论）信息，可以快速掌握旅游者对山地景区的满意现状，了解他们的最新旅游需求，进而帮助山地景区发现当下自身存在的主要问题。因此，通过对游客网络评论文本数据的收集、解读分析，不仅可以为提高山地景区游客满意度提出策略建议，还可以为景区未来的发展提供参考思路和方向，对于提升山地景区游客满意度具有一定的实践意义，同时也可以丰富现有关山地景区游客满意度的研究。

本研究以游客评论文本为数据来源，使用大数据分析手段研究分析玉龙雪山景区的游客满意程度。研究发现：第一，根据对游客评论文本内容的情感分析发现，大多数游客（66.81%）对玉龙雪山景区的评价呈现积极的态度，极少数游客（0.6%）表现出了中立的态度，还有 32.59% 的游客表现出了不满的情绪，说明景区还存在不完善的地方，应该受到管理者的高度重视。第二，根据对游客网络评论文本数据的三级编码分析，得出影响丽江市玉龙雪山景区游客满意度的影响因素有管理质量、服务质量和景观环境质量三大因素。其中，管理质量占比 47.73%，服务质量占比 45.88%，景观环境质量占比 6.39%。第三，分析了玉龙雪山景区游客满意度的现状。依据游客网络评论文本识别出影响丽江市玉龙雪山景区游客满意度的因素，结合玉龙雪山景区具体分析其主要问题。分别是：管理质量包括市场秩序管理较混乱、现场管理不到位、交通管理不完善以及配套设施不完善四个内部因素。服务质量包括服务费用价格不合理、服务态度不友善、游客体验感不高以及餐饮服务质量不高四个内部因素。景观环境质量包括景区项目质量欠佳和景区环境卫生质量欠佳两个内部因素。第四，本研究从影响玉龙雪山景区游客满意度的主要问题出发，分别从管理质量、服务质量和景观环境质量三个方面提出提升玉龙雪山景区游客满意度的策略建议。

管理质量方面：加强市场秩序管理；加强现场管理；优化交通管理；完善旅游基础设施配套。服务质量方面：改善景区的消费环境；提高景区综合服务质量；提高游客感知；优化景区的饮食环境。景观环境质量方面：重视旅游资源的开发与利用；加强环境卫生的治理。

山地景区作为推动地区经济增长、文化传承与生态保护的重要载体，其品牌形象的建设不仅关乎景区自身的可持续发展与竞争力提升，更是旅游业向高质量、可持续发展转型的重要途径。分析和探讨影响山地旅游景区品牌形象的各项因素，对于提升游客对山地旅游景区的满意度、优化旅游目的地的内在价值和外部形象以及促进旅游业高质量发展，都具有不可忽视的理论意义和实践价值。本研究通过云南省玉龙雪山景区案例地研究发现，第一，影响山地旅游景区品牌形象的有 4 个变量：山地景区品牌质量、山地景区品牌知名度、山地景区品牌信任以及山地景区品牌个性，并以玉龙雪山景区为例，实证分析后表明各维度清晰且独立。第二，山地景区品牌质量可以通过“产品”“服务”“基础设施”“旅游体验”4 项测量指标进行衡量；品牌知名度可以通过“名气”“认知”“宣传”“特色定位”“第一提及”5 项测量指标进行衡量；品牌信任可以通过“品质”“承诺”“利益保障”“自然环境”“社会环境”5 项测量指标进行衡量；品牌个性可以通过“刺激”“胜任”“神圣”“活力”4 项测量指标进行衡量。第三，山地景区品牌质量、品牌知名度、品牌信任和品牌个性对其品牌形象均有正向影响。第四，提出精准塑造景区品牌形象、着力提升景区品牌质量、多渠道提升景区品牌知名度、全面打造景区品牌个性 4 项针对性的发展建议。

本书是由云南财经大学首席教授明庆忠带领的云南财经大学和云南师范大学等师生组成的团队集体研究成果，是以云南财经大学为主承担的国家自然科学基金项目“山地旅游目的地人地关系地域系统变化及其机制研究”(41961021)成果之一。明庆忠、邓杨夏、董敏杰、潘雪、刘宏芳、史鹏飞、闫昕、刘溧湛、周奕君等为本书做出了贡献，衷心感谢课题组的辛勤付出！

明庆忠

2024 年 8 月

目 录

第一章

绪　论

第一节　研究背景

一、交叠空间中地方感发生动态改变，旅游成为构筑身份认同和生发情感的连接方式

我们生活在一个充满流变的时代，在这个时代，时空的界定发生了深刻的转变，伴随着流动进行的是时间对于空间的侵占，我们被赋予了更强的能力在不同的空间之间流转，由此不同空间之间的阻隔被打破，产生交叠，这种交叠首先体现在生活空间和生产空间的交叠。随着全球化进程的加快，人类不可避免地被卷入了一个不得不消费、不得不前进、不得不生产的进程，生活空间和生产空间之间的区划变得越发模糊。第二重交叠是虚拟空间和实体空间的交叠，在某种程度上，媒介是现代化的重要特征体现，媒介的发展拓展出了人生产生活的实体空间和虚拟空间，媒介手段的不断进步更是让实体空间和虚拟空间之间的聚合程度不断加深，致使社会空间分化流变。虚拟空间的缔造从口口相传到文字勾勒，再到图像生成，变得越来越贴合人们的想象，也和现实越发接近。移动互联网技术的成熟使视频成了如今媒介传播的主要形式之一，在视频中虚拟空间对实体空间的呈现更加完整的同时，也可以承接媒介受众的情感表达，人们在现实空间中或许冷漠疏离，却在媒介空间中形成情感共同体。第三重交叠是日常生活空间和旅游空间的交叠，旅行变成现代人的日常生活形式，“说走

就走的旅行”“旅居生活”等方式变得越来越广泛。人的生命在地理空间的移动中，在线上线下的切换中，在生活生产的融合中，变得更加丰富，也制造着更大程度的虚无。

无论对地方感的概念如何定义，对其维度如何扩展，它体现地理定位和身份定位之间关系的本质特征无法更改。而人地之间的情感纽带是地方感的核心内涵，地方感是在特殊情境下个体和社会、实践和结构之间不断互相塑造过程中的产物，是对人主观体验的呈现（Pred 等，1986）。在呈现的过程中，地方感成了随情境不断改变发展的动态过程。动态意味着，它具有前置、在场、回顾的过程性，感知、互动、情感赋予的渐进性，以及产生、强化、减弱的历程性。地方感本身并不是对某一地方固有特征的机械反射，而是在交互过程中进行的创作。马西认为，全球性的地方意味着地方是从正在进行的故事中编织出来的，是权力几何学内的一个瞬间，并是不断进行的未完成之物（多琳·马西，2013）。虽然地方的稳定性受到了冲击，但其成为锚定自我和外界关系的暂驻点的作用却是一直存在的，在生产生存空间被媒介不断重塑的当下，探讨受众在使用媒介的过程中构建的人地关系及其体验、印象、情感、认同是帮助我们理解和适应这个流变时代的良好方式，因而具有十分重要的意义。

人对于自我身份的认知在流动性的时代更少受到出生地的限制，在这个时代，人们更多地主动或被动离开家乡，被动离开的人需要在异乡建立起情感连接和身份认同，使自己生存发展；而主动探索的人，则借助旅游反思过往，畅想未来。旅游在马斯洛需求层次理论中属于高层次的关乎尊重建立和自我实现的需求，也就意味着，它自身具备这样的能力，通过将旅游者带离惯常居住地，打破他们对自身和世界的僵化认知，赋予他们差异性的文化眼光，去重新看待自己的生命，从而得到启迪和顿悟，生发出对目的地的情感连接和自我的重新界定。在对地方感构成维度的最基础划分中，地方认同强调的正是通过地方建立的身份认同，地方依恋则更强调人与地方之间的情感羁绊。地方感是关乎人与地方交互当中认知和情感的命题，在流动性的时代，人们对于自我的认知在不断改变，旅游就是帮助人们在多重地方的移动中，建立起动态的自我认知和复杂的情感关系的重要方式。

二、旅游方式随着媒介使用不断转变，原真自然和文化多样的山地受到关注

旅游者从产生出游的动机开始，就受到媒介的影响。纸媒时代，人们通过翻阅书籍、阅读杂志和报纸，受到某个特殊地方的吸引，获取关于当地和出行的相关信息。而在互联网时代，基于地理定位的旅游服务供应为旅游者的在地决策提供了更加充分的依据，丰富的信息为旅游者提供了多样化的出行方式选择。新型社交媒体作为互联网时代下的产物，使得多样化的旅游方式呈现在旅游者眼前。其中，视频作为主要媒介呈现方式之一，对旅游产生着巨大的影响，它使得直播旅游过程变得越来越常见，人们将自己的整段旅程都放置在摄像头的捕捉下，随时与网络另一端的观看者进行互动，在满足他们的好奇心的同时，也改变着自己的旅游行为。此外，媒介的发展也影响着人们记录旅游的方式，它将旅游记忆变得生动鲜活，并在社交媒体中永存。“物质实用型”向“精神享受和自我发展型”转变成为重要的消费倾向。

媒介的使用不仅影响着旅游的动机、游玩方式、记录方式等各个环节，更是通过独特呈现方式还原了自然的“原”与“真”。在疫情的作用之下，拥挤的城市令人生畏，“反向旅游”的浪潮逐渐兴起，许多年轻人不再倾向于到网红城市打卡，而更愿意采用节奏相对较慢、程度更深入的方式去旅游（高江虹，2022）。原真的自然山地往往因为人工开发较少，拥有独特的高原山岳地貌景观和气候景观、丰富的生物资源。同时由于相对闭塞的交通环境，孕育了“十里不同风，百里不同俗”的多元文化。依托山地的自然环境诞生的“慢游”模式受到人们的追捧，但脆弱的生态环境需要被保护，传统的多人次、快节奏、高污染、高破坏的旅游形式并不适合山地空间，游览时间和人次的增加导致更多的要素供给，对自然和文化高度融合的深度旅游需求也更大，但传统的景区游览模式却还没有转变，就造成需求和供给的不相匹配，难以给旅游者提供优质的山地旅行体验。

三、山地景区的高质量发展需要有更高的游客满意度和品牌形象

近几年来山地旅游产业快速发展，据《中国山地旅游发展趋势报告（2021）》显示，疫情以来，山地户外旅游数据上涨了163%。据相关统计显示，

山地旅游业的收入在世界旅游业的收入占比为15%~20%，而我国是一个多山国家，山地面积广阔，所以推动山地旅游的迅速发展不仅是行业所需，更是满足当下人们对亲近自然和美好生活的向往。山地旅游的发展情况也受到了政府和各界人士的高度关注，与此同时也出台和落实了促进山地旅游发展的相关政策等，然而想要更好地推动我国山地旅游健康快速地发展，就需要有更高的游客满意度和品牌形象。游客满意度作为山地景区发展情况的重要衡量指标，也是山地旅游研究的内容之一，山地景区管理者及时了解游客对旅游景区的满意度情况，不仅可以发掘游客的最新旅游偏好，还可以根据游客对景区的满意度情况来发掘景区需要继续保持的优势和需要改进的不足之处。品牌形象提升作为景区“软实力”的重要组成部分。要实现山地景区的高质量发展，需要通过品牌形象的提升来彰显景区特色、强化品牌定位、凸显文化内涵，从而解决山地景区同质化问题，展现旅游产品独特性与竞争力。

四、网络文本数据分析对研究山地景区游客满意度和品牌形象有较好的优势

随着我国社会经济的快速发展，人均可支配收入的不断增加，高品质的生活质量不仅助推了旅游产业的发展，而且使旅游需求呈现出多元化，加之当今社会的快节奏生活，迫使人们想要得到一种可以放松身心、逃离当下、亲近自然的旅游体验。然而，如何保证山地旅游地的可持续发展引起了当下管理部门和政策制定者的高度重视，研究游客对山地景区的满意度情况以及提升景区品牌形象为此提供了新思路。在互联网迅速发展的时代，众多游客在成为互联网使用者的同时也促使了游客网络评论的积累，这为网络评论文本数据应用于旅游行业的研究奠定了基础。游客的网络评论文本数据具有获取容易、获取成本低、获取范围广、客观性等特点，是对传统调研数据获取的丰富和拓展，随着数据采集和分析技术的更新换代，文本语义情感分析和文本内容分析等文本信息挖掘的技术方法被应用到解读游客网络评论文本研究中，从而通过使用有效的工具挖掘藏在网络文本数据背后的重要信息。因此，网络文本数据分析对研究山地景区游客满意度和品牌形象有较好的优势。

五、品牌形象建设成为山地景区高质量发展提升竞争力的重要手段

我国旅游业经过数十年的快速发展，其成熟度不断提高，伴随而来的是游客旅游体验的日益丰富和对旅游产品质量要求的逐渐提高。这种变化促使了景区竞争焦点的转移，从原先侧重于基础设施的“硬件”建设，转向更加注重“软实力”和内容丰富度的提升。早在2017年，由国家旅游局印发的《全域旅游示范区创建工作导则》中就提出，要培育具有特色的旅游景区形象，打造主题鲜明、深入人心、有口皆碑的景区品牌。品牌形象建设已日益成为景区在激烈市场竞争中凸显地域旅游特色、赢得消费者青睐的关键。通过精心塑造的品牌形象，景区能够在最短时间内以极为直观的方式，向潜在的旅游消费者展示其独特的旅游资源和高质量服务，进而显著提升景区的综合竞争力。中国是一个多山的国家，有多座名山享誉中外，其中不乏泰山、武夷山等被列入世界文化与自然双遗产名录的景区，但也正因为我国山地众多，部分山地景区彼此间存在产品雷同的问题，缺乏具有独特魅力、高辨识度的山地景区品牌形象，部分山地景区没有打造品牌形象的意识，导致知名度不高，缺乏市场竞争力，而景区品牌形象建设正是解决景区同质化、展现旅游产品独特性与竞争力的关键。基于此，如何打造更加引人注目的山地旅游产品、构建独具一格的山地景区品牌形象，从而获得山地旅游发展的竞争优势和新发展机会就成为重要议题。

第二节 国内外相关研究动态

一、旅游者地方感研究

（一）地方感的概念

在段义孚的著作中，他始终强调人对空间的理解是离不开经验的作用的，这也就使人在理解空间的过程中加入了情感性和思想性的因素，两者都是人经

验的形式，随着时间的不断作用，就逐渐形成了人对地方的情感纽带（段义孚，2018）。但是随着时代的发展，旅游过程中的时空挤压越发明显，导致人们没有充足的时间与在地产生联结，但这并不意味着地方感不能在旅游者群体中形成。Relph（1976）认为存在一种外在者的自我意识地方感，这表明外来旅游者也可以在地方获得自己的身份认同。游客地方感被认为是一种在旅游场中发生的综合性感知体验（王泓砚等，2019），它具有经验性、历时性并且充斥着差异性（Soini 等，2012）。而地方感的建立不仅仅存在于在地的过程，它还可以通过媒介进行。比如，观看描述性的文字、照片、视频等，关键在于和地方产生在地互动，进而建立起联系。这种联系在感知层面可以分为地方依恋、地方认同、地方依赖（White 等，2008），结合实际的行为可以体现为旅游者对一个地方的向往、满意，进而升级到重游、忠诚，最后甚至希望成为该地的一分子也就是旅游移民。从这个角度可以得知地方感是一个融合了时空、感知、行为的系统概念。

（二）地方感层次研究

段义孚、萨迈、哈西姆内扎德等人建立了整体性、多层次的地方感体系。段义孚（1974）依托人类认知的发展过程，将地方感体系分为“感知—态度—价值观—世界观”四个层次（Tuan，1974）。Relph（1976）从现象学的视角出发，提出了地方感的“七阶段”递进层次。Shamai（1991）根据人对地方的情感强度将地方感划分为“知道—归属感—依恋感—牺牲意愿”四个层次。Hashemnezhad 等（2013）将地方感分为“认知—行为—情感”三个层次，并发展出与之对应的“形式—功能—意义”体系。其中，认知层为基础层，是对地方基本情况的了解；行为层是对地方功能的感知以满足自己的需求；情感层为最高层，包括对地方的满意度和情感感知。也有学者在研究社区情感时，将地方感划分为根植性、异化、相对性和无地方性（Hummon，1992）。此外，层次研究显示出地方感在纵向维度上的发展性，表明对于个体或群体而言，地方感的建立需要经历认知到成型的过程，而在每一个不同的层次会有不同的材料对其进展进行影响和反映。

（三）地方感维度研究

地方感一般被划分为包括地方依恋、地方认同、满意度、归属感等在内的2~6个维度（Jorgensen等，2006）。对于旅游者主体的地方感维度划分一般从地方依恋、地方依赖、地方认同等角度进行（Deutsch等，2013）。也有学者提出地方记忆的概念，并表明其在地方感中占据的重要地位（Ramkissoon等，2013）。此外，物质空间满意度、归属感、安全感的维度划分方式对研究居民及移民的地方感适用性较高（Lewicka，2008）。我国学者唐文跃等（2007）提出了消极地方感的维度，认为地方和人之间互动产生的结果不一定会造成积极的影响。宋宗员等（2022）在研究非洲移民的地方感过程中，也采用了这一划分方式，并确定了五个维度的地方感评价体系，分别是地方满意度、地方依赖、地方信任、地方依恋、地方认同。

对于地方感维度的研究还包括基于该维度之下的地方感测量，研究方法以问卷调查法为主，并在后续采用统计或结构方程模型分析的方式对问卷数据进行处理。在测量的维度选择上以地方依赖、地方认同、地方依恋等维度为主（Scannell等，2010）。在各个维度下测量指标的构建方面，地方依恋的指标更多是对感受体验的测量，如“我会想念和关心某地”（Ujang，2012）。地方依赖的指标更多从某地能够为研究对象提供的物质环境条件等方面出发，如“某地的居住环境较好”（Knickerbocker，2012）。而地方认同的指标则更强调自我和某地之间的关联性，如“某地是我的一部分”“某地对我而言具有重要意义”（Raymond等，2010）。

地方感的维度研究主要揭示地方感涵盖的子概念内容，而综合上述研究发现，地方感各个维度的发展程度并不均衡，对于核心子概念的作用也不是很清晰。笔者认为，这样的维度划分在概念比较模糊且简单的研究早期具有一定作用，但各部分无法做到完全一致，究其根本，是因为地方感本身具有过程性的特征，维度的单独划分很难呈现出这一点。

（四）地方感形成机制的研究

学术界早期对于地方感形成机制的探究十分模糊，所涉及的研究因素较多，且各因素间的关系探索并不清晰与完善。有学者认为独特的自然环境、人的价值观、旅游者动机、文化教育程度、生活情感经历等与游客进入的旅游环境相互作用，形成了游客地方感（Kaltenborn，1997）。在此基础上，有学者逐渐关注到地方感的形成和情感体验间的密切关系，于是指出地方感与地方体验之间存在紧密关联。地方感可以通过对一个地方的关注和情感投入而获得，并具有从过去到未来的历时跨度（Soini 等，2012）。在对内部发展机制进行研究的同时，国外学者也注意到了外部空间对于地方感形成的影响，其表现在物质空间既有助于地方感的产生，又约束着地方感的产生，它是地方感形成的基点（Dale 等，2008）。此外，随着人地关系协调发展的观念不断深入人心，有些学者从人地互动的视角展开地方感形成机制的探究。例如，吴丽敏（2015）从“情感—行为”的角度切入，认为情感氛围有积极和消极两个方面，主体的情感空间按照“标志物—节点—区域—道路—边界”的路径呈现，并沿此路径递减。骆泽顺等（2014）从依恋的心理机制出发，发现游客地方感形成机制受到特殊依恋表征的指导，也就是目的地具体的表征，从外显依恋状态出发可能达到内隐依恋状态，并形成相对稳定的依恋模式，而内隐的依恋状态主要是从在场的、积极的人地互动中产生。王泓砚等（2021）以旅游场和地方感的关系为出发点，研究凝视性的和互动性的旅游场景在旅游者地方感形成中的作用，划定了行为场和氛围场，认为在两者同构的时候会强化旅游者地方感，并且行为场对地方感形成具有更重要的作用。

（五）旅游者地方感研究简要述评

旅游者地方感相较于根植性的居民地方感具有一定差异，它更加强调旅游者在旅游情境中的感知体验过程，以及伴随这个过程形成的情绪感受和态度评价。在概念讨论的阶段，为了将旅游者地方感与居民地方感区分开来，发展出了“场所依恋”“目的地依恋”等相关概念，用以解释非惯常环境下的人地情感关系。地方感层次的相关研究显示出旅游者地方感的形成具有渐进性，其会产生强弱程度上的变化。相关研究表明地方感不仅存在渐进增强的过程，同时也存在减弱甚至消亡的过程，随着现代语境下流动性对生活方式的不断重塑，地方感的产生和消亡不再是漫长的过程。维度研究旨在说明地方感的细分类别和丰富程度，大多数的维度研究普遍认为地方感具有地方依恋、地方认同、地方依赖三个维度，国内外学者常用它们来描述旅游者对目的地的情感诉求、关系建构、功能依赖等需求。同时，也有学者在地方感的研究中引入了消费行为学的相关概念，从而生发出满意度、忠诚度、信任等更多细分维度，维度的细分有助于学者们对地方感外延的进一步理解。可人类情感是千变万化的，对于地方感的研究并不能通过简单的维度细分将其囊括，对此，有关地方感形成机制的研究则更加详细地解释了旅游者地方感强弱变化以及维度分异的过程。其中，感知—行为—情感路径是最基本的地方感建构过程，其深度、强度、丰富程度使旅游者地方感向着不同的层次发展演进，但目前此类研究仍有许多不足之处。综上所述，对于旅游者地方感建构过程的系统研究，有助于地方感相关研究和旅游者行为相关研究的深度结合，从而促进旅游者地方感理论发展。

二、山地旅游者地方感研究

（一）山地旅游概念

国外对山地旅游展开研究的时间相对较早，早在 1977 年 Wall 等学者就对山地旅游对其生态环境的影响展开了探究。国外对山地旅游在理论方面的研究经历由从前将山地旅游看成狭隘的登山探险活动，到目前将其扩展成一个包含多层次的框架以及各种等级的技术技能活动的认知转换（Loewenstein，1999）。

国内第一个明确界定山地旅游概念的人是王瑞花（2005），她认为山地旅游是以山地自然环境为主要的旅游环境载体，以复杂多变的山体景观、各种山地水体、丰富的动植物景观、山地立体气候、区域小气候等自然资源和山地居民适应山地环境所形成的社会文化生活习俗，传统人文活动流传至今形成的特定文化底蕴等人文资源为主要的旅游资源，以山地攀登、探险、考察、野外拓展等为特色旅游项目，兼山地观光、休闲度假、健身、娱乐、教育、运动为一体的一种现代旅游形式。田瑾等（2020）认为山地旅游是以山地环境为载体的旅游活动，它以山地地区特殊的自然环境、社会文化环境为基础，针对旅游者的需要开发旅游产品，组织旅游活动。国内对山地旅游者市场及行为的研究主要集中在旅游者动机、旅游者满意度、市场竞争等领域。

（二）山地旅游者地方感构成维度研究

由于山地的自然风光被看作山地旅游的核心吸引力构成之一，所以，国内外学者在探讨山地旅游者地方感的形成时有两种常规思路：一种是将其看成和其他地方无差别的地区，对山地旅游者地方感进行研究，而后总结出其特别之处；另一种研究方式是将山地看成自然依恋的场所，抹去山地的人文痕迹，仅仅讨论旅游者被自然风光吸引前往之后产生的特殊情感。Kyle 等（2005）将山地旅游者的地方依恋分为地方认同、社会联系与地方依赖 3 个维度，并分析了地方依恋量表的心理测量属性。Kulczycki（2014）将攀岩群体的地方意义归纳为空间、社会互动和活动体验三个方面。王静文（2022）采用“四层一体”的分析方式，对安顺屯堡的地方性做出时空演变中的动态解读。李艳（2016）利用 SEM 的方式，采用定性和定量的综合研究方法，测度了居民、游客、学生群体对麓山的地方感异同及影响因素。韩薇（2019）对浙江普陀山的旅游者地方感特征进行了研究，构建了旅游者地方感模型，模型由自然环境、社会人文环境、旅游功能、宗教功能和情感依赖 5 个维度组成，认为普陀山游客对其宗教功能的感知维度最高。刘霜（2018）对重庆武隆仙女山游客的地方感特征进行探究，研究发现游客在自然风景、社会人文、情感依恋、旅游功能四个维度上存在显著差异，其中自然风景得到的评价最高。

（三）自然依恋的相关研究

黄向等（2022）认为自然依恋的对象是非确指空间，也就是并不固定在某个“地点”，而是拥有某些特征的自然空间，并在此基础上，该学者测度了魔鬼山和鼎湖洞的游客自然依恋水平，将其分为自然认同和依赖两个维度，以期对高山等情景的旅游地游客感知行为做出不同的解释。也有学者以自然共情为中介变量，案例地方依恋如何通过自然共情这一变量来影响游客的亲环境行为。自然共情是指人们感受并共享自然世界的情绪体验，尤其是困境中的体验，这些情感包含积极和消极两个方面（Hoffman 等，1996）。此外，自然共情也是自然依恋研究中的一部分，它可以进一步划分为自然诱导共情和自然特质共情（李文明等，2019）。国内对自然依恋等相关概念的研究十分少见，国外提出了自然连接、自然联系、自然联结、自然融入等概念，它们都强调人与自然接触后身体和心灵上发生的感知情绪变化，从而提高人与自然的联系。

（四）山地旅游者地方感研究简要述评

对于山地旅游者地方感的研究从研究方法上多采用混合研究，即定性、定量相结合，定性分析通常通过访谈文本进行分析，定量分析通常对问卷进行统计分析，从而揭示作用影响。从理论丰富度上来看，国外山地地方感的研究往往和人类学、环境心理学等方向紧密结合，国内的研究更加注重实际应用方面。但这些研究从本质上来看都没有着重于山地所带来的地方感的独特之处，自然依恋等概念的提出表明了学界已然注意到以自然风景为主导的景区其旅游者的人地情感关系建构与城市风光有所区别，不过在明确山地自然风景区的自然特性的同时，也不能忽略山地自然风景区的人文内涵，因为地方本身就是一个意义空间，而意义的来源正是人所赋予的。总的来说，目前学界对山地旅游者地方感的研究并没有在其形成机制和特征上进行更加细化深入的研究，对其形成机制和影响因素的研究有待进一步深化。

三、媒介与地方研究

地理和传播之间的联系在于，传播发生需要空间，而空间以传播的形式产生（Anderson，2015）。媒介地理学是在媒体、传播、地理文化研究等多个领域交汇下产生的跨学科交叉研究，是现象、研究过程、研究结果和思考空间与地方问题的一种方法论（谢沁露，2018）。早期学界对媒介地理学的研究主要集中在交通地理学、文化地理学、非表征地理学和虚拟地理学四个方面，但研究趋于离散，没有形成轴心的研究领域和研究问题。直到《媒介与传播地理学》一书问世，才明确了媒介地理学的研究领域为空间中的媒介、媒介中的空间、地方中的媒介、媒介中的地方这四个方面。其中地方是意义和注意力的中心，由跨越时空的社会交往和随其发生形成的意义所构成，媒介传达的符号为地方带来想象，引发不同的情感反应，形成了媒介中的地方，而地方对传播内容和方式的区隔、传播对地方的介入，以及传播在地方的边界则是地方中的媒介（袁艳，2020）。而媒介地理学四象限图，将媒介与地方和空间的关系划分为“表征、纹理、连接、结构”四个部分（Adams 等，2012），为媒介地理学在相关领域的运用提供了分析思路和方法。媒介地理学很好地揭示了在媒介作用下，文化、政治、经济、社会等矛盾下的地方发生的“解域化”和“再域化”、“去地方化”和“再地方化”等现象（司艳等，2001）。

（一）媒介中的地方研究

首先，媒介中的地方是作为符号的地方，其浓缩了文化和社会意涵，是符号建立和改变人们的感觉、体验，并创造出种种想象的地理景观。其次，媒介中的地方是作为场所的地方，其不再像传统环境中那样具有强烈的地域界限和空间阻隔效果（邵培仁，2010）。电影是符号景观和文化消费品的代表产物，研究电影中展现的地方样貌和景观，是早期研究作为符号的地方的重要方向。此外，有学者认为电影可以生产出文化认同，且表明以不同地方作为影视背景的电影会生产出差异性的文化地理形式。例如，邵培仁等（2010）从媒介地理学的视角，分析公路电影中的政治地理、性别地理以及配乐画面所形成的生动媒介地形图等。

电影和视频社交媒体的最大区别在于，视频社交媒体能够提供互动的社交空间，并允许用户生成内容，从而在交互之中进行公共活动，也因此视频社交媒介平台成为作为场所的地方。在移动互联网时代，手机媒介进一步颠覆了人们传统的地理观念，对社交空间和地方景观进行了重构（都成，2013）。随着短视频的兴起，越来越多的研究者聚焦于研究短视频中地方性及地方感的建构。例如，吴立博（2019）运用文本分析法，从声音、画面等符号呈现方面来说明移动短视频对“地方性”的建构。汪涵（2021）对抖音短视频上的武汉相关内容进行分析，研究其对青年群体地方感建构产生的效果。

（二）媒介地方感研究

早期，地理学家们认为媒介对于地方造成的更多是负面的影响，Relph（1976）认为“无地方”生成的原因之一就是大众传媒进行的流行文化制造和传播。Auge（1995）也认为“非地方”的媒介空间不具有归属感、历史性和人际关系。也有学者提出媒介弱化了地方的特点，从而使人对自身位置的感知弱化（肖志军，2002）。也有学者认为随着媒介技术的发展，越来越多的信息可以被上传和分享，媒介对于地方感的作用也起到了积极的作用。例如，Michael 等（2016）认为移动互联网改变了参与者的参与环境和参与方式，它能帮助人们建立起新的对空间和地点的熟悉感。还有的研究显示人们分享上传自己的位置地点可以让自己获得归属感和对环境的把握感（潘霁，2019）。此外，还有学者针对电视观看者这一群体展开探究，研究发现电视正在创造一种地方（袁艳，2019）。

相比起国外研究，国内学者围绕着“媒介地方感”这一概念，展开了更为深入的研究。我国学者邵培仁等（2010）提出了“媒介地方感”这一概念，他认为人们可以经过媒介提供的认同方式产生新的地方体验。而后张丕万（2018）对媒介地方感进行了探索性的研究，指出了媒介对地方的再造，以及对地方性产生的构建。还有学者针对地方感形成的主要方式、应用场景、生成机制、内涵特征和认知维度等内容，展开了深入研究（吴玮，2019；覃若琰，2021；曾一果，2022），补充与完善了媒介地方感的相关研究内容。此外，有学者发现媒介塑造的地方意象可以表达人们的情感，使天南海北的人群围绕地方形成情感聚合体，并在这个过程中通过地方为自己定义（李猛，1998）。然而，在媒介地方感的形成过程中，由于地方感的想象、创造部分被媒介放大，意义的生产变得更迅速，以符号操纵为主题的意义建构指向的却是一个没有主体的对象（Massumi，2002）。基于此，地方感在媒介的广泛参与中，面临着“脱域”机制带来的消解，深度虚拟带来的地方意象混乱，人机互动对人地互动的取代等困境（曾一果等，2023）。故而媒介地方感不应该成为悬浮于人地关系之上和人的人格想象之间的高度抽象的地方感，而应该致力于形成“人—媒介—地”关系的地方感。

（三）媒介对地方感的影响研究

媒介对地方感的影响研究一直受到学界重视，在早期的研究中，就有国外学者发现视频媒介的视觉话语，具有“再现”“互动”“构图”意义（Kress 等，1996）。随着研究的深入，国内的学者围绕着这一话题展开了更为深入的研究。彭小舟等（2023）对数字解说效果影响地方感的机制进行了研究，发现数字解说效果对地方感有直接正向影响，并且还发现旅游涉入和旅游体验影响旅游者地方感。李镓等人（2021）认为抖音短视频平台中的粤语视频，可以通过提供场景体验和沉浸叙事，强化情感认同，从而巩固受众心理上的地方认同。此外，研究发现数字媒介还可以通过记录的方式影响群体记忆，从而影响其地方感（王瑜，2023）。施睿（2022）通过对抖音打卡实践行为的探究发现，用户在观看抖音打卡视频后，会形成数字地方感，并且数字地方感也会驱动用户线下打卡，将人和地方重新连接起来，从而实现人和地方在数字层面和实地层面的双重相遇。总的来说，媒介在地方感的空间文化意象营造中起到了重要作用，媒介可以将一个地方的性质进行高度的浓缩和传递，使其变得具有“可意象性”“明晰性”“易读性”，将地方感更明确地表征在视觉上，繁多的新媒体使地方感的视野更加广阔也更加多元，并且通过符号化和标签化的传播，在某种程度上强化和加深了地方感（邵培仁，2010）。这些研究明确了旅游者在使用媒介进行游览的过程中，通过媒介手段与目的地产生在地的和远程的互动，形成对地方更深入的感知。

（四）媒介与地方研究简要述评

近年来，随着新媒体传播方式的多样化，以及其与生活的全方位嵌合，媒介地理学的研究也呈现出越来越多样的态势，媒介时空、媒介地方、媒介景观等都成为其研究的重点和焦点。地方既是行为发生的实际承载，又是感知评价建构的经验印象，故而具有丰富的样态。媒介中的地方，早期更多聚焦于电影电视、官方发布的宣传影像、文学作品中的地理呈现，其相对而言是对小样本的、静态的媒介中的地方进行研究。随着大数据的发展，曾经的媒介受众也转变为媒介实践的主体，视频社交媒体的兴起赋予了他们更大的话语权，使其也同时具有了上传者的身份，而其所传达出的媒介中的地方则是大样本的、动态的地方。旅游使地方和人更多地相遇并产生交集，视频社交媒体给予了旅游者呈现其个人化地方感知的平台，而媒介地方感的研究也揭示出，媒介地方感应当是基于在地实践的“人—媒介—地方”关系的探讨。而媒介对旅游者地方感影响的研究体现在其个人化的地方感形成和建构环节，如感知、情感环节以及群体化的情感共同体形成环节，但针对媒介对旅游者地方感的影响因素和机制探索并不明晰。

四、以 UGC 为素材的旅游研究

用户生成内容（User Generated Content，UGC）是非专业、非权威组织创作，在社会化平台上发布且具有一定原创性的文字、图片、音频和视频等（陈业鹏，2023）。随着移动互联网的发展，移动社交媒体改变了文旅产业中信息传播的方式，旅游者成了信息的传播者，而用户之间相互的影响力也逐渐凸显，研究表明，用户生成内容可以激发潜在的信息采纳和消费行为（傅予等，2024），逐渐成为旅游研究中重要的数据来源和影响因素。

（一）基于用户生成文本内容的旅游研究

Lu 等（2012）以在线旅游评论作为数据来源，运用内容分析技术对评论文本进行研究，从而找出了生态旅游满意度的影响因素。Ruhanen（2019）通过对网站上 3000 多条旅游消费者的产品购买体验评论进行分析，以研究旅游消费者的环保意识。马智伟（2022）创建了 Glove-BiLSTM-CNN 模型对旅游评论进行情感分析，并对其进行情感极性判断。席岳婷等（2022）利用 ROST Content Mining 软件对西安永兴坊的游客评论进行研究，发现游客感知集中在美食享受、休闲娱乐、回味历史等方面，正面感知大于负面感知，但在美食创新、娱乐体验等方面存在消极情绪。而对于游记评论等文本的分析作为目的地形象研究（张鹏杨等，2022）、营销策略的开发（程鸽，2021）、旅游体验的剖析（史鹏飞等，2021）更是常见的方式。

（二）基于用户生成图片内容的旅游研究

最早的照片应用方法是由 Collier 提出的，他认为摄影者是观察员，拍照片是一种映射和测量的行为，图片能够对当地风貌进行展现，并对拍照者自我进行一定程度的映射（Botterill 等，1987）。国外学者对照片分析的起步比较早，特别是在社交网络兴起之后，大量的非专业者将自己拍摄的图片发布到网站上，为研究者提供了较多的研究素材。戴光全（2009）等以游记照片作为来源，分析照片表达的旅游者对旅游目的地的观点和认知。王敏等（2017）使用旅游者自助摄影、照片评定等方法对工业遗产进行分析。龙瀛等（2017）借助街景图片，创新性地使用计算机视觉分析对城市街道绿化和空间品质进行评定。董慧云（2017）通过对 Flicker 平台上北京的图片的元数据进行分析，测量了该地的目的地形象。

（三）基于用户生成视频的旅游研究

视频分析是视频所包含的一系列融合在一起的信息进行分析，而视频中的信息较为丰富，基本可以拆分为画面信息、文本信息、声音信息。画面信息主要展现了人物前往什么地方、对哪些景点较为关注、遇到了什么样的人、进行了怎样的活动；文本信息包含视频内文本，即字幕、视频介绍，以及视频外的文本，即评论区互动、视频中弹幕等；声音信息主要就是视频内的画面声音和拍摄之后的后期配音，这一部分声音信息可以转化为文本信息，还有一部分声音信息是背景声音，如车流噪声、风声、水流声等。目前视频分析在旅游方面的应用呈现出多元化的态势，许多学者以视频作为影响因素，探究短视频对旅游者的行为意向的影响（韩剑磊等，2021），以微电影等为素材，研究观看前后旅游者的动机和对目的地感知形象的变化（贾雯霞，2014），或者研究旅游目的地利用短视频进行的营销策略的改进（胡欢，2022）。还有一部分学者将视频作为分析的材料来源，对旅游目的地形象构成进行分析，更进一步对比旅游者和旅游目的地营销组织对目的地形象构建的差异（邓宁等，2022）。应用视频分析在地方感上的研究，大多数集中在对城市形象的探索上（许可含，2022），也有一部分学者研究在视频中的地方的呈现和地方感的塑造、传播（孙天陟，2021）。国外学者主要围绕制作视频如何使人和地方产生连接这一问题展开探究，包括研究参与式视频让人们对城市绿地空间产生地方感（Fisher 等，2021）。总体来说，目前的研究更多是为城市营销进行服务的，针对旅游视频对地方感影响的机制及旅游视频中的旅游者地方感的讨论并不深入。

（四）以 UGC 为素材的旅游研究简要述评

对用户生成文本数据、照片、视频的分析，在旅游领域的运用近年来呈现不断上升的趋势，采用机器对其进行分析成为学者们感兴趣的方向，主要是因为机器可以在短时间内处理大量的数据，并且机器在重复的工作中出错的概率相较于人工更低。综上可以发现，这三者在内容分析的底层逻辑上都涉及自然语言处理技术（NLP），所以具有一定的共性，但三者之间可以分析的内容和重点各有差异。文本资料的机器处理主要集中在词频统计、关系共现、情感极性分析、聚类等领域。图片资料的机器处理在文本的基础上能更加直观地展示游客的注意力焦点，对空间关系可以进行更简化的呈现，展示的主体更加多元，数据量更大，内涵更加丰富。视频是二者的综合体现，目前视频内容分析的方法在旅游领域的应用还比较少见，但随着视频成为记录生活的重要方式，其更大的数据量、直观的呈现方式对于研究者而言，会更加容易达到在场观察的状态，挖掘出旅游视频中蕴含的更加丰富且深入的旅游者情感状态和行为特征等。旅游视频同时也是一种媒介记录的形式，随着视频社交媒体的发展，旅游视频也同样给旅游者带来了巨大的影响，塑造了一批网红城市。多数研究聚焦于网红城市的城市形象、游客满意度、旅游者地方感知等领域，对于旅游视频对山地旅游者地方感的影响的相关研究相对缺乏，但视频社交平台在营销层面上或可为山地旅游景区目的地带来新的发展思路。因此，研究旅游视频中的山地旅游者地方感形成机制以及旅游视频对山地旅游者地方感的影响因素，具有重要的理论和实践意义。

五、游客满意度研究

游客满意度是指游客对游览完某旅游景区之后的游览体验与旅游前的旅游期望进行对比之后所形成的一种心理（差异）状态（Oliver，1980；高明，2011；符全胜，2005；刘福承等，2017；洪延峰，2020）。游客满意度作为衡量游客对景区游览满意度的重要指标，充分展现游客自身对旅游景区的游览满意情况，不仅会对未来潜在的其他游客的出行决策产生一定的影响，同时也会影响旅游景区的发展。尤其是在互联网用户不断增加和互联网信息飞速传播的时代背景下，游客们对旅游景区的满意情况会在网络平台上被迅速传播，当不好的游客评论不断增加时，会直接影响潜在游客前往景区旅游的决策。因此，旅游景区的管理者必须高度重视游客对景区的满意程度，并就游客不满意的情况及时做出相应的反应，以期提高游客对景区的满意程度。有关游客满意度的研究在经历了多年的发展之后，研究成果逐渐增多，主要集中在游客满意度的概念、影响因素、量化分析模式这三个方向。

（一）游客满意度的概念

游客满意度作为景区发展的重要指标，国外学者很早就对其概念和分类进行了界定，研究最早可以追溯到20世纪60年代。Cardozo（1965）作为顾客满意度实证研究的开创者，他提出了顾客满意会带动其回购的购买行为。这一研究随后受到更多学者的关注，但就游客满意度的概念界定始终没有统一。直到Pizam等（1978）在对685位度假游客的调查数据分析时，提出游客满意度是游客经过对比游前期望和游后体验感知后产生的对比结果，这一解释获得了大众的认可。在此基础上，Oliver等（1989）在研究中指出游客满意度是游客基于此次旅游消费和以往旅游经验对比而产生的一种心理差异状态，并进一步指明游客满意度的高低最终取决于游客在此次旅游当中花费的时间和金钱成本。Chon（1989）在研究中指出游客满意度是指游客在经历了旅游目的地之后，对其所见所闻与游前期望进行比对后产生的结果。Baker等（2000）在研究中指出游客满意度指代游客自身在旅游景区旅游过程中对景区提供的旅游服务的满足程度，即游客在旅游景区消费和体验旅游产品的过程中，与旅游景区的旅游景观、旅游基础设施、旅游环境、旅游接待服务和娱乐项目等方面相互作用之后，形成的一种综合性的基于心理上的满足感。

国内学者李智虎（2003）在研究中指出游客满意度指代的是游客乐趣需求的满足程度，当这种需求得到满足后，游客就满意，而满意度的水平就是体验到的乐趣与预期的需求之间的差异。董观志等（2005）基于游客需要的视角，指出游客满意度是指游客在旅游的过程中基于自身对景区景观和环境的所见所闻、参与的旅游活动以及自身所接受到的旅游服务等事项综合考量之后给出的客观评价。此外，还有学者基于绩效感知模型的视角，将游客认知和游客情感结合起来定义了游客满意度，即游客满意度是指游客在旅游景区游览之后所体验到的旅游景区提供的旅游服务价值（余飞，2008）。万绪才等（2004）在研究中指出游客满意度是指游客对旅游景区、旅游环境、旅游服务等方面满足游客旅游需求程度给出的全面评价。

（二）游客满意度的影响因素

游客满意度影响因素的研究作为游客满意度的重要内容，一直受到国内外学者的关注。国外学者 Anderson 等（1993）在研究中指出感知质量是指游客对自己所购旅游产品质量给出的一种主观性评价，同时指出感知质量是影响游客满意度的重要因素。Murphy 等（2000）研究指出旅游景区的整体环境、相关企业以及旅游基础设施等都可以影响游客对旅游满意度，进而影响游客的重游率。Bowen（2001）以英国包价游客为研究对象，探究影响游客满意度的主要因素，其中包括期望、情绪、差异、公平、绩效和特性六项。Del 等（2006）在研究中指出游客游前期望与游客游后满意度之间不仅存在相关联系，而且游前期望是影响游客满意度的关键前提因素。Dorfman（1979）在研究中指出，游客满意度不仅受游客偏好、期望等游客主观因素的影响，也受周围客观环境的影响，但二者对游客满意度产生影响程度会有所不同。Ogucha 等（2015）在对肯尼亚维多利亚湖附近的民宿进行研究后，指出民宿内的设施也是影响旅游者满意度的因素。Josiam 等（2009）在研究邮轮旅游时，发现邮轮设备、食物多样性、卫生环境和员工反馈等因素正向作用于游客满意度，而娱乐活动和员工沟通能力等则反向作用于顾客满意度。Xiang 等（2015）从 Expedia 网站上收集了 10537 家酒店的 60648 条客户评论，通过分析客户对酒店星级的评定和客户评论中出现的 80 个关键词，结果表明客户满意度与客户体验之间有着密切的内在联系，这为酒店的管理和营销提供了思路。

国内学者汪侠等（2006）在研究桂林市游客时，发现游客期望与其满意度之间是一种反向关系。代福昌（2019）在研究长沙市的 3 类旅游景区时，发现影响游客满意的因素有旅游景区的景观特征、景区外部交通通达性、旅游成本、基础设施、旅游景区的管理以及配套的服务，且各因素对 3 类旅游景区的影响程度有所不同。王瑞等（2019）在研究丝绸之路遗产旅游的游客满意度时，发现旅游服务配套设施、宣传资料与节庆活动、外部环境建设与遗产保护情况、旅游体验项目和旅游解说系统都会影响游客满意度。赵春艳等（2019）在研究贵州省青岩古镇的游客满意度时，基于文本内容分析法从高频词特征、语义网络及游客情感等方面分析了游客满意度因素，并提出了策略建议。孙华贞

（2016）在研究武夷山民宿游客满意度时，分析了影响民宿游客满意度的因素，并提出了改进服务质量和提高游客满意水平的策略。荀一丝等（2024）以成都市旅游公交为例，从游客的角度调查现有公交满意度，研究发现成都景区游客具有区域集聚和时间周期性特征，游客对公交的票价、支付方式、智能化硬件设施等满意度较高，对公交拥堵、准点率的满意度低，并基于问题提出相关部门加强旅游信息化、景区公交通达率、公交专用道、保护环境等方面的建议。

（三）游客满意度的量化分析模式

游客满意度量化分析模式的研究对改进旅游景区服务质量具有非常重要的作用。目前，国外最具代表性的是瑞典消费者满意度晴雨表（SCCB）模型，这也是全世界最早的满意度测量模型，囊括瑞典100多家企业，涉及31大行业，共有5个潜变量，分别是消费者期望、感知表现、消费者抱怨、消费者满意与消费者忠诚，该模型至今对测量游客的满意度具有重要意义。Evans等（1989）最早将IPA分析法应用于旅游领域，并就不同旅游目的地的旅游政策进行了评价，且得到了较好的效果。在此基础上，Tonge等（2007）应用改进后的IPA分析法，研究了西澳大利亚天鹅河口海洋公园的游客满意度情况，并给景区管理层提出了相关参考建议。Akama等（2003）通过采访游客获得数据，基于数理模型构建对非洲最大的野生动物保护区——肯尼亚西册佛国家公园的游客满意度进行了分析，并就问题提出了应对策略，也为后续数理模型构建分析游客满意度的研究提供了理论参考。Yoon等（2005）在研究中，基于模型构建方法，通过使用结构方程模型验证了游客的出游动机和满意度之间的相关关系，针对相关关系提出了旅游目的地管理者应当建立较高的游客满意度水平，以此来提高和维持旅游目的地的市场竞争力的建议。

国内学者贺祥等（2011）依托贵州省镇远古城景区，利用主成分分析法，并借鉴国内外游客满意度评价模型，构建出了景区游客满意度评价理论模型，并对镇远古城景区的游客满意度进行了评价。王群等（2006）在研究黄果树风景区时，基于美国顾客满意度指数（ACSI）模型，建立了旅游环境游客满意度指数（TSI）测评模型，并得出黄果树风景区游客总体满意度指数为82.34。龚剑等（2022）以黑竹沟景区为案例地，探究该景区游客满意度的相关影响因素，并在前人研究基础上对参与黑竹沟景区探险旅游者游客满意度的五个维度与游后行为意向、游后满意度进行了假设与分析。研究结果发现，除旅游交通对游后满意度、旅游交通对游后行为意向、景区设施对游后满意度、价格感知对游后行为意向和旅游资源对游后行为意向无显著关系外，其他假设均呈显著正向关系，最后根据相关的研究假设检验和讨论提出了提升黑竹沟景区发展的建议。马天等（2017）认为对游客满意度的测量应围绕游客体验的满意度，测量游客的情感体验可以帮助旅游目的地或旅游企业更好地了解游客在自然情景中的情感体验和满意度，进而通过有效的设计，保持企业自身的竞争力，从而实现更好的经济效益。

（四）游客满意度研究简要述评

虽然国内外的学者对满意度的界定略有不同，但本质上是一样的，都认为满意度其实就是游客旅游前的期望与实际旅游之后之间差距的对比结果。对于旅游景区来说，游客满意度其实就是旅游者出发前对旅游景区的期望与其实际旅游之后旅游感知差距之间对比的结果。它是游客对某个景区产生不满或是满意的情感，这不仅影响旅游者以后的旅游行为，还影响未来潜在游客的旅游决策和景区自身的发展。游客满意度作为影响旅游景区发展的重要因素以及当前研究的热点问题，基于前文对学者们研究成果的解读可以发现，影响景区游客满意度的因素众多，且每个景区侧重点有所不同，在众多的影响因素当中有来自景区的，也有来自游客的，但以景区为主。所以，旅游景区要想实现健康可持续发展，管理者就必须通过调研及时掌握游客对景区的满意情况，然后针对调研情况有针对性地对景区进行优化、改造，从而提高游客对景区的满意度，进而促进旅游景区健康可持续地发展。

六、网络文本数据应用研究

（一）网络文本数据在山地旅游和山地景区的应用研究

网络文本数据在山地旅游和山地景区的应用研究受到国内外学者的关注。Zhai 等（2020）以山地周边的民宿为对象，采用网络爬虫方法，从携程网上爬取关于莫干山周围乡村民宿的游客评论文本数据，然后对收集到的文本内容进行情绪分析和降维分类。研究发现，游客们对乡村民宿的满意情况与场地、公共空间、外观、设施、个性化、服务和营销呈正向关系，该研究为乡村民宿的网络声誉奠定了理论基础。此外，有学者以韶山为研究案例地，对该地的游客旅游形象感知展开研究，以网络游记为数据来源，研究识别出韶山游客的消极感知，并就消极感知情况为韶山提高游客满意度提出了建议（刘菁菁，2016）。将山地景区作为研究对象，采用网络文本分析方法展开探究受到学界学者关注。例如，何欣玮等（2022）以江苏南京老山国家森林公园为研究对象，基于游客满意度和发展现状，运用网络文本分析法和态势分析法，对老山国家森林公园旅游进行分析，并提出适合南京老山国家森林公园开发与推广的建议。陈汉添等（2022）以峨眉山为研究对象，采用问卷调查的方式对峨眉山游客满意度进行研究，同时结合 Python 数据挖掘技术，爬取携程网有关峨眉山的在线评论，通过知网情感词典确定游客的情感倾向。该研究既拓展了以往对传统景区游客满意度展开研究的方法，也为景区管理部门提出了相关策略与建议。冒周莹（2024）通过收集携程、大众点评、同程旅行等在线旅游平台中与金坛茅山有关的评论与游记数据，借助情感分析软件，从高频词特征、语义网络及游客情感方面进行分析，构建了金坛茅山游客满意度评价指标体系，并运用模糊综合评价法对金坛茅山进行了实证分析，研究发现游客满意度总体属于一般，其中对康养环境满意度最高，对开发建设满意度最低。随后运用修正 IPA 对各个指标的重要性及满意度进行分析，结果显示金坛茅山地区的森林资源最受旅游者的青睐，文化底蕴、社会环境和环境保护也得到了游客的高度认可。

（二）网络文本数据在游客满意度和品牌形象应用研究

网络文本数据在游客满意度和品牌形象应用方面的研究往往落脚到如何测度区域当下的游客满意度，以此提出具有针对性的意见。Handani 等（2023）以巴厘岛为研究对象，采用网络爬虫方法，分析游客满意度影响因素，研究显示景点、住宿、大海、食品和饮料以及海滩对游客产生积极影响，而成本对游客产生负面影响，基于此他们建议提高巴厘岛旅游商人的服务质量，以此来提高游客满意度。唐小琳等（2022）以新疆维吾尔自治区博物馆、石河子军垦博物馆、可可托海矿山公园红色旅游景区游客的网络评论作为研究对象，用文本分析法分析游客满意度，研究结果表明影响游客满意度的因素是旅游资源、历史人文和旅游服务。赵鹏宇等（2016）以网络评论为数据资料，以平遥古城、云冈石窟和五台山为研究对象，分析了山西省世界文化遗产地的游客满意度情况，并提出了提高满意度的策略和建议。贺星（2019）以携程网、去哪儿网这两个主流旅游网站为基础，搜集了五台山旅游的游客点评内容，通过文本分析法，对搜集到的内容从游客满意度和游客态度两个方面进行分析，研究发现游客满意度主要体现在旅游资源、旅游环境、旅游服务管理等几个方面，其中游客对旅游资源和旅游环境有着较高的满意度，但在服务管理方面满意度不高，基于这样的调查结果，学者提出了提高游客满意度的策略。赵子越等（2022）采用线上线下问卷的方式，通过构建结构方程模型，探究游客满意度和游客行为意向之间的结构关系。研究发现活动成本对游客满意度和行为意向具有负面影响，而活动体验对游客满意度和行为意向具有显著的正向影响，即游客活动成本越低、体验越好，游客越容易达到对旅游活动的期望，而游客的活动效果对游客满意度的影响是不够显著的。因此，应当不断完善活动场地基础设施建设，提高服务水平，扩大旅游项目本身的品牌影响力等。

（三）网络文本数据应用研究简要述评

通过对国内外学者对基于网络评论文本数据在山地景区、山地旅游业的应用研究成果的解读，可以了解到在当前这个信息飞速传播的时代和科技更新不断加快的时代背景下，将网络评论文本数据应用于山地景区、山地旅游业的研究是时代发展的大势所趋，是快速了解景区游客满意度的重要工具，同时也是促进智慧旅游快速发展的重要工具，更是助力山地景区、山地旅游健康可持续发展的重要力量之一。所以，要重视网络评论文本数据在山地景区、山地旅游的合理应用，高效利用网络评论文本数据的科学价值，从而更好地助力山地景区的发展。

七、景区品牌形象研究

（一）景区品牌形象的概念

国外理论界关于景区品牌形象概念的研究起步较早。1977 年，Lawson 等首次提出目的地品牌形象概念，认为它是个体对某一特定地点或对象的知识、感觉、偏见、想象和情感的总和。而后，Echtner 等（1991）进一步细化了景区品牌形象的定义，将其视为个体对目的地特征感知以及形成的整体印象。进入 21 世纪，Hankinson（2005）将景区品牌形象视为地方的核心形象或有机形象，认为这一形象与目的地的历史、遗产和文化紧密相关，是在教育、文学及艺术影响下，经过长时间形成的。Hsu 等（2009）将景区形象的研究提升至目的地品牌化的高度，强调将景区形象作为景区品牌知识的一环，与品牌信任、品牌忠诚等关键概念进行综合研究，以揭示品牌化的本质。Qu 等（2011）将景区形象定义为景区品牌联想中的重要元素，阐明了景区品牌形象（融合了认知情感与独特形象要素）在游客的未来行为意向（如重游与推荐）中起到中介作用。

在国内，自 20 世纪 90 年代起，我国学者开始逐步研究景区品牌形象问题，逐步形成了一系列具有本土的理论成果，包括景区形象定位、策划理论及旅游形象营销等（张红梅等，2020）。在对景区品牌形象定义的探讨中，国内学者在借鉴西方理论的基础上，更加强调了客观因素的重要性。如李巍（2007）从游客认知心理的角度出发，认为景区旅游品牌形象是游客对景区品牌特征的主观评价和整体感知。曲颖（2011）在“景区定位—景区品牌化—景区形象”关系模型的基础上，对品牌化和景区品牌形象进行了更深入的辨析和定义。张宏梅等（2013）提出景区形象与品牌相辅相成、相互促进并协同发展，游客对旅游地的总体形象既包含情感也包含认知。许春晓（2014）和汪京强（2018）将景区品牌形象描述为旅游者通过传播过程接收并个性化选择与加工后，在头脑中形成的品牌印象和联想的总和。周永博（2016）认为景区品牌形象是一般性和独特性的统一，其中品牌个性体现了目的地品牌形象的独特性。阮氏清玄（2018）认为景区旅游品牌形象是旅游地凭借其自身的旅游资源、文化及服务等确立的一种专属名称标识，是游客对旅游活动及相关事项体验后形成的综合概括。

（二）景区品牌形象维度及影响因素

鉴于景区品牌形象是在景区形象和品牌化的概念上演变而来的，因此在目的地品牌形象构成维度的划分上，国外学者主要采取两种视角：一种是基于对旅游目的地形象维度构成成果的延续（Qu 等，2011；Zhang 等，2014；Kock 等，2016）；另一种则是考虑到旅游者的需求，将旅游目的地品牌形象分为功能性、体验性和象征性三个主要维度（Stephens，2009；Alhammad 等，2011；Baptista 等，2018）。而对于景区品牌形象的影响因素的研究主要从旅游者的内在感知和外部环境刺激因素两个方面进行。如 Yang 等（2019）研究不同旅游者的文化背景如何影响景区品牌形象，揭示文化差异在品牌形象构建中的作用。Li（2020）则强调游客忠诚度对于维护和强化景区品牌形象的重要性，指出忠诚度是品牌形象可持续发展的关键因素。Kaplanidou 等（2012）通过针对体育赛事游客的在线调查，分析品牌景区形象的影响因素，强调事件特征对景区品牌形象的影响。Chang 等（2019）探讨了网络平台在景区品牌形象宣传和塑造中的影响，认为数字营销和社交媒体在当代旅游市场中扮演着日益重要的角色。

相比起国外，国内景区品牌形象的研究呈现出多样性的趋势，这种多样性体现在研究方法和理论框架上。由于研究对象的差异，目的地品牌形象的构成维度也不尽相同。卢政营（2009）在探究乡村节庆旅游活动品牌形象时，提出了包括尊重度、熟悉度、关注度和归属感等在内的七个关键品牌形象要素，揭示节事旅游活动品牌形象的特殊性，强调游客与节事之间情感连接的重要性。苑炳慧（2016）从旅游者感知出发，指出游客对于景区品牌形象的认知主要聚焦于景区的认知形象，因此，认为品牌形象的测量因素应侧重于市容环境、旅游吸引点、自我吸引力以及社会与人文环境四个方面。杨一翁（2019）通过分析北京城市品牌构成要素，建立“认知—情感—意动”城市品牌形象模型，体现城市品牌形象在认知、情感和行为意向之间的复杂关系。在探讨景区品牌形象影响因素时，陆朋（2015）以湖北武汉为例，指出认知形象和情感形象是影响景区品牌形象的主要因素，强调了游客对景区感知和情感体验的重要性。张红梅等（2019）运用扎根理论，总结出认知形象、情感形象、象征性属性等七个影响品牌形象的维度，全面地概述了影响景区品牌形象的多维因素。

（三）景区品牌形象塑造与提升

近年来，也有部分国外学者将关注点落在景区品牌形象定位策略方面，如Ashton（2014）与新西兰某景区内的利益相关者进行访谈后采用定性分析后认为在景区创建品牌形象时，应充分考虑到当地的文化特色（包括当地的特色节庆活动），以此来彰显景区的独特性。Ezeuduji 等（2019）采用了市场导向的方法，探究了旅游者对南非 KwaZulu-Natal 的品牌形象认知，并认为该地可以通过推出更多自然和文化方面的旅游产品来吸引游客。

景区品牌形象的塑造及提升是一个涉及多方面因素的复杂过程，国内学者从不同角度出发，提出了多种思路和策略。沈雪瑞（2018）强调，建立一个易于识别且具有独特优势的品牌形象是关键。这需要通过景区的形象、象征意义和品牌个性等方面的综合塑造，使游客能够全面感知。陆朋（2015）提出，景区品牌形象的塑造应考虑到当地旅游资源的特点，并在设计宣传口号时融入创新性和情感性，同时反映当地居民的诉求。韩慧林（2020）从营销的角度探讨了丝绸之路品牌形象塑造的策略，提出了一个包含品牌定位、品牌设计和品牌传播的整体思路。邱晓星（2018）提出，建立旅游景区品牌形象时，尤其要考虑地方特色与传统文化，这对于促进当地旅游业的快速发展至关重要。这些观点共同强调了品牌形象塑造中的关键要素：识别性、独特性、文化融合、情感联系和创新性。

（四）景区品牌形象研究简要述评

综上所述，关于景区品牌形象的研究，国内外的专家学者已经积累了相当丰富的内容，并构建了较为成熟的理论体系。这一领域的研究在深度和广度上都得到了不断的拓展，为景区品牌形象的塑造和传播提供了有力的理论支撑，然而在进行实证研究案例选择时，罕有学者将山地旅游与景区形象相结合进行研析，而山地景区品牌形象的研究对于山地旅游市场精准化营销及山地景区的优化升级具有重要意义，还需进一步深化。在研究方法选择上，国外的研究者更倾向于采用模型构建的方法来进行实证研究，并从中得出具有有效性的结论。而国内学者在进行研究时，则更倾向于将理论与实践相结合，采取定性与定量相结合的方法，在强化理论研究的同时，又着重于解决实际问题。尽管目前国内外学术界对于山地景区、景区品牌形象的研究已经取得了一定的成果，但针对山地景区品牌形象的专项研究尚不多见。

第三节　研究意义

一、理论意义

（一）有助于拓展媒介地理学的应用场景

随着媒介使用不断融入生活的方方面面，旅游者的旅游全过程也不断地被媒介使用所影响。本书在媒介地理学视域下，将山地景区旅游者的地方感、满意度与品牌形象感知纳入研究范围，结合媒介地理学的相关内容，从多个角度、多个维度系统剖析了“人—媒介—地方”之间的复杂关系，有助于全面审视现代社会中媒介应用对山地旅游活动的影响，进一步理解多种媒介在旅游现象生成、变化中的多重意义，拓展媒介地理学的应用场景。

（二）有助于丰富山地景区微观视角的研究内容

本书将研究视角聚焦于山地景区旅游者微观行为与感知层面，从旅游者地方感、满意度与品牌形象感知三个方面切入，着重关切山地旅游者地方感的形成过程、山地旅游者满意度的影响因素以及山地旅游者品牌形象感知的作用路径，对复杂且抽象的旅游者微观行为与感知进行具体化探索，在一定程度上弥补了现有研究对山地旅游者主体性关注不足的局限，增进了对山地景区旅游者地方感、满意度与品牌形象的认识，有助于丰富山地景区微观视角的研究内容。

（三）有助于创新山地旅游者地理行为规律的研究方法

本书充分考虑研究主题的特殊性与研究方法的契合性，在对内隐而不易觉察的旅游者地方感进行分析时，借助了视频内容分析和关键帧抽取技术，综合运用机器学习和传统质性研究的优势；在对感受更为显化和直观的满意度进行分析时，充分利用了海量用户生成内容的数据优势，并通过内容分析法进行研究；针对山地旅游者地方感、品牌形象感知作用机制的探究，则较好地利用了数理统计和结构方程模型的方法特点，总体上有助于为相关研究提供方法参考。

（四）有助于提升多元数据与山地旅游领域结合的研究水平

本书立足山地景区旅游者行为与心理状态的复杂性，致力于将结构化数据与非结构化数据、一手数据与二手数据、线下数据与线上数据、图像数据与文字数据相结合，克服单一数据在数据收集、数据处理、数据分析各个环节的客观局限性，充分把握研究主题与研究数据的契合性，重点检验了各类用户生成内容在具体研究中的科学性和支撑性，一定程度回应了多元数据应用的方法论问题，有助于提升多元数据在与山地旅游研究主题相结合过程中的研究水平。

二、应用价值

（一）帮助山地景区进行精准深度的数字化营销

本书从媒介地理学视角出发，以旅游者视频为素材，深入剖析山地景区旅游者地方感的建构过程，并在此基础上研究视频媒介的使用是如何对旅游者行为意向及地方感产生影响的，为山地景区对潜在旅游者在视频平台进行精准营销提供思路。该研究还有利于山地景区通过新媒体数字化技术的使用，打造更能引发使用者共鸣的在线体验，从而进一步吸引旅游者，使旅游者对山地景区的行为意向得到强化。在地的景区和数字化技术的深度结合，也可以给予旅游者更加深度的沉浸体验，从而使旅游者对景区的美好记忆得到驻留，并在分享和重游的过程中扩大景区影响力。

（二）帮助山地景区打造更具地方特色的旅游者体验

本书通过对山地旅游者地方感建构过程的分析，可以从感知、行为、情感的角度层次化、递进化明晰旅游者是如何与地方之间建立连接并产生独特感知的。而对山地景区而言，在对地方感建构过程的了解中，可以进一步放大本地优势，突出本地的特色文化，对感知、行为、情感体验不足的资源板块进行项目优化和整体联合开发，为旅游者打造更具差异性、特色化的在地旅游体验过程，从而在文化和自然资源的开发保护中，提升山地旅游景区的整体旅游体验质量。

（三）有助于提升玉龙雪山区域旅游品牌竞争力

本书对玉龙雪山的旅游品牌形象影响因素进行研究，在提升其区域旅游品牌竞争力方面具有很强的现实意义。构建独具特色的品牌形象有助于玉龙雪山景区在竞争日益激烈的山地景区竞争中脱颖而出，在滇西北山地旅游市场中占有一席之地，实现增加旅游人次、提高旅游收入的目的，从而促进云南省山地旅游产业发展。此外，本书基于研究结论，提出与玉龙雪山景区品牌形象建设相适应的策略建议，进而促进案例地旅游品牌形象的优化，助力玉龙雪山成为全国山地旅游强势品牌。

（四）为其他山地景区目的地建设提供案例借鉴

本书以玉龙雪山景区作为山地景区的典型案例，对山地景区旅游者地方感、满意度以及品牌形象影响因素展开系统性的实证研究，通过识别玉龙雪山景区在地方感塑造、满意度提升、品牌形象构建方面的不足与问题，进一步创新玉龙雪山景区目的地建设的方法与路径。这同时也有助于为其他山地景区面向山地旅游者主体，重视山地旅游者行为与感知，优化目的地软环境建设等方面提供重要的案例借鉴。

第四节　主要研究方法

一、视频内容分析法

内容分析作为质性研究的主要方法，最早应用于传播学领域，是分析信息内容的一种系统方法。其目的是明晰信息、内容中的事实和趋势，揭示隐性情报内容，并预测事物发展（艾尔·巴比，2005）。内容分析法是能够客观、全面和量化分析内容的研究工具（Berelson，1971），可以深入剖析研究对象，经客观、系统、量化分析后，透过现象将内容隐含的本质进行揭示，从而得出规律。其具有系统性、客观性、定量性，分析过程一般包括建立研究目标、确定研究总体和选择分析单位、设计分析维度体系、抽样和量化分析材料、进行评判记录和分析推论六个部分（贾磊，2014），适用于能够记录和保存下来的媒介内容（朱莹燕，2015）。

要对视频内容进行分析就必须明晰视频内容的数据结构及其特征，视频作为一种非结构化数据流，本质是图像序列。帧是视频的最小单位，在此之上的基本单元是视频镜头；视频镜头是由一系列帧组成的，通常以镜头开始到关闭拍摄的时间为单位；在镜头之上是情节，情节是视频最高层的语义单位，其在内容上是相关联的。视频数据结构如图 1–1 所示。

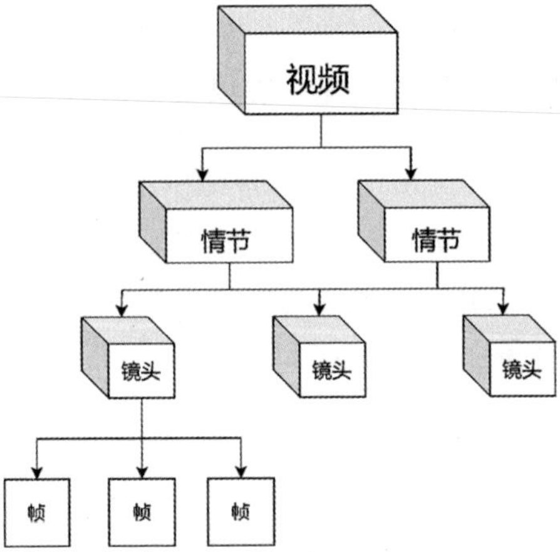

图 1–1　视频数据结构图

视频同时也包含图像、文本、音频的特征，而要对图像、声音等原本非文本的内容进行分析就需要将其转化为文本内容，将图像进行语义特征的提取和表述，将音频通过自动语音识别的方式转化成文本内容就成了视频内容处理的重要方式。对图像内容的提取可以利用关键帧的分析，关键帧指的是在视频帧序列中具有代表性，可以反映一个镜头内容概要的图像帧。其可以对镜头主要内容进行良好反映，关键帧的采集方式有基于镜头的运算方法、内容分析方法、聚类方法以及基于运动分析的方法、帧间差分算法等（徐益君，2011）。提取关键帧之后，就需要对关键帧内容进行分析，也就是对图片的内容进行识别，使机器自动描述图片内容，有团队基于此提出了 NIC（Neural Image Caption）模型，为视频标注研究奠定了基础（Vinyals 等，2015）。其后，研究者将注意力机制引入视频分析，使上下文关联得以呈现，让机器可以分析出图像中相对抽象的概念，提高机器文本描述的准确性（Xu 等，2015）。此外，DeepSentiBank 等视觉情感概念分类方法，它在识别图片之后会形成“形容词—名词”的词组（Adjective Noun Pairs，ANP），来标识相似图片的内容和情感关键词（Chen 等，2014），对图像的情感识别更加准确。对音频的分析则通过机器的语音自动识别将其转化成文本信息。视频信息转化为文本信息的过程如图 1–2 所示。

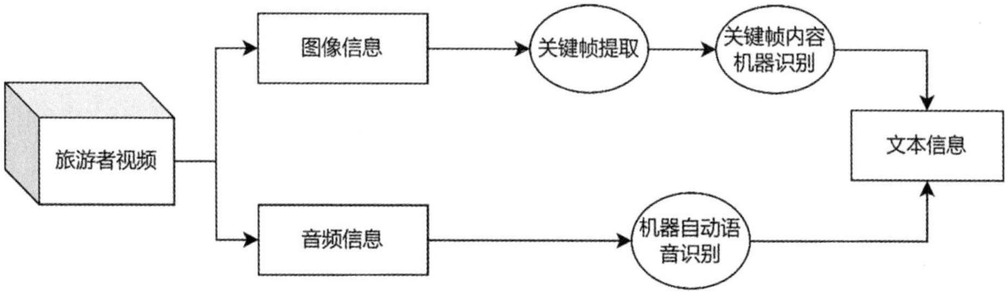

图 1–2 视频信息转化为文本信息的过程

二、问卷调查法

问卷调查法是定量研究中的重要方法，在旅游研究中应用广泛。根据视频机器学习的内容，结合相关理论，设计调查问卷并完成发放与收集，以此来检验提出的模型和假设。本研究主要采用李克特 5 点量表来设计调查问卷，力求能客观、完整地反映游客的地方感知。

三、统计分析法

研究主要采用 SPSS 22.0 和 AMOS 24.0 作为统计分析软件包，进行基本的描述性统计分析、因子分析等，完成对数据的初步处理。结构方程模型作为一种可靠的社会科学统计分析方法，在测量观察变量与潜在变量之间的关系上具有较强的优势，可以用来探究具体因素对地方感构建的影响，以及变量和变量之间的结构关系。

四、扎根理论分析法

扎根理论（Grounded Theory）是一种质性研究方法，最早由美国社会学家巴尼·格拉泽（Barney Glaser）和安瑟伦·斯特劳斯（Anselm Strauss）于1967年提出，并且他们认为扎根理论的研究方法可以为经验研究和理论研究架起桥梁，被誉为“定性研究”的先驱（贾旭东，2010）。扎根理论主要是基于经验，强调从原始数据资料中提取、分析、总结、引入概念、建立类别（陈向明，1999）等，其在本质上是一种典型的归纳研究范式，具有理论构建性的典型特点（费小冬，2008；崔庆江，2020；蒋晓雨，2023）。这种研究范式以不设定任何理论假设为前提，针对某一具体现象或问题，通过对搜集的一手材料进行自下而上的系统性的分层归纳编码，识别基于材料的实际现象的理论体系。扎根理论强调从一手材料中获得“真实”的知识理论（王锡苓，2024），注重从客观现象中获得较为全面的信息和客观资料，要求采用材料的真实性、代表性和广泛性，避免了经验型观念和预设型理论模式对实证范式下采用资料和所得结论范围的“程式化”限制。本研究基于网络爬虫获取的网络游客评论文本数据，借用扎根理论的三级编码，从游客网络评论文本数据中提取游客满意度的初始范畴和主范畴，识别出影响玉龙雪山景区游客满意度的影响因素，进而通过分析影响玉龙雪山景区游客满意度的影响因素的具体维度，以此来测度玉龙雪山景区的游客满意度情况。

本研究运用程序性扎根理论三级编码的方式，选择MAXQDA2022软件对视频图像及声音旁白信息提取转化的文本信息进行开放式编码、选择性编码、主轴编码，并留出四分之一的段落进行饱和度检验，得出旅游视频中的山地旅游者地方感建构机制的模型。

五、网络爬虫法

（一）数据来源

本研究所需的数据为玉龙雪山景区游客网络评论文本，针对游客的评论文本，主要通过使用八爪鱼采集器获取游客网络评论文本。近年来，随着“旅游+”的发展，以及国家政策的帮扶和产业规范的助力，网上预订的游客数量不断增加，且在游玩结束后，他们会对其进行评论，使得网络游客评论数据成为研究游客满意度的重要数据来源之一。随着网络文本数据在旅游研究中的不断应用，社会各界也逐渐提高了对其的重视和认同。综上所述，本研究选择了使用游客网络评论文本数据作为研究的数据来源。

目前国内关于旅游景区评论的网站众多，为了使网络评论文本数据更加科学全面，本研究的数据样本选自大众点评网和携程网，主要是因为大众点评网游客网络评论文本数据量多于其他网站，而携程网作为在线旅游行业的领袖，其游客网络评论文本数据的质量高于其他网站，具有一定的真实性和可信度。综上所述，本研究以2019年1月至2023年10月为爬取时间段，在大众点评网、携程网，搜索“玉龙雪山”“玉龙雪山景区”，用八爪鱼等网络爬取工具对搜索的结果进行爬取，爬取的内容主要包括用户（游客）ID、用户（游客）ID网址路径、评星（评分）、评论文本、评论时间等。

（二）数据处理

将通过八爪鱼数据采集器获取的游客网络评论文本数据保存为Excel格式，然后对数据进行浏览，删除其中信息缺失严重的游客网络评论文本数据以及八爪鱼误爬取的其他不相关的广告等数据，然后逐条阅读评论数据，删去评论中重复的内容和明显是纯符号化的评论数据内容，同时筛选并整理。

六、网络文本分析法

首先利用ROST CM软件识别出游客网络评论文本中的高频词，从而了解游客的关注度，其次运用ROST CM软件下的语义分析功能，将分词后的高频词文本数据处理生成共现矩阵，并导入NetDraw，生成社会网络语义图，以此来更深层次地了解高频词汇之间的关系，然后利用ROST CM软件的文本情感识别功能，以“游客满意度”为主题，对游客网络评论文本中游客们的情感进行识别分析，从游客的情绪是积极、中性还是消极来识别游客们对玉龙雪山景区的满意度情况。

第五节　研究区域特征

一、概况

玉龙雪山属于横断山系，其南部是云南丽江市玉龙纳西族自治县，其西北方向是青藏高原，其位置在东经 100° 4′ 2″~100° 16′ 30″ 和北纬 27° 3′ 2″~27° 18′ 57″ 之间。甘海子位于玉龙雪山东麓约 3 公里的海拔处，其西北临金沙江河谷并与哈巴雪山对峙，其南面则是丽江盆地，而其北则至大具乡附近的下虎跳峡口，玉龙雪山的总面积为 2.6 万公顷，景区面积为 415 平方公里。由于玉龙雪山上由南至北依次排列的 13 座高峰海拔都在 5000 米之上，远观时其形似一条腾跃飞舞的巨龙，故被当地人称为“玉龙”。扇子陡作为其主峰，海拔更是高达 5596 米，常年积雪，其雪线介于 4800 米至 5000 米之间。玉龙雪山还发育有亚欧大陆距赤道最近的海洋性冰川，并因其独特的冰川景观而闻名遐迩，同时也是我国最南端的雪山，玉龙雪山虽然地处亚热带地区，但因其海拔较高，所以从山谷至山顶形成了明显的立体气候，跨越了亚热带、暖温带、寒温带、亚寒带等多个温度带，其内部不同海拔区域存在明显的气候差异。

玉龙雪山景区作为我国最早的一批国家级重点景区，也是国家 5A 级旅游景区之一，不仅拥有丰富繁多的自然旅游资源和人文旅游资源，而且是伴随着改革开放旅游业的逐步兴起而被较早开发的一批山地景区之一，其所辖人口主要居住在甲子村和玉湖村。在近几十年的发展中，玉龙雪山景区的旅游基础设施也在不断完善，旅游服务和管理日趋走向成熟，同时也形成了从单一游览观光到集观光、娱乐、度假、研学、科普考察、运动休闲、徒步等功能于一体的综合型山地景区。从 1994 年至 2019 年，旅游门票收入从年收入 6 万元增长到 3.75 亿元，旅游接待人数从 4700 人次增长到 502 万人次，也成为丽江旅游宣传的重要窗口（王娟，2022）。

玉龙雪山资源禀赋优势显著，特殊的地理位置和海拔使其形成了显著的立体气候，同时也造就了较为完整的高山垂直地带景观，也使其拥有众多的自然旅游资源。在人文旅游资源方面，玉龙雪山则是纳西族人心目中的圣山、神山，更是年轻人心目中的情山，同时也使得纳西族东巴文化的发展与传承更具神圣感以及传奇特色，象形文字的传承和延续使用也是当地特色文化符号，与此同时，纳西古乐也已经被纳入国家非物质文化遗产名录。目前，玉龙雪山景区依托自身独特的人文资源和自然资源打造了众多高品质的旅游产品，高品质的资源使得玉龙雪山景区先后被授予了首批国家 5A 级旅游景区、国家地质公园、首批全国旅游标准化示范单位、全国景区带村旅游扶贫示范单位等 80 项省部级以上的荣誉和奖励。与此同时，印象丽江公司也被国务院评为全国民族团结进步的模范集体。旅游业的健康可持续性发展，使社区经济、社会文化和环境得到全面改善，同时也助力人地关系不断走向协调，玉龙雪山景区 2022 年 11 月成功进入 5A 级旅游景区品牌影响力 100 强的榜单。

二、玉龙雪山景区的相关研究

玉龙雪山景区作为云南省丽江市的著名旅游景区，虽有着悠久的发展史，但在解读以往学者们的研究成果时并未发现他们的研究涉及游客满意度的研究。目前，关于玉龙雪山景区的旅游研究主要集中在冰川旅游开发与保护、景区旅游开发、生态旅游开发、旅游规划、旅游驱动机制五个方面，研究的具体内容如下。

（一）冰川旅游开发与保护

冰川旅游开发与保护一直是山地旅游目的地研究的重要课题之一，而气候变暖对包括山地滑雪、山地冰川在内的山地旅游发展产生了重要影响，因此受到学界关注。李铁松（1999）通过总结云南省玉龙雪山以现代冰川和古冰川遗迹为主的旅游资源特色，探讨了现代冰川和古冰川遗迹的旅游观赏价值，并结合全球气候变化的趋势，提出了建立国家冰川公园和保护冰雪旅游资源的策略建议。王世金等（2012）以玉龙雪山冰川地质公园为研究对象，分析了在全球变暖的情况下玉龙雪山景区作为典型的冰川旅游资源存在消退的趋势，导致来访游客数量减少、阻碍当地旅游业的发展以及制约地方社会经济的发展等问题，基于以上问题，他们提出了相应的策略建议，以期对国内外山地冰川旅游应对气候变暖有所帮助。为此，也有许多学者从可持续发展的视角切入，基于量化分析技术的运用来找寻解决方案。宋巍等（2017）以玉龙雪山冰川国家地质公园为研究对象，选取高程、植被覆盖情况、坡度、景观视觉敏感度、景源、河流湖泊和道路通达性 7 项评价标准，采用 ArcGIS 技术与层次分析法相结合的方法对玉龙雪山冰川国家地质公园进行旅游开发适宜性评价，同时结合其地质遗迹保护范围及雪山、冰川资源生态环境保护的需要和现实情况，确定旅游发展的总体空间格局为“两轴三心，四区十一点”，同时对各功能区划提出了开发与保护相结合的调控措施。常笑笑等（2017）以云南丽江玉龙雪山国家地质公园为研究区域，采用层次分析法建立地质公园保护区划分评价体系，借助 ArcGIS 软件定量进行地质遗迹保护区划分，发现公园景点空间分布呈现出聚集特征，公园内景点连通度不完善，环境适宜性评价与景点空间分布正相关等特征。

（二）景区旅游开发

山地旅游的研究往往落脚到如何规划开发及规划保护的问题上。徐柯健（2008）通过分析玉龙雪山景区的旅游开发模式，指出了该模式下存在的问题，并就存在的问题提出了相关策略与建议。孙鸿雁等（2010）以玉龙雪山为研究对象，在经过实地调研之后，深度分析了玉龙雪山自然保护区旅游的发展现状，并针对保护区的可持续发展，从旅游发展定位和发展策略等方面提出建议和对策。者丽艳等（2008）在分析了玉龙雪山景区开发和优质品牌构建存在的五大问题之后，针对性地提出了构建优质品牌的策略与建议。也有学者基于多利益主体视角切入，展开景区开发规划研究，其中以居民为对象的研究较多。例如，陈海鹰（2015）从当地居民的视角，对玉龙雪山社区旅游生态补偿不同实施方式的贡献度及继续受偿意愿进行调查分析，并且探讨了旅游发展背景下社区补偿需求结构特征和政策优化路径，发现玉龙雪山社区旅游生态补偿政策存在优化调整空间，然后就问题提出了相关策略与建议，以期促进玉龙雪山景区的可持续发展。

（三）生态旅游开发

生态旅游开发在国内研究中占据重要地位，学界针对生态旅游的研究主要聚焦于开发理念、模式和战略性意见的探讨。管宁生（1999）在论述了玉龙雪山自然保护区独特自然景观和生态旅游资源的基础上，提出了玉龙雪山自然保护区开展生态旅游的构想，因为发展生态旅游既可以促进当地生态旅游的蓬勃兴旺，又可以推动玉龙雪山自然保护区自身的科研、保护和建设，而且可以取得社会、经济和环境等诸方面的较好的综合效益。刘冬（2007）通过分析玉龙雪山生态旅游的背景和形象定位，就丽江旅游业的发展提出了战略性的建议，从而更好地满足旅游市场的发展需求。鲁芬（2017）通过对玉龙雪山景区系统状态、生态化水平进行定量分析与评价，总结出了玉龙雪山景区生态化建设中存在的问题，并就问题提出了优化策略与建议。

（四）旅游规划

山地旅游相较于其他旅游形式具有多样性、复合性、环境脆弱性、美学性、生态不可逆性等特征。因此，在旅游规划过程中要结合山区特有的资源特征展开。例如，宋巍（2018）采用定性和定量的分析方法，以玉龙雪山冰川旅游景区为研究对象，并论证分析了“多园并存”的情况下旅游景区的空间规划冲突问题，并就问题提出了相关策略和建议。邹琼等（2019）以丽江玉龙雪山为研究对象，分析了玉龙雪山受气候变化的影响，导致景区面临冰川消融加速、雪线上升、水资源短缺以及旅游吸引力下降等问题，为应对气候变化带来的影响，提出了相关策略与建议，以期保护玉龙雪山景区的重要资源，在促进地区经济和社会持续健康发展方面做出了探索和实践。段德罡等（2009）基于对我国旅游业发展现状中的问题和矛盾的分析以及对可持续旅游实现方法的反思，提出“可逆式”的旅游规划形式，并将其应用到了玉龙雪山裸美乐峡谷的旅游规划中。此外，山地民族村寨作为山地旅游的重要资源载体，承担着重要的文化传播价值，其旅游规划研究内容也受到学界的关注。陈东琳（2009）以丽江市玉龙雪山玉湖村的规划为研究对象，研究了古村落的旅游规划和保护性开发的技术路线，并就古村落的旅游开发规划与设计提出了相应的对策建议，以此来更好地展示古村落的物质形态价值和非物质形态价值。

（五）旅游驱动机制

国内从微宏观层面对山地旅游业发展的驱动机制开展的研究相对来说较为

丰富，其中关于山地旅游景区发展的驱动机制研究是学界研究的重点。郑伯铭（2021）以利益相关者、全面质量管理等理论为指导，利用扎根理论的研究方法从相关研究中识别出了影响山地景区旅游高质量发展的驱动因子，并构建了山地景区旅游高质量发展的驱动机制概念框架，同时分析了各驱动力系统的作用机制，最终通过运用层次分析法和模糊综合评价法架构出了完整的山地景区旅游高质量发展的驱动机制综合评价模型，并就玉龙雪山景区进行实证分析。最后，根据实证分析和评价的结果并结合玉龙雪山景区的现状，提出了相应的优化对策。赵建平（2021）以玉龙雪山为研究对象，研究玉龙雪山景区的旅游发展驱动力构成、变化，并对玉龙雪山景区旅游发展驱动力进行综合评价，然后根据评价结果和玉龙雪山景区的实际提出了驱动力的优化策略与建议。张轶群（2021）以玉龙雪山景区为研究对象，研究景区的投资驱动效应，补充和丰富山地景区研究中关于投资驱动效应的研究，也为山地景区投资驱动效应的后续研究提供相关理论及方法上的参考；同时为其他类似的山地景区提供了案例借鉴，为山地景区的发展提供了实践指导，也为山地景区日后健康可持续的发展决策提供了一定的参考价值。

综上所述，学者们对玉龙雪山景区的旅游研究较为集中，主要集中在冰川旅游开发与保护、景区旅游开发、生态旅游开发、旅游规划和旅游驱动机制等方面，其他还有生物多样性保护及社区生态补偿机制等方面的研究。可以看出以上研究均是学者们以自己的研究视角对玉龙雪山景区展开了不同的研究，但共性都是为促进玉龙雪山景区的良性发展，并依据自己的研究范围提出策略，这些不同研究领域下丰硕的研究成果可以为玉龙雪山景区在今后的发展中提供借鉴和参考。

三、案例地典型性与代表性

（一）案例地典型性

1. 玉龙雪山是典型的山地旅游目的地

玉龙雪山位于云南省丽江市，其南起白沙玉湖，北至大具虎跳峡口，东至鸣音公路，西临金沙江虎跳峡口，是我国纬度最南、北半球离赤道最近的有现代性海洋冰川发育的极高山，被誉为“天然冰川博物馆”。它作为纳西族人心中的神山、圣山和情山，是国家5A级旅游景区和世界知名旅游胜地，拥有丰富的自然资源和文化资源。玉龙雪山景区自1993年成为省级旅游开发区，至今已有30多年的发展历程，先后被授予首批国家5A级旅游景区、全国首批旅游标准化示范单位等多项国家级荣誉。景区内部由甘海子、冰川公园、蓝月谷、牦牛坪、云杉坪等景点组成。国际友人洛克曾到访玉龙雪山，这增加了玉龙雪山的国际知名度。玉龙雪山与瑞士马特洪峰结为友好山峰，也进一步将其美名传扬到海外。

2. 玉龙雪山景区是山地景区旅游发展模式亟待转型的典型案例

作为一个老牌景区，玉龙雪山以门票收入作为其主要收入来源，但在门票经济的影响下，巨大的人流量给当地生态环境带来了不可忽视的破坏，因此，其生态脆弱性和敏感性带来的问题亟待解决。此外，景区得天独厚的自然条件使当地开发者将自然生态观光旅游作为主要的发展方式，由此造成了景区对人文资源开发与保护方面的忽视。在生态保护的背景下，久而久之，自然资源的开发空间变得越来越小，而重视人文资源的开发，并在开发的同时保护自身独特的文化吸引力，进而形成山地景区核心竞争力，促进玉龙雪山景区的综合可持续发展就成了玉龙雪山景区旅游业未来发展的重要目标，同时，其作为山地景区旅游发展模式亟待转型的典型案例也可以为其他山地景区提供借鉴。

（二）案例地代表性

1. 玉龙雪山景区在西南片区的山地旅游景区中极具代表性

玉龙雪山景区不仅是西南地区典型的山地旅游景区，也是云南省乃至全国范围内最具影响力的山地旅游胜地之一。玉龙雪山景区内各类浑然天成的景观，如壮观的冰川、多样的动植物种类，以及独特的地质结构，其亚热带海洋性冰川资源也在全球范围内具有重要的地位，每年吸引着大量国内外旅游者前来探访，为旅游者提供了独具特色的山地旅游体验。此外，玉龙雪山位于丽江市境内，丽江市作为全国唯一拥有“文化、自然、记忆”三项世界级遗产的地级市，聚集着众多少数民族，玉龙雪山作为纳西族等少数民族文化的象征，山区的历史遗迹和民俗文化，不仅为玉龙雪山景区的旅游发展提供了坚实的文化和历史基础，丰富了玉龙雪山景区的山地旅游体验，也提升了其在西南地区山地旅游景区中的文化代表性。

2. 玉龙雪山景区在山地旅游景区中极具品牌影响力

自 1988 年被认定为国家重点风景名胜区以来，玉龙雪山景区在旅游发展和景区建设上取得了显著成就。作为云南省内首屈一指的山地旅游胜地，玉龙雪山景区已成功打造了若干具有示范性和显著综合效益的旅游文化品牌，荣获众多荣誉，包括首批国家 5A 级旅游景区、全国首批旅游标准化示范单位和全国知名品牌示范区等，累计荣誉超 60 项。在 2022 年 5A 级旅游景区品牌影响力 100 强榜单中，玉龙雪山景区在自然景观类别中排名第 52，进一步凸显了其品牌的强大影响力。另外，玉龙雪山旅游区累计投入约 20 亿元人民币用于建设开发，借助其独特的自然景观，积极打造各种旅游服务设施，使其在全国山地旅游景区中声名鹊起。玉龙雪山景区不仅不断提升品牌影响力和市场吸引力，还通过实施景区活化等策略，策划举办各类主题活动，丰富游客体验。同时，致力于增强丽江作为世界文化旅游名城的吸引力和带动丽江整体客流量的增长，景区始终秉承系统规划、大规模投资、不断创新、规模覆盖的品牌营销策略。其中，“国家级服务行业标准化试点”项目，获得了国家市场监督管理总局和国家标准委的认可，成为丽江乃至云南旅游面向全国服务行业标准化的一张闪亮名片。

3. 玉龙雪山是研究旅游者媒介地理视域地方感的绝佳样本

玉龙雪山是研究旅游者媒介地理视域地方感的绝佳样本。一方面，以“玉龙雪山”为关键词，在抖音、快手、哔哩哔哩等平台上进行搜索，发现其关键词下的视频数量较多，并且不断在更新，表明玉龙雪山在视频社交平台热度较高，并持续受到视频社交媒体平台用户的关注。另一方面，玉龙雪山景区独具特色的自然资源、别具一格的风俗习惯以及民族文化，给旅游者留下了基于地方特质的差异性印象和在此基础上形成的个性化感受和情绪，而这些都支撑着旅游者在和玉龙雪山景区进行人地互动时形成独特的地方感，这对于研究来说更有利于展现出山地旅游者地方感的差异性。

第二章

相关概念阐释及理论基础

第一节　相关概念阐释

一、山地旅游

山地旅游目的地依赖于山地地质和地貌环境、山地水文和气候、山地生物景观、山地人文环境等，造就了具有三维性、异质性、高梯度性等特征的基底环境，以及多样、复合、原始的旅游资源（明庆忠等，2022）。区别于其他旅游目的地，山地旅游目的地在地势地貌上具有丰富的层次，随着海拔的升高，动植物群落分布呈现出差异，气候也在急速变化，而这样丰富异质的资源也造就了山地旅游活动的独特性。在山地旅游早期发展过程中，学者十分重视对山地生态环境的保护，并认为旅游是一种促进当地发展的方式，基于此将山地旅游定义为：在不破坏山区自然和文化环境的前提下，为当地居民提供经济、环境、社会效益，为游客提供高质量体验的旅游形式（Nepal，2002）。而后国内学者注意到山地旅游资源的独特性，给出山地旅游是以山地自然环境为主要的旅游环境载体，以复杂多变的山体景观、各种山地水体、丰富的动植物景观、山地立体气候等自然资源和山地居民适应山地环境所形成的文化生活习俗，传统人文活动流传至今形成的特定文化底蕴等人文资源为主要的旅游资源，主要特色旅游项目包括山地攀登、探险、考察、野外活动等，兼山地观光、休闲、度假、健身、娱乐、教育、运动为一体的旅游形式的定义（王瑞花，2005）。但该概念过于冗余，进行缩略之后，《世界山地旅游发展趋势报告（2020版）》提出：山地旅游是以山地为载体，人类在山地的基础上进行的度假、观光、户外运动、康养、文化探寻等目的的旅游活动与行为。上述概念具有一定的综合性，却并没有着重突出山地旅游的特点，基于此，有学者将山地旅游定义为以山地独特的地貌为基础，综合气候、生态、文化、原住居民等要素，以观光、体验、度假、休闲、宗教、修学等为目的地的小众型、低密度旅游活动（陈兴，2012）。此概念结合了山地旅游的相关活动，并重视山地生态环境的脆弱性，但山地旅游是否为小众型旅游活动，是存有争议的。结合山地旅游的高梯度效应，旅游者在山地旅游过程的情感变化受到国内学者的重视，结合这一前提，学者给出了山地旅游的定义，即山地旅游是旅游者受到山地高梯度效应下自然—人文特质所形成的“召唤结构”和身心压力等综合刺激，引起身心状态结构性失衡，经历山地情境与旅游者心理不断变化与相互浸染，逐步使对山地环境崇拜、敬畏、欣赏、依恋、满足等心理意义得以产生，完成本真自我和山地情境穿越对话的体验过程（史鹏飞等，2021）。该定义与本研究的范畴较为契合，故在本研究中沿用该定义。

二、旅游者地方感

旅游帮助人们感知和认识地方。与本地居民不同，旅游者对地方的认识，时间更加短暂，并且受到前置因素影响，在旅游的过程中，旅游者会赋予目的地独特意义和情感价值，从而形成旅游者的独特地方感。旅游者对目的地的地方感会经历局部到整体的过程，并且在旅游者自身的观察、分析、亲身感受中获得地方体验。早期国外学者认为旅游者对地方的情感是表面的、多是审美情感。而后国外学者从愉悦性的角度出发，认为旅游者地方感是旅游者对提供愉悦和独特体验目的地的情感承诺（Mckercher等，2015），该定义将目的地和旅游者之间的情感关系视作交换，并且更加重视愉悦感的获取。国内学者在定义地方感时强调了互动对于地方感产生的作用，认为旅游者地方感是旅游者的情感与所处的环境相互作用产生的一种反应，是人的记忆感受与价值等情感因素与地方资源之间产生情感意义上的互动，是旅游者与目的地直接互动和社会文化象征意义的联结，在这个概念中，国内学者将地方依恋和地方认同进行了符合旅游情境的解释（吕宁，2010）。但在此概念当中，地方与人的互动仅仅停留在了在地环节。实际上旅游者对目的地的感知，早在其通过他者或媒介间接接触目的地时就已经萌芽，旅游者可以通过媒介形成前置印象，媒介在离地后仍会延续旅游者对旅游地的情感。根据心理学当中的首因效应，人们对事物的第一印象总是十分深刻的，并且会对后续的印象产生影响，而现代旅游强调"攻略"，媒介的运用伴随了旅游过程的全部环节，旅游者地方感形成不止于在地环节。故而，笔者认为旅游者地方感是旅游者在直接或间接认知感受旅游目的地并与地方发生在地的和离地的深度互动过程中，产生的情感羁绊和身份建构。

三、山地景区

山地景区作为旅游景区的一个类型，已经发展多年。目前，学术界对山地景区的定义还未形成共识。虽然学界对山地景区的分类方法众多，但都是从各自的研究角度来进行划分的（保继刚等，1999）。我国山地面积广阔，集众多地质地貌，拥有丰富的山地旅游资源，且大多数山地景区拥有深厚的文化底蕴和引人注目的自然景观。从功能特征的角度来说，山地景区区别于城市景区，山地景区是以山地自然环境和历史文化等为旅游吸引资源，其所在的位置在自然空间、生态和气候等方面具有独特性，拥有明显的景观特征（胡海胜，2006）；从管理的角度来说，山地景区是指以山体景观（主要指山体地貌和自然生态景观）为主要旅游吸引物或主要旅游吸引物之一，并依托自然山体和必要的人为设施而开展旅游活动的具有明确范围的一个空间场所（周丽君，2013）；从资源属性的角度来说，依山而建的景区都可以被叫作山地景区（王宗宝，2018）；从活动和项目内容的角度来说，山地景区是以开展山地特色旅游项目和旅游活动为主导的旅游景区（赵建平，2021）。综上所述，本研究基于前人的研究成果，认为山地景区是在一定的区域范围内，依托山地自然环境为吸引物，拥有独特的自然景观和人文景观等旅游资源，拥有配套齐全的旅游服务设施，能够为旅游者提供旅游服务的具有明确范围和空间区域的综合性非常强的旅游景区（郭月，2015）。山地景区区别于其他景区的特征有以下几点。

第一，山地景区海拔相对较高。由于山地景区是依山而建的，所以景区的绝对高度在500米以上，因此相较来讲山地景区的海拔较其他景区的海拔较高。

第二，山地景区景观资源类型丰富。山地景区拥有除海洋景观之外的大部分自然景观类型（冯德显，2006），不仅包含山体、悬崖、峡谷、沟壑等在地质构造作用下形成的地貌，在各地貌组合中还分布有河流、湖泊、动物、植物等自然旅游资源，还包含依山而居的社区居民们的服饰、餐饮习俗、宗教信仰、建筑形式等人文旅游资源。此外，复杂的地形变化形成的山地气候以及衍生的山地天象景观资源也是构成山地旅游景观资源的重要组成部分。由此可知，山地景区的景观资源类型丰富。

第三，生态脆弱性。山地生态系统是一个有机的整体，其任何一个元素的变化都会引起其他元素的变化，进而影响到整个生态系统及其周围的环境，然而当某些元素的变化超过了生态系统自身修复能力的时候，整个生态环境的恶化趋势就会成为必然的发展趋势（李寿涛，2012；郭志刚，2010）。比如，当人们在开发山地旅游的过程中会有各种垃圾和污染物的产生、不同程度的伐木等都不可避免地会给山地景区生态环境造成一定的破坏，继而引发自然生态的变化。因此，山地景区具有较大的生态脆弱性。

第四，地貌复杂多变，风险较高。山地景区拥有多种地貌类型，其中不乏河流、湖泊、峡谷、丘陵等，气候多变、自然灾害频发，这些因素衍生出了山地景区在开展旅游活动的过程中发生意外的情况要高于其他景区。

第五，山地景区可进入性较差。基于人类发展的需要，人类一般会选择在平原、湖泊等区域进行生活和生产活动，而山地景区一般位于远离城镇的郊区山区地带，人烟相对稀少，交通基础条件不够完备，路况也相对较差，导致旅游者前往旅游的时候不仅要花更多的时间，而且成本也不低，所以与其他旅游景区相比，山地景区的可进入性较差。

第六，山地景区温差大。山地景区由于地势高低起伏等原因所引起的温差变化明显，不同的海拔会产生一定温度差，比如“一山有四季，十里不同天”是对其温度差异的最真实的阐释。除此之外，山地景区的景观在不同的季节会展示不一样的风景，正所谓一年四季景不同。

四、旅游视频媒介使用

（一）旅游视频

许多学者对短视频的用户使用进行了界定和研究，短视频被认为播放时间较短，通常以分、秒为单位，播放时长在5分钟内，可以依托智能终端实现快速拍摄、编辑及美化，并且可以在社交媒体网络平台上进行实时分享，多元化的视频内容（殷乐等，2018）。而短视频的用户使用行为可以被区分为狭义、广义和特指行为，狭义的短视频用户使用是指用户对视频平台的浏览行为（顾亦然等，2023）；广义的短视频用户使用指的是包含浏览、创作、直播购物等内容在内的所有基于短视频应用的交互行为（李嘉兴等，2020）；而特指行为则是指在短视频平台进行的具体行为，如美妆视频、健身视频的使用等（黄明明等，2023）。本研究中，旅游视频并不限于其时间长短，指的是在视频社交媒体平台上，由旅游者发布的记录出游过程及体验感受的视频内容。

（二）旅游视频媒介使用

具体来说，视频媒介使用是一种用户使用行为，根据用户使用理论，用户使用行为指的是用户为获取某一物品和服务采取的各种行动，包括使用前、使用中、使用后的不同阶段的具体行为（杨善林等，2015）。根据历年的《中国网络发展状况统计报告》，得知网络使用行为泛指网络用户所进行的与网络有关的一切活动的总称，包括获取信息、社会交往、娱乐休闲等。在本研究中，主要是针对旅游视频的使用，因此结合上述概念界定，将本研究的旅游视频媒介使用定义为：旅游视频媒介使用包括对在抖音、快手、B站、小红书等视频社交媒体上，观看长短视频及其衍生出的点赞、评论、转发等互动行为，以及作为视频拍摄者拍摄旅游视频和衍生出的分享、上传等后续行为。

五、游客满意度

游客满意度（Tourist Satisfaction）的概念由顾客满意度衍生而来，对其研究最早可以追溯到20世纪60年代（Cardozo，1965），满意度会影响顾客再次购买满意产品的行为，还有学者认为游客满意度是游客基于出游前的期望与游览之后产生的实际体验之间存在的差异（Pizam 等，1978），此后，在此基础上学者们对游客满意度概念的研究纷纷展开了更深层次的研究。其中，游客们对旅游地的相关服务质量及对旅游需求的满足程度是否反映了与游客们游览旅游目的地付出成本的一致性，决定了游客们对旅游目的地的满意程度（Oliver，1989）。发展到 90 年代的时候，“满意度管理”更是受到了业界的关注，使得“零缺陷”的优质产品标准指向了“全面顾客满意”。此外，Baker 等（2000）指出游客满意度是指游客们对某旅游目的地为满足游客需要所提供的各项服务能力进行的综合性评价的结果，而我国学者杨凤影（2006）则认为游客满意度是指游客们对旅游景区的景观质量以及景区为满足游客需求而提供的各项相关服务能力给出的综合性评价情况。综上所述，本研究采用的游客满意度是指游客们对旅游目的地为了满足游客们游览需求的程度所提供各项服务进行的综合性评价（代福昌，2019），满意度既是游客对旅游目的地的期望与在当地旅游体验比较而形成的满足感（Pizam 等，1978），也是旅游者对旅游投入与旅游收获比较的满足感（刘福承等，2017），即游客对玉龙雪山景区的游前期望与游后对景区旅游吸引物、相关基础设施、管理服务水平、环境氛围体验感知等的对比过程，一方面受到游客自身心理的影响，另一方面也受到旅游服务质量的影响，也就是说当游客游前的期望值高于游后的体验感知时就表示游客不满意，反之，则表示满意。

六、景区品牌形象

品牌形象是消费者在记忆中对品牌属性、利益以及整体态度的感知，这种感知既可以是理性的也可以是感性的，体现消费者对特定品牌的依恋。对于景区品牌形象而言，它是游客通过接触各种品牌信息后，经个人筛选和加工，形成的对景区品牌的综合印象和联想。这不仅仅是一种记忆，游客在计划旅行前的期望和想象也会成为对旅游目的地形象认知的一部分。

通常，在探讨旅游景区的发展策略时，不可忽视的一个关键因素就是景区品牌形象的塑造。这种品牌形象不仅旨在增强景区的知名度，也致力于培养游客的忠诚度，并在激烈的市场竞争中拥有独特的优势。这一形象的构建不单是对景区外在形象的塑造，更是一个由景区自身的运营管理出发，逐渐向游客传达并被其认知的差异化形象系统。其建设过程不仅是一个从基础形象建设向完整的景区品牌体系构建的过渡，而且是一个融合了旅游资源、服务营销及文化商品化的复合型产物。这种综合性的建设不仅从景区的内部运作扩展到外部表现，更强调在品牌形象的构建中，必须有丰富的文化内涵作为支撑。这涵盖了景区内在的文化与精神内涵，以及基于这些核心价值构建的品牌形象的认知因素（李艳，2003）。本研究认为，景区品牌形象是指公众对旅游景区的总体认知和感知，它是景区在潜在游客心目中形成的一个独特印象，这种印象不仅来源于景区自身的特色和服务，还包括了与景区相关的文化、历史、自然环境等多个方面。

第二节 理论基础

一、地方理论

地方理论是从人的感觉、心理、文化、伦理道德等不同角度来阐述人与地方之间的复杂关系。在人文主义与现象学的哲学思想指导下，地方理论更加强调人对所处地方的主观感受，突出地方中的人的感受、情感、思想等方面（林锦屏，2010）。地方理论关注人地互动系统，以及在此之上形成的历史文化、社会现象、空间特征、综合发展等内容，是基于多维度、全视角揭示和研究系统要素和特性的理论（王婷，2023）。

（一）与空间相区别的地方

多琳马西（2013）在《保卫空间》中提出，空间是相互关系的产物，也是在同期多元意义上具有多样性存在的可能领域；同时空间是开放性的，是社会关系的产物。1964 年，Lukeman 提出地方是与他地通过物流、人流产生关联的特定区位的自然和人文组合。而后，Steele（1981）在定义中重点强调了情感，认为地方是能被人的情感所感知的，被赋予人的情感之物，不能脱离人而存在。

Relph（1985）在定义中进一步阐明了感知对于地方的重要性，认为地方是感知形成的总体印象，包含了对环境等因素的感知，并且在这个过程中个人的经历等因素也很重要。综合起来“一个真正的地方是由个人或群体赋予了深刻内涵和意义的特殊空间”，即“地方 = 空间 + 内涵”（Harrison 等，1996）。国内学者们也对地方进行了定义，周尚意（2011）精练地提炼出地方应该包含三个因素：不可移动的自然条件、历史积累的实体要素、根植于此的社会文化。在学者们对地方的定义中可以看出，地方是主客观结合、人与物互动的产物。地方和空间的区别在于地方更加强调人的作用，并被赋予了空间意识和地理上的界限，其相对空间而言，开放性较低，人的作用程度较深，人的主观体验感知也更受到重视。

（二）地方感与地方性

重视人的建构作用是地方最鲜明的特征，在地方理论中“人—地”互动关系被地方感和地方性所描述。地方性存在于地方的物质与功能中，是区别于其他地方的独特性，也是意义的载体（唐文跃，2013），它具有历时性，但我们看到的地方总是某一时间的截面，所以可以认为地方性是特定时空维度中的地方特征，在物质层之上，地方性还是情感需要、时空活动和权力关系的产物（钱俊希，2013）。传统的地方理论中，地方性具有一定的稳定性，在流动性较弱的时代，某一特定空间的物质、文化不会轻易改变，但在流动性不断加剧的现代，随着物质的流通和文化的交融，以及人们的到来和离开，地方性的稳定受到冲击，随之而来的是消解和不断的重构。

地方感强调的是对地方特征的感知，以及感知产生的情感联系，也就是说，地方感的主体必须是人（宦震丹等，2015），是意义的生产过程。地方感的产生过程有赖于对地方性的独特感知，而这些独特感知会受到当地人或者旅游者自身经历的影响，这些经历包括了他们的性别、个性、成长经历等个人特质和经验，感知的结果是生成意义和文化，融入地方性中。地方性则代表了地方系统中的另外一端，也就是地的一端，自然风貌、历史遗迹、社会结构等部分都属于地的部分，形成了地的物质功能，但与此同时，通过人的意义创造，地方性中被赋予了文化功能的部分，逐渐稳定的文化持续进入地方性的范畴，又影响到与这个系统产生关联的人。人、地以及他们之间的联系和互动形成了地方系统中最核心的组成部分，从而形成了地方性和地方感之间相互关联、影响的结构。尽管对于地方，人们的惯性认知是将其看成一个物质基础和上层建筑的静态结构，然而人们也逐渐意识到地方的动态性在流动的背景之下越发凸显，这时候只从静态结构的剖面去观察地方已经不能满足研究的需要，发展一个人地互动的动态地方系统或许是更好的补充。图 2-1 展现了地方感和地方性之间的关系。

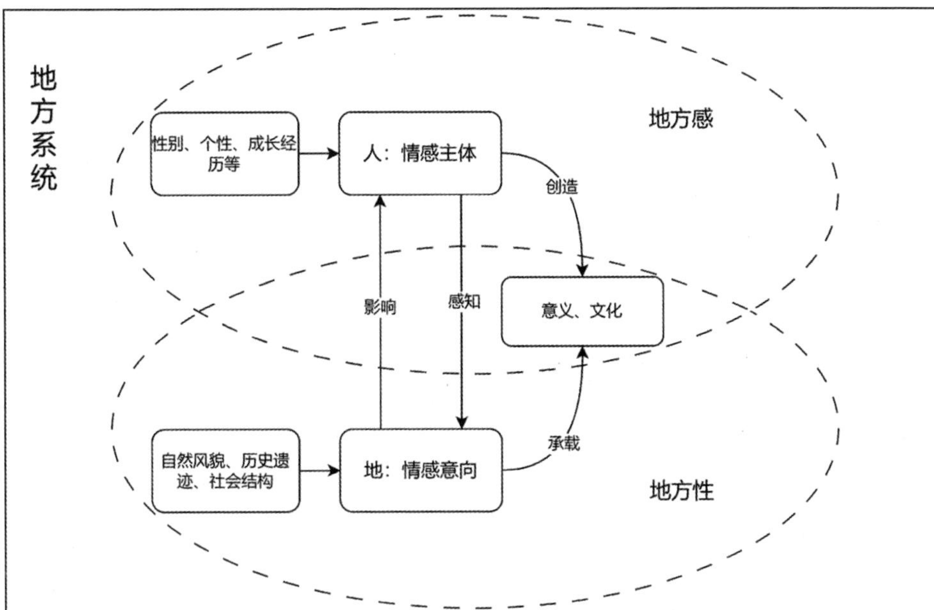

图 2-1 地方感和地方性的关系

对地方感和地方性的认识以及二者之间关系的明确，有利于对媒介和地方之间的互动展开讨论，明晰地方对于媒介的影响，以及媒介对于地方的影响。

（三）流动性中的旅游者地方感

流动性是 Bauman（2002）在全球化背景下提出的相关命题，它描述了现代社会的特征：现代性永不结束，但其本质已经从稳定的、有秩序的结构发展为流动的、不稳定的形式。流动社会中个体流动性加强，工作稳定性下降，住所也变得不再单一。Urry（2012）看到了“社会—空间实践”的意义，并提出了身体移动性、物品移动性、想象移动性、虚拟移动性、信息移动性五种类型，进一步提出“新移动范式”。Cresswell（2006）认为流动性包含三个层面：物理运动、物理运动所建构共享的社会意义、物理运动所带来的体验和具身实践。

流动性要求地方理论等相关理论从新的视角进行阐释：对流动的时间、空间和社会进行重新思考，不再局限于关注流动现象发生的方式，更重要的是流动过程产生的经验、差异和多重社会关系的重组，以及在结构之上的个人化的身份认同、情感体验和自我建构过程（孙九霞等，2016）。

身体的移动是流动的一种形式，吴寅姗等（2017）认为旅游的流动应该包含在途、在场、返程三个部分。伴随着身体移动的同时，也存在着意识的流动，游客地方感认知存在着“关注刺激—反应过程—关注刺激—自组织过程—反应”的定义组织过程（王泓砚等，2019）。从知晓注意到具身感知再到情感意义的生成，在流动性的影响下，这样的过程在不断加速。人的空间流动在不断扩大的过程中，对地方的认同、依恋关系也在不断被调整、转型、创造。传统观念下隐藏着地方感理论中的地域人假设，认为存在对固定或少数地点的依恋，并将固定或者少数地点作为构建身份认同的一部分。但在旅游移动的视角下，“区域人”的假设被提出，“区域人”假设认为其存在多个住所，淡化了家乡概念，对某个固定地点的情感依恋程度降低，无差别对待各种地方，对身份认同的构建会脱离地方认同独立存在（黄潇婷，2019）。更进一步地，Massey（1994）认为我们可以建立“全球地方感”，她赋予了地方动态、开放、多元的特征，在与社会关系联结的过程中，地方从身份认同的决定者变成了参与者。而个体和群体在与地方互动的过程中形成对地方的感知，又在意识和身体的离场后面临着感知的消解。

对于地方感的传统认知方式倾向于将其分解为维度和层次两方面的结构，在维度方面，受到广泛认可的是“地方依恋和地方认同”的划分，即地方自身固有的属性（地方性）和人们对这个地方的依附感（地方依附）；而在层次方面，逐渐走向稳固的地方感层次是其中的代表。但在流动性的影响之下，维度的丰富化变得越来越难以全面表达和统计，层次上，情感的形成和消解都在加速，停留的印象变得越来越短暂。但这并不意味着在旅游者心中地方感就已经消解，某种程度上，需要用动态化的关系，以及过程化的视角去研究流动性中的旅游者地方感。

在本研究中，流动性是背景，与此同时流动性的加强也推动了旅游者运用信息技术手段支持自己的旅游流动行为，在流动性的背景下，媒介赋予人在空间上即便远离也依旧可以保持连接的能力，也就为视频媒介对旅游者感知的介入进行了铺垫。

（四）地方感的建构过程

Hashemnezhad 等（2013）将地方感划分为认知、行为和情感三个层次，认知层为基础层，是对地方基本情况的了解；行为层主要是对地方功能的感知；情感层为最高层，是对地方感的感受与评价。王婷（2023）在研究历史文化街区的游憩行为时运用该理论进行分析，发现个体在外界环境刺激下，可以通过“地方性感知→怀旧情绪→地方依恋→游憩行为意向”的影响路径促使游憩行为发生。国外学者认为可以将地方看作一个态度对象，并提出地方包括认知、意动和情感三个维度（Stedman，2002）。我国学者也进一步探究了包括地方认知、地方依恋和行为意向之间的关系（方世巧，2016）。

本研究借鉴前人采用认知、行为、情感的过程化概念模型去理解山地旅游者是如何与山地旅游目的地一步一步产生连接的，在此基础上，通过视频内容分析的方法，对旅游者视频中所记录的旅游者与山地旅游目的地的认知过程、互动行为和情绪感受进行分析，探索山地旅游者在这一过程中如何建构地方感。

二、感知理论

（一）延展认知与延展情绪

“后认知科学主义”对“计算—表征”认知主义进行批判，他们将传统颅内发生的认知拓展至体外，依托情境学习和情境行动的方式探索环境和有机体互动的内外结合的认知过程（朱婧雯等，2020），自此诞生了“延展认知”的理论。延展认知主张，认知并非总是或者必然地限制于人脑，服务于人类认知加工的物理状态可以超越个体生物脑的疆界，延展到个体的身体和环境中

（Boem 等，2021）。人类的认知过程是生物资源和非生物资源协同作用的结果（Anderson，2015）。延展认知以互补性原则解释各系统之间的关系，以脑为界限，内外成分不同，却形成功能相互补充促进的关系（Sutton，2010）。并且这些组成部分的功能属性都具有“历时性”特征，随着时间的变化，会不断变形和重组（Kirchhoff 等，2020）。研究者们提出：淡化内部心理和外部世界的界限，以行动和知觉划定范围；反对表征主义，认为主体沉浸在世界中，与世界互动、建构，形成紧密联系的整体；取消脑的中枢地位，认为认知涌现于脑、身体和环境三者的互动耦合中（苏佳佳等，2023）。

无独有偶，传统情绪理论认为情绪发生在有机体内部，是一种内在感受（James，1890）。而情感延展理论则关注到情绪的意向性，情绪会指向一定的对象，这个对象并不是仅存于脑内，在此基础上学者们进行了三个意义上的延展，第一是情绪的身体延展假设，即情绪超越了头颅的界限，延展到了非神经的身体部分（Gross，2015）；第二是情绪的环境延展（Krueger 等，2016）：情绪的载体不仅仅存在于有机体的内部，更超越了皮肤的界限，包含了承载情绪的外部环境；第三是情绪的社会延展（Krueger，2014），主张者认为某些情绪的实现并不是单一个体完成的，而是在人际、环境文化中形成一种“社会性情绪感受”。

延展认知和延展情绪的理论支持了地方理论的发展，并可以作为解释地方感存在的理论化工具。地方感必然是一项关于人地互动、个体认知、情绪反应、社会性建构的命题，其背后的深层动因是人类认知方式和情绪生成方式的延展性，通过对延展认知及延展情感理论的引入，可以进一步深化地方感的分析和理论建构。

（二）认知—情感—行为理论

行为在某些时候又被看成行为意向，对认知、情感、行为的关系探讨可以追溯到康德所谈及的人类心灵的三种基本技能。早期的研究者们普遍认为认知起到了基础统帅的作用，但随着研究的深入，人们逐渐发现，意志和情感对认知起到了动力性支撑作用（刘清平，2017）。越来越多的实验结果同样表明，情绪情感对自我调节、信息加工、行为产生深远的影响，而认知结构可以对情感进行解释和分类（修巧艳，2004）。Mischel 等（1995）在 1995 年提出了认知—情感人格系统理论，关注特定情境信息对个体行为的影响，故而也被叫作“认知—情感—行为”系统。在该理论中，包含解释“情境—行为”关系的加工单元，其中涵盖了编码、期望和信念、情感、目标与价值观、能力和自我调节五个部分。认知加工过程包含了：个体获取、存储、检索和处理信息的过程，而情感加工是指个体对情境信息编码和解码之后的结果。该理论认为接收到积极情感体验后人们更倾向做出积极行为，并将情境和事件与人格相结合，指出情境特征会激活认知和情感，情境包含了物理环境、社会、人际情境等（李黎飞等，2022）。认知—情感—行为模型理论对人格建构和情境感知之间的关系进行了探索，并强调了情感对于人格建构的重要性，这与地方感理论的研究是十分契合的。在地方感的相关研究中，Cresswell（2006）认为实践对地方感产生重要作用，通过实践人们可以创造在某地的地方感，而实践就是在地的认知与行动。

在本研究中，将认知—情感—行为理论的逻辑框架作为建构旅游视频媒介使用对旅游者行为意向及地方感影响的基础，在此基础上探究旅游与视频媒介带来的认知因素、情感因素如何引起旅游者行为意向，以及对地方感因子是否会产生影响。

三、媒介可供性理论

“可供性”一词于 1979 年被美国心理学家吉布森提出，用以描述环境为行动发生提供的可能性。它包含了生物感知到的环境特性以及促发生物产生行为的导向性。“技术可供性”的提出进一步明晰了技术与行动者之间的关系，将技术所承载的物的属性和人的行为之间的关系进行连接（Schrock，2015）。随着媒介技术对人们日常生活的影响进一步增强，“传播可供性”被提出，将个体对工具的主观感知和传播技术的性质之间的互动关系，以及这种关系对人们的行为和习惯的影响进行了深入的描述。“媒介可供性”提出的时间较晚，它指的是在特定情境下行动者感知到的，能够使用媒介进行行动的趋势和媒介的潜在特征、影响力、关系（Rice 等，2017）。我国学者认为，只有媒介真正将系统内的元素连接起来，并且使他们发挥介质作用时，媒介的可供性才得以体现（胡翼青，2022）。

媒介可供性近年来被越来越多地运用在新闻传播、媒介营销分析等领域。例如，学者对 IP 生成中的媒介可供性进行研究发现，媒介使用可以起到关系补足、角色共情、认同定位等方面作用（陈昌凤，2018）。也有学者在媒介可供性的视域下探讨行动者之间的线上线下协作关系，并发现了其在需求表达、情感连接、行动促进中发挥着重要作用（王焱，2023）。此外，学者还从媒介可供性角度出发，探讨并发现了短视频对使用者时空感知产生的异化影响（刘素君，2023）。媒介可供性的相关研究表明，传播技术、媒介使用对用户产生一系列感知、行为、情感上的影响。在本研究中借助媒介可供性的理论，进一步提出了旅游者对旅游视频使用的技术使用感知、媒介使用情感以及媒介行为意向，并探讨它们之间的联系，以及它们对旅游者地方感的影响关系。

四、服务质量理论

服务质量被引入旅游产业的研究之后，相关学者也纷纷对其进行了不同层次的研究和探讨，使得服务质量的概念逐渐被充实和完善，同时服务质量理论也得到了丰富和完善。服务质量最初是由芬兰学者 Gronroos（1982）根据认知地理的原理提出，他指出服务质量是主观意义上的概念，其服务质量的结果取决于客户体验和客户期望之间的对比，其中客户体验是指客户在实际体验过程中的感知情况，而客户期望则是指客户在体验之前所期望的服务质量水平（刘秋萍，2023）。当客户认为企业的服务质量超过了期望时，客户认为该企业的服务质量较高，相反，客户会认为企业的服务质量较低。Garvin 在 1983 年的研究中也提出服务质量来自客户的主观感知。之后 Gale 和 Bezel 从营销策略和利润效果两个角度进行研究，结果表明客户言论和客户感知就是服务质量，并且服务质量通常是由客户感知来决定的。周正嵩（2014）认为由于服务活动发生在客户与工作人员的互动过程中，所以工作人员的服务态度与客户感知的服务质量高低有着密切的关系。张庆（2018）通过研究认为服务质量包含服务和质量，服务是一种满足意义上的活动，而服务质量则是客户对其服务的满意程度与期望之间的差距。而后林茜茜和刘丹（2020）也提出了旅游服务质量包括有形的产品和无形的服务。

综上所述，本研究认为服务质量是客户对某项服务活动的一种主观态度，它在一定程度上会影响客户以后的消费行为，它源于客户自身期望与实际体验之间的对比。而服务质量的高低则取决于客户自身期望和实际体验之间的差距，不同的客户在不同的条件下所感受到的服务质量是存在差异的。同样对于前来玉龙雪山游玩的游客来讲，在他们的旅游过程当中也会产生各种程度的不同感知，所以，作为景区的管理者要不断提高自身的管理和服务质量，不断提高游客满意度，一方面可以吸引更多的游客前来游玩，另一方面也能促进旅游目的地的良好发展。

五、满意度理论

游客满意度被引入旅游产业的研究以后，相关学者也纷纷提出了游客满意度的概念，并对游客满意度在不同场景下的情况进行了不同层次的相关研究，使得游客满意度的概念界定被逐渐修正和完善，并趋于一致性，当然伴随其一起发展的游客满意度理论也得到不同程度的丰富与延展。满意度起初以“顾客满意度”的形式出现在企业当中，顾客满意度最初由美国学者 Cardozo 于 1965 年提出，他指出顾客的经验可以产生期望，满意则是顾客对期望的结果，并且当顾客对所购产品满意的时候，顾客会产生重购或购买相同品牌的其他产品的行为。Howard（1969）指出购买者通过使用顾客满意度来衡量所购物品是否值得付出，若是值得，那么满意度较高，则会产生积极的情绪，反之则会产生不满的情绪。Oliver（1981）基于期望—差异理论的基础，提出满意度的定义。国内学者（董观志等，2005）通过使用模糊综合的评价方法构建出了研究游客满意度的测评模型。而后王恩旭等（2008）利用灰色关联的分析方法对入境旅游服务质量的满意度做了测量和分析。而龙肖毅等（2008）把游客们不同的住宿需求作为研究对象，横向分析了游客们对大理古城客栈和民宿的满意度情况。阮文佳（2017）基于游客体验视角，分析了节事形象与游客满意度等的影响关系。但在众多理论当中最重要的理论则是由 Oliver 和 Cronin 与 Taylor 提出的期望—差异理论和感知质量理论，它们共同组成了研究游客满意度的理论基础，对后来的相关研究具有重要的指导、参考和借鉴的价值（代福昌，2019）。

（一）期望—差异理论

期望—差异理论最初作为零售行业的重要理论之一，它所表达的主要观点是：消费者在对某产品做出消费决策前，消费者自己会对即将购买产品的质量在其心理上产生一定的期望，当对某产品消费体验之后，如果某产品的实际体验价值超出了购买前的期望值，那么消费者对某产品会产生满意的心理感受，但是如果产品的实际体验价值低于期望值，消费者就会对该产品产生不满意的心理感受，另外如果产品的实际体验价值与购买前的期望值相当或非常接近的时候，消费者则可能对该产品产生满意的心理感受，也可能对该产品产生不满的心理感受，此时的消费者对某产品会产生一种不稳定的心理状态（柳理珍，2021）。而后，随着期望—差异理论的不断发展研究，一些学者将期望—差异理论也引入旅游相关研究中，并做了具体的阐释，即当游客们的实际旅游体验超过游客们出游前的期望或与游客出游前的期望相符合时，游客满意度会比较高，而当游客的实际旅游体验没有达到游客出游前的期望时，游客所表现出的满意度则是比较低的。

（二）感知质量理论

感知质量理论由 Cronin 等于 1992 年提出。该理论指出游客们的出游期望是很难度量的，而且这个期望值对游客满意度的影响有限，还不如直接测度游客们旅游后的实际旅游体验以获得游客对此次旅游的整体满意度评价结果。由于感知质量理论在提出之初就做了规定，该理论规定在进行游客满意度评价时不考虑游客们出游前的旅游期望，所以在使用的时候显得更为简便，而后在相关的研究中也得到了广泛的应用。比如 Bhat 等（2013）使用感知质量模型，通过对五个感知维度的测度实现了对克什米尔流域游客满意度水平的测度评价，而且 Johns 等（2004）在研究塞浦路斯北部区域游客满意度的时候发现，相较于期望—差异理论模型，使用感知质量理论模型分析游客满意度的结果更具科学性和可靠性。

六、情感理论

关于情感的定义，最初出现在心理学的研究中，之后被引入其他的研究领域中，使情感研究应用的研究成果得到补充的同时，延展了其研究领域。然而在英文翻译当中，感情、情感和情绪都可以用单词 affection、emotion 和 feeling 来进行翻译，还有情绪和感情又都可以用 sentiment 进行翻译，所以对于这三个词语的概念学界尚未形成统一的界定。有学者指出"情绪"指代的是个人感情活动中生理的、先天的以及形式的方面，而"情感"则指的是一个人后天的、具体的感情活动、含有观念内容的方面（谭容培，2004）。对此，有学者也给出了不同的解释，比如有学者指出情感是人们对自身、自身周围环境事物及对自己就某项活动态度的体验和表现，它是人类所特有的体验和表现，是人类关于个人意识的一种外在表现形式，是情感感知主体自身就外部环境对自身环境刺激做出的肯定或否定的心理反应（于静，2016）。其他学者（殷英梅，2018）也认为情感是感知主体个人对某些客观事物是否满足自己特定的需要而产生的态度表现，当客观事物满足感知主体的个人需要时，感知主体就会表现出积极和肯定的反应（如热爱、表扬以及赞许等），当客观事物不符合感知主体自身需要的时候也可能会表现出消极和否定的反应（如担忧、批判和厌恶等）。总之关于情感的定义站在不同的学科视角虽有差异，但总的来讲，情感就是人们对事物、事件态度的感觉和表现方式，当然每个人对不同的事物也会产生不同的态度，情感的表达也会有所不同。

史密斯曾在研究游客在遗产地和博物馆参观时的情感表达时，指出人们去博物馆是去感受或表达情感，或是情感投资，在此过程当中游客会产生各种情感，如开心、愉悦、自信、难过等一系列情感。同理，对于前来玉龙雪山游玩的游客来讲，在他们的旅游过程当中也会产生各种情感，这些情感的产生与游客当下所处的环境、正在经历的事件、周围人的行为以及自身的情况息息相关。而根据认知—情感—行为理论，游客对旅游目的地的管理质量、旅游环境、旅游产品、旅游服务质量以及旅游设施等的认知会产生自身独特的情感体验。游客对旅游目的地的情感越好，满意度会越高，重游率也会越高，反之满意度不高，游客们的重游率也会降低，所以，旅游目的地的旅游管理者和旅游经营者为了提高游客们对旅游目的地的满意度和重游率，会积极塑造良好的旅游形象，这也能促进旅游目的地的良好发展（尹曾，2022）。

七、品牌理论

（一）品牌形象理论

在20世纪60年代中期，美国知名的广告界巨头大卫·奥格威（David Ogilvy）从市场营销的视角出发，首次提出了品牌形象（brand image）的概念。奥格威认为品牌形象是消费者基于产品的性能、成本和声誉等方面的主观认识，这并非产品自身的属性，而是需要通过持续的努力和投入来维持。关于品牌形象的构建，他提出了几个关键点：首先，企业应通过广告等传媒手段有效提高品牌在目标市场的认知度，确保消费者在考虑购买特定类别商品时能首先想到该品牌。其次，鉴于消费者可能更加关注品牌形象而非产品或其服务本身，因此企业需要精心打造其品牌形象以满足消费者的实际和心理需求。最后，还强调了品牌个性的重要性，一个鲜明的品牌个性有助于应对市场上的产品同质化挑战。

随着学者们对品牌形象的深入研究，特别是在旅游领域，品牌形象理论逐渐展现出跨学科的趋势。研究者开始将情感地理学、旅游营销学等学科结合起来，深化了对旅游品牌形象的概念、构成、影响因素及形成机制的理解。旅游品牌形象理论关注于如何系统地构建和维护一个旅游目的地的正面形象，以此来吸引和保持游客的兴趣。该理论融合了品牌识别、品牌个性和品牌体验的元素，强调通过创造独特的视觉标识、传递一致的品牌信息和提供与众不同的旅游体验来塑造游客对目的地的感知和情感联系。在这一框架下，旅游品牌形象不仅仅是一种视觉象征，更是一种综合反映目的地文化、历史和价值的策略性工具，用于在激烈的市场竞争中提升目的地的吸引力和品牌忠诚度。

（二）品牌资产理论

品牌资产理论首先由Aaker于1996年提出，是源于对品牌形象的深入研究而形成的。他在研究中提出了一个五维度的品牌资产模型，涵盖了品牌知名度、感知质量、品牌联想、品牌忠诚和市场行为。这个模型强调了品牌资产的多元构成，每个维度都对品牌的整体价值有重要影响。随后，Keller（2001）进一步发展了品牌资产理论，提出了品牌资产金字塔模型。该模型包括六个维度：品牌显著度、品牌形象、品牌绩效、顾客评价、顾客感觉和顾客共鸣。此外，Kim 等（1997）将品牌资产视为一种能够促使消费者进行思考、产生情感、感知以及建立联想的集合体，这些因素共同作用于消费者的决策过程，这种观点突出了品牌资产在形成消费者偏好和购买决策中的重要作用。在旅游领域中，品牌资产理论的应用主要涉及通过建立和增强旅游目的地或旅游服务的品牌知名度、忠诚度、关联和感知质量，以提高市场竞争力和吸引力。通过塑造独特的旅游品牌形象，创造与消费者的情感连接，以及提升服务的感知质量，旅游目的地或企业可以吸引更多游客，促进消费者忠诚度，并最终增加旅游收入。这种策略使得旅游品牌不仅作为一种标识存在，而是成为游客决策过程中的一个重要因素，从而在竞争激烈的旅游市场中占据有利地位。

（三）品牌信任理论

品牌信任理论的发展始于对品牌关系和消费者行为的深入研究，起初主要集中在消费者对品牌可靠性和诚信的信心方面。随着时间的推移，这一理论逐渐深化，开始关注消费者与品牌之间的情感联系和长期互动。到了 21 世纪初，品牌信任理论已经成为品牌关系管理的重要组成部分。核心观点包括：品牌信任是基于消费者对品牌可靠性、诚信和能力的信赖（Morgan 等，1994），它与消费者忠诚度密切相关，能够减少消费者对替代品的寻求（Chaudhuri 等，2001）。此外，品牌信任不仅基于理性评估，还涉及情感因素，如安全感和归属感（Delgado Ballester 等，2001），对消费者行为的影响是长期的，为品牌在竞争激烈的市场中提供稳定的竞争优势（Fournier，1998）。最后，品牌信任是一个动态的概念，它随着时间和消费者体验的变化而发展（Aaker 等，2004）。总的来说，品牌信任理论强调了消费者信任在现代品牌管理中的重要性，涵盖了认知评估、情感依恋及长期互动的影响。在旅游景区中应用品牌信任理论主要涉及建立和巩固游客对景区品牌的信任，这包括确保景区在提供服务、体验质量和客户满意度方面的可靠性和一致性。通过维护有效和透明的沟通，以及提供符合或超出游客预期的体验，旅游景区能够增强游客对其品牌的信任度。这种信任不仅促进了游客忠诚度和复游率，还能通过口碑效应提高景区的声誉和吸引力。

（四）品牌个性理论

品牌个性指的是赋予品牌以人类特质的过程，使品牌具有诸如诚实、可靠、勇敢、活泼和成熟等特征（Aaker，1997）。这种定义源于对消费者行为的观察：消费者倾向于选择那些反映或补充其自身身份和价值观的品牌。早期的品牌个性理论集中于品牌作为象征系统的角色，而随着时间推移，研究开始着重于品牌个性如何与消费者建立情感联系，影响其品牌选择和忠诚度。Sirgy（1982）的研究表明，消费者倾向于选择与他们自我概念相吻合的品牌，这意味着品牌个性在建立消费者忠诚度和品牌偏好方面发挥着关键作用。Fournier（1998）进一步指出，品牌个性对消费者的购买决策和品牌忠诚度有显著影响，强烈且一致的品牌个性有助于品牌在市场上获得成功。此外，Aaker 等（2001）的研究强调了品牌个性在不同文化背景下的应用，揭示了品牌个性在全球市场中的多样性和复杂性。在实际应用中，品牌个性被作为塑造品牌形象、加强消费者忠诚度和在市场竞争中脱颖而出的关键工具。通过广告、产品设计、客户服务等方式，品牌可以有效传达其个性，吸引目标消费群体，同时在竞争激烈的市场中建立独特地位。

在旅游景区中，品牌个性理论的应用主要涉及赋予旅游目的地以鲜明的特质，以吸引特定的目标游客群体并与他们建立情感联系。这些特质，如历史性、冒险性、豪华性或亲和力，不仅反映了景区的独特文化，还帮助游客与景区建立个人化的联系。通过有效地展示这些品牌个性，旅游景区能够在竞争激烈的市场中凸显独特性，提升吸引力，并提升游客的忠诚度和促进口碑传播。

第三章

旅游视频中的山地旅游者地方感建构机理分析

本章将玉龙雪山旅游者拍摄的视频作为研究材料，通过对玉龙雪山旅游者近三年的旅游视频进行抽取关键帧和旁白的处理，通过机器对图片进行的标注、词频分析、扎根理论分析等方式，厘清玉龙雪山旅游者的地方感建构层次机理。

第一节　旅游视频媒介使用和旅游者地方感的关系

一、观看旅游视频是旅游者地方感形成的前置因素

观看旅游视频是获取某一地方信息的重要方式，视频中包含的内容相较于文字和图片能将一个地方的整体形象进行更完整的呈现，帮助潜在旅游者形成早期的感知，调动潜在旅游者的兴趣，形成出游的意向和动机，而有拍摄者进入画面的视频则会使潜在旅游者跟随拍摄者的步伐和视角去了解地方，甚至达到共情的效果，令潜在旅游者感受到拍摄者对地方的情感，形成对一个地方的前置印象，而这种印象会对潜在旅游者的旅行计划以及在地的感受带来影响。甚至随着大众媒体的发展，人们在没有亲临一个地方的时候，就已经在社交媒体上获悉了有关这个地方的刻板印象。这是互联网上对于真实地方的拟像，虽

然其由于传播迅速的特征十分容易形成具有压倒性的意见，但也会因为片面化的信息带来随时可以被反转的可能性，潜在旅游者只是信息的接收者，没有形成具有独立性的个体认知，破除这样的信息荼毒的方式就是亲身前往，切实地去形成私有化的景观和感知。

二、拍摄旅游视频是旅游者地方感构建的重要方式

旅游行为对媒介的灵敏度非常高，其原因在于旅游者对陌生空间熟悉感和控制感的建立，需要借助技术工具及其带来的间接信息，游客在到达目的地之前需要对目的地进行信息采集，形成“数字身体”的前置“在场”，随后到达目的地，其记录行程的过程中，也需要借助相机、手机进行拍摄，人们对空间位置的感知会在习惯性的屏幕观看中被拍摄工具影响，从而在不知不觉间将旅游的感受体验编织进入整个情感网络。而后视频的发布形成了社群的互动，深化旅游者对于目的地的感知体验和情感经验。视频拍摄是旅游者对自身主观情感和审美观的充分表达，在这个过程中拍摄视频的主体需要对拍摄的客体也就是目的地进行充分观察、目标筛选、情节设计、情感投射。视频拍摄是身体、感觉、创作、情感交织互动的过程，相比于单纯的拍照，视频的拍摄过程更加漫长，不仅仅需要在地的观察和拍摄，更需要后期的剪辑，它不单单是一种符号搜集的行为，更在符号的排列中，在拍摄者的创作之中实现了人地之间历时和共时的互动。而地方可以通过与空间、物质、叙事的设计互动来实现认同和依恋（Hes 等，2020），地方感本身就是社会性的地方认同和情感性的地方依恋的集合体，视频拍摄显然是一个将旅游目的地的空间、物质以叙事化的结构方式组合创作的过程。此外，随着视频社交媒体的发展，拍摄旅游视频这一行为将旅游者从当地宣传视频的受众转变成为视频内容制作者和传播者，在这一身份转化的过程中，旅游者通过拍摄旅游视频实现了对目的地的表征，将自身的感受进行表达和传播，其共性部分构建了属于某一地方新的地方性，进行视频拍摄的旅游者以这样的方式参与到开放动态的旅游目的地地方构建过程中。

三、旅游视频多角度反映旅游者地方感

旅游视频包含的内容十分丰富，从最基础的层面来看，其包含了文字、声音、图像三种基本符号，而在此之下文字符号又包含屏幕和画内文字；声音符号包含了地方音乐和地方语言；图像符号包含了景观、物产资源、人物的内容（杨帆，2014）。地方感可以被分为认知、行为、情感三个层次。首先，从认知层来看，视频内容中呈现出的对当地特色风貌的捕捉、独特景观的记录反映了旅游者对当地的感知，而感知是形成认知的基础，认知是对感知的加工，旅游者通过筛选、剪辑等过程对感知符号的加工，就是其地方感中认知因素的体现。其次，视频拍摄本身就是人地互动的行为，并且视频还会记录和反映旅游者在目的地进行的一系列行为，从最基本的游览观光到相对深入的互动参与都可以在旅游视频中得以呈现。最后，从情感层面出发，旅游者对视频的色调处理、配乐选择、旁白配音、情节安排等都可以反映出旅游者对这个地方个性化的情感体验，并且由于视频的制作具有共时性和历时性，旅游者的回忆也会被注入视频内容中，那么其涵盖的情感内容就会更加丰富，甚至更具意义性。所以视频本身的内容丰富性，使其成为对旅游者地方感进行解析的良好素材，大众旅游的兴起使旅游视频素材空前地丰富，对其处理的手段也需要不断进步，于是借助机器对感知层面的因素进行识别，并进行情感的初步分析成为更有效率的手段和方法，在这个基础上加入人工的筛选和意义解读有助于提高研究的精确性。

第二节　研究方法与实施

一、视频数据来源及预处理

本研究选择了哔哩哔哩网站，该网站相比于抖音、快手等短视频平台，拥有更多的长视频，即时长大于 5 分钟的视频，相比于短视频，长视频的内容更丰富，拍摄者能在更大程度上展现自己和目的地的互动，对于地方感的研究更

加切合。笔者以玉龙雪山为关键词选择了2021年12月到2023年4月旅游者视频，将其长度锁定在10~30分钟，并将大尺度跨省的旅游视频筛掉，保证玉龙雪山的视频长度占总体的30%以上，在此基础上共得到了198个旅游者视频，作为研究分析的素材。游客视频可以被看作文字、声音、图像信息的结合体，为了后续研究的顺利进行，需要对视频素材进行分解。首先，由于声音信息可以转化为文字信息，所以使用视频剪辑软件来提取每个视频当中的声音信息，并将其生成字幕，将每一个视频的音频提取成单独的文件，在这里使用的是剪映专业版。其次，视频呈现出来的是连贯的画面，但并不是每一帧都可以提供有研究价值的信息，所以需要对视频的关键帧进行抽取，利用帧间差分的算法对198个视频材料进行处理，将动态的视频转化为静态的图片，并剔除了机器不能识别的模糊帧、冗余帧，以及和玉龙雪山无关的地方的图片。最后，得到关键帧的图片9274张，其中2021年的4948张、2022年的2550张、2023年的1776张。

二、视频关键帧分析

相比文字信息，对于图像信息的处理要更加复杂一些，本研究采用DeepSentiBank这一算法对视频中抽取出的关键帧信息进行情感归类。DeepSentiBank是由学者开发的视觉情感概念分类方法（范梦余等，2020），它会将图片识别并转化为“形容词—名词”的词组，来标注图片的内容和情感关键词。该方法采用深度卷积神经网络模型，对100万张照片进行分类训练，具有较高准确度。其生成的ANP排序越靠前，与图片内容相关性越强，其工作流程如图3-1所示。本研究利用该算法，解析关键帧图片，为突出重点，保留前五项ANP值，在此基础上统计玉龙雪山景区游客视频关键帧当中的景观和情感频率，得到认知层的图像转化后的文本数据。

图3-1　DeepSentiBank解析关键帧流程

三、视频文本信息的分析

采用内容分析、扎根理论分析的方法对视频中的文本信息进行归类整合，同时采用哈希姆内扎德所划分的认知—行为—情感三个层次进行文本特定词频内容的归类。其中，认知层是基础层，是对目的地的基本了解，对特定景观的关注和描述；行为层则是游客在旅游目的地进行的活动以及需求的满足；而情感层包含了游客对目的地的情绪感受和评价。在此基本脉络上，本研究对机器识别和标注的图片信息进行文本标注的词频归类和统计，同时对声音、旁白、图像等非文本信息转化之后得到的文本信息进行扎根理论的分析，采用三级编码的方式，对山地旅游者地方感建构机理进行探索与理论建构。

第三节　分析过程与结果

地方感的形成是一个过程，通过对前人的研究总结发现，其形成需要经历对目的地的认知，与目的地的行为互动以及和目的地产生情感羁绊的过程。沿着认知—行为—情感的基本脉络，对视频中抽取出的关键帧图片进行机器识别，以得到旅游者视觉认知层面的基本要素，并对视频中抽取出的声音信息进行识别，将其转化为文本信息，在文本信息的基础上，运用程序性扎根理论，对其进行开放式编码，并在主轴编码阶段，将图片分析的内容进行融入，共同进行主轴编码，形成视频中基本范畴的抽取，并在选择性编码阶段进行故事线的叙述，形成视频中的山地旅游者地方感建构机理。

一、旅游者视频关键帧中的感知因素识别与提取

在哈西姆内扎德的划分当中，地方感的层次递进是从认知开始的，而段义孚的地方感层次划分同样也从感知层面出发，这是符合人的认知规律的。而在认知的过程中，视觉占据了相对重要的作用，在影视作品的解析当中，经常用到的艾柯十大代码理论，同样也将影视元素中的知觉、识别、传递元素归类到认知的层面之下。认知是一个人建立感受的初始条件，它指的是我们对周遭接

触到的事物的加工。通过对 DeepSentiBank 的使用，可以得到对关键帧呈现出来的画面的描述性情感关键词，从而对游客的基本认知进行了解。玉龙雪山旅游者地方感感知因素的识别结果如表 3–1 所示，表中呈现了排名前 30 的感知识别因素及其频率。

表 3–1　玉龙雪山旅游者地方感感知因素提取

序号	认知要素	频率	占比（%）	序号	认知要素	频率	占比（%）
1	山	3745	8.08	16	发型	391	0.84
2	雪	1733	3.74	17	微笑	389	0.84
3	路	1398	3.01	18	瀑布	367	0.79
4	街	1295	2.79	19	花园	308	0.66
5	云	1118	2.41	20	婚礼	291	0.63
6	湖	1053	2.27	21	桥梁	290	0.63
7	马	1003	2.16	22	马	269	0.58
8	狗	795	1.71	23	天空	260	0.56
9	河	712	1.54	24	围墙	258	0.56
10	山谷	689	1.49	25	雨	257	0.55
11	孩子	628	1.35	26	冒险	245	0.53
12	树	584	1.26	27	波浪	239	0.52
13	森林	553	1.19	28	节庆	236	0.51
14	猫	424	0.91	29	花朵	235	0.51
15	服装	394	0.85	30	车辆	219	0.47

运用 Nvivo14 软件对 DeepSentiBank 的关键帧识别结果进行词频统计，删去描述词，并归并了同义词之后，得到玉龙雪山旅游者视频关键帧中出现最多的 30 项感知因素。进一步地，将感知因素进行归类，并联系对其进行描述的情感词，得到表 3–2。

表 3-2　玉龙雪山旅游者地方感知因素分类及描述

范畴化	概念化	原始识别结果	占比（%）
气象和天象	雪	新雪　大雪　落雪　湿雪　脏雪　蓬松的雪　湿滑的雪　明亮的雪　冰雪　冷雪	3.59
	云朵	暴风雨云　蓬松的云　漂亮的云　沉重的云　乌云　惊人的云　雨云　可爱的云	1.4
	雾	冰冷的雾气	0.38
	雨	朦胧的雨　疯狂的雨　大雨	0.53
	天空	干净的天空　壮美的天空	0.27
山坡和谷地	山	云雾缭绕的山脉　壮丽的山脉　令人难以置信的山　暴风雨山　风景秀丽的山　圣山　清澈的山　孤山　冷山	7.14
	山谷	多云谷　迷雾谷　阳光谷　宁静谷	1.49
水域景观	河流	清澈的河流　干涸的河流　迷失的河流　冰冷的河流　干净的河流　平静的河流　狂野的河流	1.18
	水	清澈的水　干净的水　安全用水　野外的水　有气泡的水	0.93
	瀑布	汹涌的瀑布　令人惊叹的瀑布	0.4
	湖	宁静的湖　天然湖　干涸的湖　清澈的湖面　冰冷的湖面　雾气缭绕的湖面　宁静的湖面　平静的湖面	2.22
	泉水	自然的泉水	0.18
植物	森林	干燥森林　原始森林　神奇森林	0.43
	树	冰冷的树　断裂的树	0.29
	蘑菇	野生蘑菇	0.16
	草	枯草	0.15
动物	马	野马　奔放的马　温驯的马	0.37
	狗	友好的狗	0.18

续表

范畴化	概念化	原始识别结果	占比（%）
人物	朋友	很棒的朋友	0.13
	人群	兴奋的人群	0.1
	孩子	可爱的孩子　好奇的孩子　兴奋的孩子　有趣的孩子	0.5
	少数民族同胞	令人惊异的民族	0.39
人为设施	灯光	漂亮的灯光　明亮的灯光　五颜六色的灯光	0.36
	栅栏	冰冷的栅栏	0.12
道路	路	危险道路　风景路　坏路　崎岖路　尘土飞扬的道路　寂寞路　结冰路　迷雾缭绕的道路　湿滑的道路　受损的道路　湿润的道路	2.94
	街道	古街　色彩缤纷的街道　迷人的街道　著名的街道　可爱的街道　漂亮的街道　安静的街道　空荡荡的街道　繁忙的街道　拥挤的街道　雨天街道	2.43
城市风光	城市	古城　失落之城　美丽的城市　圣城	0.88
	房子	传统民居　古宅　寂寞的房子	0.84
	建筑	传统建筑	0.36
节庆活动	集市	户外市场　传统市场　空市场	0.66
	婚礼	传统婚礼　户外婚礼　基督教婚礼	0.48
	节庆	户外节日　传统节日	0.43
	户外表演	户外表演	0.14
服饰	传统服饰	传统服饰　很美的衣服	0.38
	帽子	温暖的帽子	0.37
食物	多样化的食物	美味的食物　惊人的食物　传统食物　新鲜食物　真棒的食物　健康食品　热食　花式食物　奇怪的食物　天然食物　温暖的食物　五颜六色的食物　全营养食物	2.84

通过以上归类，我们将玉龙雪山旅游者认知层的因素归类为气象和天象、山坡和谷地、水域景观、植物、动物、人物、人为设施、道路、城市风光、节庆活动、服饰、食物12个子因素，其中占比最高的是山坡和谷地，占到所有识别图片当中的8.63%，其次是气象和天象，占比达到6.17%，再者是道路，占到总比的5.37%。这三者占比较高是因为旅游者的焦点基本在登玉龙雪山过程中的山体环境、直接的目之所及、天气带来的感受，以及前往玉龙雪山或者是去往山顶的道路上，所以对这三者的关注最为密切，而对于山的描述突出玉龙雪山的壮美、孤清；对于路的描述多是“危险、崎岖、湿滑”，突出了爬山的过程中的艰辛不易，需要说明的是，路和街并不一样，街更多存在于村庄、城镇等地区，所以对“街”的描述更多是“古街、迷人、繁忙”等。

水域景观同样也深受旅游者的关注，占比为4.91%，大多数的照片拍摄于蓝月谷、龙女湖以及牛奶海等地，对水域景观的描述中“干净、清澈、平静”占据了绝大多数，玉龙雪山景区中的水体景观和资源十分丰富，负有盛名，成为景区不可或缺的一张亮丽名片，也是游客游览玉龙雪山不想错过的绝佳风景。此外，占比1.03%的植物景观也在游客的影像中留下了印记，对这些植物的描述通常是“野外、神奇、冰冷”，因为山上的植被多是松树，常年深绿，加上郁郁葱葱，总会给人一种幽静之感。

在自然景观更多呈现出“冰冷、多雨、平静、神秘、壮丽”的一面时，人文景观和动物却在这样的对比之下，显现出更加可爱的一面。笔者在进行关键帧的审阅时发现几乎每一个视频里都会出现：小狗、小猫、马驹、牦牛等动物，而机器分析的结果也显示出，旅游者的镜头下拍摄出的动物一方面具有野性，如马驹，另一方面也很友好如小狗。此外，灯光、服饰、节庆活动等也占据了很大的镜头，而这些要素展现出的更多是“明亮、美丽、传统、温暖”的特征；还有一个不可忽视的要素是食物，丽江的粑粑、腊排骨火锅、凉粉、豆腐等食物深受游客的喜爱，占到总比的2.84%，对其的描述多是“美味、新鲜、热、天然”。食物及衣物等带来的温暖和山水的孤清形成对比；黑色的山岩和神秘的松林与城市缤纷的灯光形成对比；山峰的高远、雨水的静谧和友好的动物、喧闹的人群形成对比。这就是游客视角下充满矛盾观感却也别具魅力的玉龙雪山景区。

二、对视频内容的扎根理论分析

（一）开放式编码

对视频中的对话、旁白、字幕进行识别和文字提取之后，得到 40027 个段落语句的文本内容，对文本内容进行筛选和编码之后，得到 461 个编码段落，并在多次的编码之中进行概念的筛选和细化，最终得到 279 个概念，对意义相近的概念进行范畴化的归并，得到了 33 个范畴。再将图片识别的 12 个感知范畴进行合并，得到 45 个范畴。开放式编码示例如表 3–3 所示。

表 3–3　开放式编码示例

<table>
<tr><th>原始语句</th><th>概念化</th><th>范畴化</th></tr>
<tr><td>今天带大家探秘雪莲峰，玉龙雪山最北面的一个峰，我们今天要上到云下方的石头山脊去看石头后面的风景。</td><td>徒步探索雪莲峰</td><td rowspan="4">徒步体验</td></tr>
<tr><td>今天去的这个地方叫作干河坝，它是玉龙雪山大峡谷的一条网红线路。</td><td>去干河坝徒步</td></tr>
<tr><td>我现在在玉龙雪山第一峰，即将登顶玉龙雪山第一峰。</td><td>徒步登顶玉龙雪山第一峰</td></tr>
<tr><td>现在我在海拔 2700 米的玉湖村龙女湖旁边，要登上海拔 4800 米的花冷峰。</td><td>徒步攀登玉龙雪山花冷峰</td></tr>
<tr><td>刚开始来之前，你感觉好像没有什么，但是你真正坐上来之后，这种感受真的是平日里无法得到的体验。</td><td>感觉乘坐缆车的体验独特</td><td rowspan="5">独特感</td></tr>
<tr><td>然后只有这一个石头山，亭亭玉立的，耸立出来所以挺美妙的。</td><td>觉得冰川公园景致特别</td></tr>
<tr><td>我从来没有见过这么清澈的水。</td><td>觉得蓝月谷的水十分清澈</td></tr>
<tr><td>令我感到意外的是，这些石头是很不规则的。</td><td>发现石头形状奇怪</td></tr>
<tr><td>自然风光好美，这个悬崖有点特点。</td><td>觉得冰川公园观景台特别</td></tr>
</table>

续表

原始语句	概念化	范畴化
几个月以后我们又再次来到了云杉坪。	重游云杉坪	思念重游
下次还想住这儿，每天你住在这儿，抬头就能看到雪山，每天晚上散步就在雪山下面散步。	想要重游，再次看见雪山	
下次一定会在这边露营。	产生露营的重游意愿	
玉龙雪山再见了，我终于把你征服了，弥补一下小时候的遗憾。	达成以前的自我承诺，弥补遗憾重游	
希望我下次还有机会来探索。	产生重游的意愿	
不知道一个人爬山，算是孤独的第几级呢，有一种莫名的成就感，一个人登顶的快乐别人是体会不到的。	在孤独中得到独自爬山的成就感	情绪反转
我们刷新的不仅仅是一个海拔的高度，同样也刷新了自己的一个极限，刚才我们费了那么多劲，喘不上气也好，胸闷也好，费劲也好，都是值得的，因为我们站在了这里。	感受到情绪随登顶而改变——兴奋、刺激、欣赏、值得	
今天连搬3次帐篷搭了拆拆了又搭，虽然辛苦但是乐在其中，晚上我们一起煮了碗泡面，虽然在荒郊野岭，但是吃饭的时候莫名就有一种幸福感。	搭帐篷不易和搭建成功后，室内室外反差而产生幸福感	

（二）主轴编码

将开放式编码中的范畴进一步精练与归类形成主范畴，依据范畴间的因果、并列逻辑和语义关系等完成聚类和主范畴命名。在本研究中，语音识别形成的33个范畴可以被归并在9个主范畴中，其分别为：服务体验、运动体验、交互体验、刺激型感受、舒缓型感受、负面感受、情感激荡、共鸣生发、深度连接。而关键帧识别的12个范畴可以被归并进自然环境感知、人文环境感知两个主范畴，从而得到11个主范畴，如表3–4所示。

表 3–4　主范畴、对应范畴及概念举例

主范畴	对应范畴	涉及概念举例
服务体验	餐饮体验	在玉湖村吃烤牛肉串；吃当地特色青稞饼；吃酥油茶和粑粑；尝试其他当地的食物
	购物体验	购买纪念徽章；购买当地特产——雪桃干；购买当地特产——纳西族烤肉
	设施体验	搭乘索道上山；搭乘电瓶车游览蓝月谷；搭乘大巴车前往索道站和返程；抢玉龙雪山索道票；排队搭乘索道
运动体验	徒步体验	徒步走玉龙雪山大峡谷；去干河坝徒步；徒步过程中发现植物——雪兔子；徒步登顶玉龙第一峰；徒步攀登玉龙雪山北面的山峰
	露营体验	在玉龙雪山脚下进行房车露营；在玉龙雪山脚下搭帐篷露营
	登顶体验	登顶玉龙雪山 4680；在 4680 打卡
	中止体验	因大雾结束攀登；在徒步中放弃攀登；因寒冷放弃登顶 4680
	疲劳体验	因高原反应不得不吸氧气；在登顶过程中反复休息
交互体验	拍摄体验	拍日照金山；在开车过程中拍沿途风景；用手机录视频、直播；对玉龙雪山大峡谷进行航拍；在玉龙雪山景区拍摄婚纱照；分享在玉龙雪山旅行的视频；拍民族风写真；受到小红书影响来玉龙雪山旅拍
	互动体验	骑马游览玉湖村；听纳西族老奶奶讲故事；让纳西族老奶奶帮忙拍照；与当地人聊天对话；在徒步中偶遇同行者并对话；与宠物互动；与山脚下的商贩砍价；与司机聊天
	文化体验	了解玉湖村历史人物——洛克；穿民族服饰拍照；了解蓝月谷的历史传说；了解玉湖村民族分布情况；写纳西文字；观看《印象 · 丽江》演出；去东巴谷了解民族文化；编发；认可玉龙雪山神圣性并对其许愿
刺激型感受	震撼感	欣赏雪山景色，感觉到震撼和壮观；感受到自然美景的神奇；认为雪山景观壮观；对蓝月谷的美景感到震撼；在蓝月谷感到复合景观共同呈现出很美的样子；觉得扇子陡很帅

续表

主范畴	对应范畴	涉及概念举例
刺激型感受	新奇感	登顶的新奇和意外；对牦牛感到新奇
	惊险感	徒步过程中的惊心动魄；感知到徒步的危险；觉得岩石看起来很危险
	反差感	室内外的环境反差，感觉室内更有安全感；感知到目标和困难共在；感受到美丽风景和恶劣自然环境同在；缺氧的感受和吃到美食形成反差，从而产生幸福感；天冷与咖啡的热形成反差体验；头痛和对蓝月谷的欣赏共在；恐怖和感动并存
	成就感	登顶后的兴奋和激动、成就感；对登山的体验感到认可；感觉登顶轻松；感到攀爬得意犹未尽
舒缓型感受	神圣感	感觉经幡神圣；在伞降过程中感到自我渺小；觉得日照金山十分神圣；靠近雪山时产生敬畏感受；觉得雪山安静矗立十分高贵；感受到玉龙雪山具有传奇色彩
	浪漫感	觉得云杉坪雪景浪漫；觉得拍婚纱照的爱侣很美；觉得在玉龙雪山景区拍婚纱照很浪漫
	和谐感	感受到周围环境的美丽舒适；感到雪山景区工作人员态度好；认为栅栏形态与环境契合；感受慢时光；感觉蓝天
	独特感	感觉乘坐缆车的体验独特；觉得冰川公园景致特别；觉得蓝月谷的水特别清澈；觉得冰川公园观景台特别；徒步中觉得峡谷谷底景观独特；觉得气象景观独特；觉得石头形状奇怪；觉得牛奶湖的泥特别
	幸运感	遇到下雪感觉幸运；感到登顶的幸运
负面感受	不适感	感受到紫外线强；头晕心悸；感受到登山途中的辛劳；产生不适的高原反应；感到气喘、腿软；在索道上感到耳鸣；感觉头痛；觉得下雨很冷；感觉风大；攀登过程中想吐；攀登过程又累又饿
	无聊感	感到下山无聊；登顶后看不见山，感到无趣；搭电瓶车游览蓝月谷感到无聊；搭缆车过程中感到不耐烦；觉得跟团游无聊

续表

主范畴	对应范畴	涉及概念举例
情感激荡	自我突破	克服疲惫和高反，勇敢攀登；回应当年遗憾，重登玉龙雪山
	自我激励	在想放弃时给自己加油；在徒步过程中给自己鼓励；在攀登过程中给自己鼓劲儿；肯定自己在攀登过程中的努力；在攀登过程中细化目标；将对顶峰的向往转化成动力
	情绪反转	在孤独中得到独自爬山的成就感；感受到情绪随登顶而改变——兴奋、刺激、欣赏、值得；搭帐篷不易和搭建成功后，室内室外反差而产生幸福感；缺氧的难受，冰川公园餐饮带来慰藉
共鸣生发	文化认同	对玉龙雪山的传说故事感到好奇；感受到玉龙雪山的传奇感；对当地人建筑的欣赏；登顶后感受到自己和纳西族人之间的连接，产生精神上的交流感和共鸣；感受到丽江的民族文化，为其正名；感受到当地人的淳朴本真；对玉湖村的纳西文化的原始风貌认可
	景观内化	为景观命名；为天空美景赋予个人意义；在徒步过程中为景观赋予个人意义
	景观认同	欣赏云杉坪的植物景观，感受到生机；喜欢层次丰富的山景；感到心满意足、充满乐趣、得到独一无二的体验、对雪山认同；欣赏蓝月谷及其拍摄婚纱照的行为；欣赏雪山高原风景的神奇魅力；惊叹索道上看到的美景
深度连接	思念重游	重游云杉坪；想要重游，再次看见雪山；对玉龙雪山的想念导致的重游；达成以前的自我承诺，弥补遗憾重游
	感悟升华	在徒步过程中得到感悟和力量感；徒步中产生价值感；在徒步中相信自己的转变；肯定玉龙雪山的独特性和意义感；在玉龙雪山旅游时感悟人生；将爬雪山和人生进行关联
	感动治愈	为当地人的热情而感动；感受到蓝月谷水域景观带来的治愈
	留有遗憾	没能登上玉龙雪山 4680 而遗憾；为徒步攀登过程中发生意外导致不能登顶而遗憾
	难忘留念	想要驻留在玉龙雪山；想要在蓝月谷驻留；认为玉龙雪山景区难忘；怀念在玉龙雪山的旅行时光；登顶打卡留念

续表

主范畴	对应范畴	涉及概念举例
自然环境感知	气象和天象	雪、云朵、雾、雨、天空
	山坡和谷地	山、山谷
	水域景观	河流、水、瀑布、湖、泉水
	植物	森林、树、蘑菇、草
	动物	马、狗
人文环境感知	人物	朋友、人群、孩子、少数民族同胞
	人为设施	灯光、栅栏
	道路	路、街道
	城市风光	城市、房子、建筑
	节庆活动	集市、婚礼、节庆、户外表演
	服饰	传统服饰、帽子
	食物	多样化的食物

（三）选择性编码

进一步地，对主范畴进行更高程度的抽象整合，从而得到主范畴之间的核心关系，梳理山地旅游者地方感建构机理的“故事线”（见图 3-2）。本章的研究中，“山地旅游者地方感建构机理”是核心范畴，在进行了自下而上的总结归纳和关系探索之后，发现了主范畴之间存在的意义，故而形成了更加清晰的建构机理叙事脉络：山地旅游者在自然环境以及人文环境中形成对山地景区的初步感知，为后续的行动体验奠定基础，并通过一系列旅游行动展开运动体验、设施体验以及交互体验，在复合体验的过程中不断丰富深化对山地景区的感受，得到刺激型感受、舒缓型感受以及负面感受，这些感受在交融升华之后激荡起旅游者心中的反转性的、突破性的、激励性的情感，并帮助旅游者在景观内化、景观认同和文化认同中完成共鸣生发。情感激荡与共鸣生发相辅相成，共同促发感悟升华、感动治愈、难忘留念、思念重游等深度的人地连接，形成山地旅游者独特的地方感。

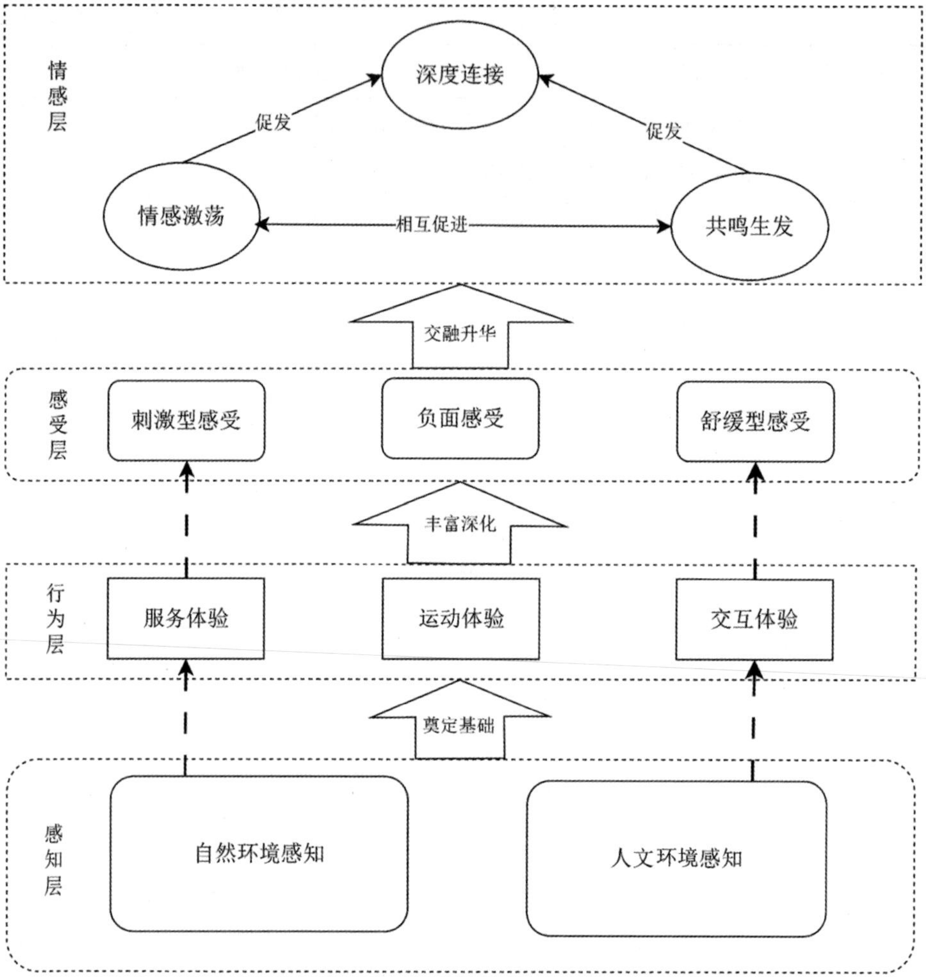

图 3-2　主范畴间关系图

（四）玉龙雪山旅游者地方感特征

1. 雪山—古城两极格局奠定了旅游者地方感的认知基础

尽管在研究的时候，要尽可能规避别的地区对案例地带来的影响，但是玉龙雪山景区并不能规避山下的白沙古镇、束河古镇、大研古镇所带来的影响，有学者对丽江的“山—镇”空间结构进行过研究，发现其具有良好的耦合度，能起到共促发展的作用（田瑾等，2021）。对于非自驾的散客以及团体旅游的游客来讲，“白天爬雪山、晚上逛古城”的游玩模式已经深入人心，爬玉龙雪山的游客视频里，也有很大一部分内容描述他们上山之前在束河古镇、白沙古镇或者大研古城的活动，以及下山之后回到城镇空间的放松。这部分游客通常会采取景区所划定的模式进行游玩：乘坐大巴、索道、爬山、下山去蓝月谷或者云杉坪、观看《印象·丽江》的演出，回到城区。从色调上来看，雪山的黑白、冷峻，蓝月谷河水的幽蓝、清冽，云杉坪林地草场的墨绿、肃穆与山下城镇区域五颜六色的灯光、色彩缤纷的食物和商品，形成了鲜明的对比；从功能上来看，雪山区域象征着圣洁、脱俗、崇高，山脚下的城镇则代表了俗世的热闹和物资的丰富，人们爬雪山是为了赏美景，是为了得到心灵的涤荡和身心一体的超凡体验，而城镇则更多承担起了物资补给、住宿休憩、交通疏散等现实的功能，没有脱离现实，特别是对以观光休闲为目的的大众旅游者而言。而玉龙雪山和丽江古城两者单独拿出来都是资源禀赋极高的旅游目的地，合在一起又更加地相辅相成、优势互补，所以给游客带来了极具辨识度的感知，雪山—古城的两极格局就构成了旅游者地方感的认知基础。

但近年来，也有旅游者想要破除这样的格局，寻求新的认知，在 2021 年到 2023 年 4 月的视频当中，徒步旅游、房车旅游、露营、自驾、摩托车等新型的旅游方式的视频比例在增加，这些旅游者更多地前往玉湖村、干河坝、牛奶湖等地，并以徒步的方式去攀登花冷峰，甚至以伞降的方式从高空向下去探索玉龙雪山，他们住宿的方式更具有流动性：房车、帐篷等，这使他们不用在天黑之前就返回城镇区域。在空间上他们打破了雪山—古城的游览格局，也看到了如乡村的石头房子、绚丽的野花、干枯的河床、璀璨的星空等别致的景观。在时间上，他们的紧张程度也是由自己定义的，不用跟着旅行团的步调，也不用赶在景区服务设施停止运营之前就离开，虽然也存在着要在天黑之前返回营地的需求，但是更加灵活自主，所以这一部分旅游者的认知无论是在时间上还是空间上都被拓展了。

2. 旅游者行为随海拔上升呈现分异

低运动强度—低感受强度的行为更多出现在山下的酒店等地休息的过程中。低运动强度—高感受强度的行为，出现在蓝月谷、云杉坪等以观光为主的、海拔不高、地势较为平坦的区域，以及乘坐索道上山的过程中。乘坐索道可以压缩游客上山的时间，节省上山的体力，并且使风光在短时间能得到高密度的呈现。但是低运动强度—高感受强度行为的互动性相对来讲还是较小的，虽然游客会在第一时间感受到风景突如其来呈现所带来的震撼，但是久而久之，就容易陷入注意力的转移和无聊情绪当中，所以需要增加运动的强度，如奔跑、骑马等，或者缩短停留时间。中运动强度—中感受强度的行为较多发生在干河坝、玉湖村等徒步旅游的地点，这样的行为和环境的互动性较好，同时也可以持续较长时间；高运动强度—低感受强度的行为较多发生在景观重复性比较大，对身体挑战性也大的区域，如最后登上玉龙雪山 4680 的那段栈道，游客的镜头前都是雨衣、人流、黑石白雪、茫茫云海和一级一级的台阶、冰冷的护栏，身体在极限的环境下耗能很大，紧张程度高，每一步都在机械重复但又无比艰难。高运动强度—高感受强度的行为，出现在专业运动人员进行的户外攀岩、伞降活动中，如花冷峰等地，他们因为有足够的技能所以会尝试这样的运动，也因此能够在身体紧张度大、耗能大的情况下还感受到周遭景色的美好。不同类型山地旅游者的行为分异如图 3–3 所示。

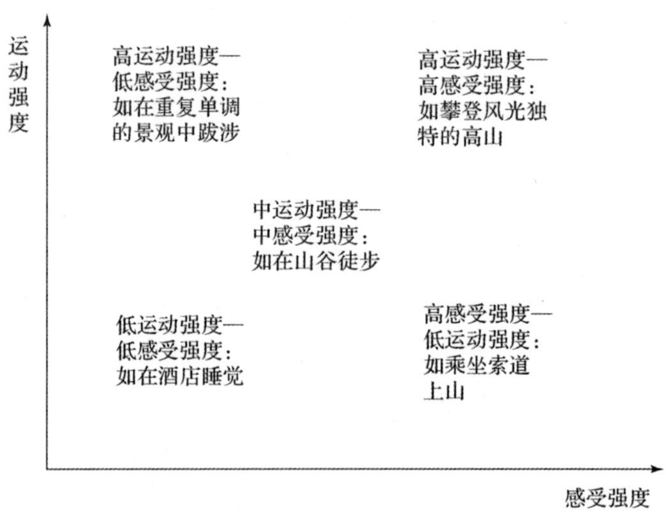

图 3–3　不同类型山地旅游者的行为分异

3. 旅游者情感在环境和行为的影响下具有对比性和反转性

情感是无法脱离情境和主体的，正是因为玉龙雪山景区雪山—古城的两极格局，形成了游客认知的差异性和丰富性；而海拔的上升、地形地势的变化、气候的改变使游览的行为不会停留在单一的行动上，有了行动上的多样性，有了身体在不同环境下的不同感知体验，就有了上山前的期待，上山过程中的好奇、担忧、紧张、疲劳，到达顶峰的欣赏、惊喜，以及下山之后的放松、愉悦和满足。几乎每个视频都呈现出下山后吃了一顿美食，其中腊排骨火锅的出现次数最多，而在吃饭的过程中，那些经过了爬山历程的游客都会感叹食物的可口，从而获得身心的愉悦满足。游客在游览玉龙雪山的过程中，情感是有起伏的，并不是一味的开心、愉悦，而是在各种场景中、在身体的各种行为当中不断切换的，从而形成了游客情感的对比、反转。

三、旅游视频中的山地旅游者地方感建构机理

通过扎根理论的三级编码，以及对玉龙雪山山地旅游者地方感的特点总结，综合 11 个主范畴之间的相互关系，本研究得到了旅游视频中的山地旅游者地方感建构机理，其过程和作用如图 3–4 所示。

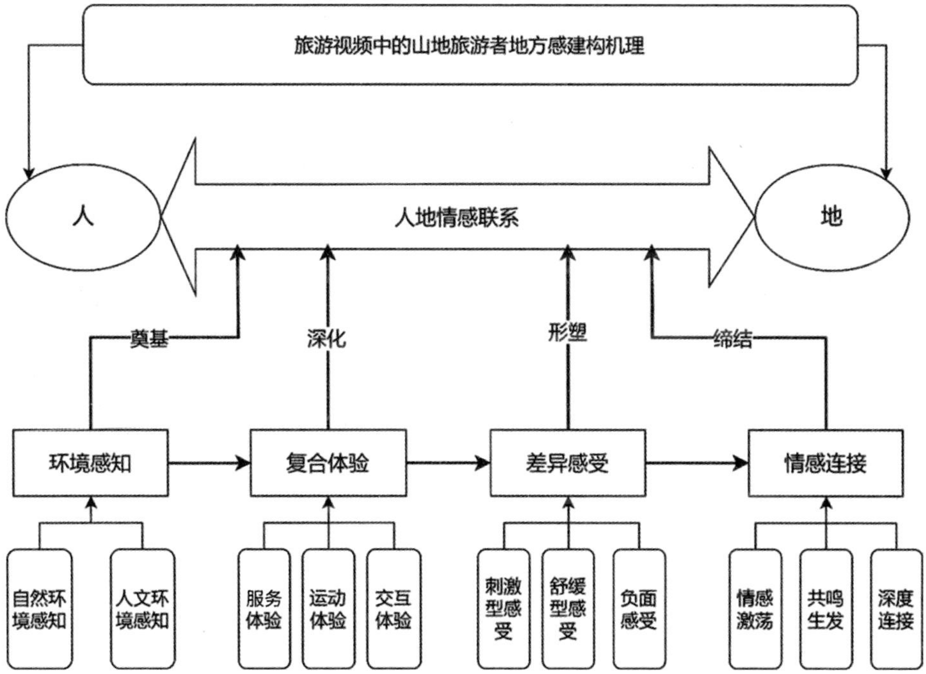

图 3–4　旅游视频中的山地旅游者地方感建构机理

（一）环境感知——人地情感联系的基础

差异性的环境一直都是旅游者体验的重要环节，对于山地旅游者而言，离开城市环境前往山地景区，其身处的自然环境呈现出相较于惯常的生活环境的差异，只有旅游者感知到了这种环境上的差异，他们才能与目的地发生更深层次的连接。在山地的自然环境中，气象和天象的变幻莫测、山谷和坡地的高低落差、水域景观的静澈涤荡、森林草地等植物的环抱围绕，牛马羊等动物的悠然自得，召唤着旅游者心中原始的对于自然的向往。

不仅如此，山地景区的人文环境相较于城市也有着很大差异，旅游者对于人文因素的感知体现在其对身边出现的人物，如身着少数民族服饰的当地人或者拍婚纱照的情侣等人物的觉察。此外，对于节庆活动、食物、服饰等差异性文化因素的感知，也是环境感知的一部分。对于登山者而言，登山过程中的栅栏、栈道等设施也是其关注的一方面。总的来说，旅游者在来到山地旅游目的地后，甚至在前往目的地的过程中，就已经开启了对于自然环境和人文环境的感知觉察，而这也为人地关系的进一步发展奠定了基础。

（二）复合体验——人地情感互动的深化

在旅游者对旅游环境初步感知的基础上，旅游者会展开一系列的体验活动，这些体验活动包括服务体验、运动体验、交互体验。在技能的要求之下，成为适合大众旅游的山地景区就意味着旅游目的地会运用许多的设施，帮助旅游者获得更高技能水平才能拥有的体验。例如，玉龙雪山景区三条索道分别将旅游者送到冰川公园、牦牛坪、云杉坪，就能够让更多的技能水平不高的旅游者看到更多美丽的风景，景区内的大巴车、电瓶车等也成为旅游者对景区服务体验的一部分。此外，移动便携的氧气瓶等登山设施也是旅游者服务体验中的重要环节，氧气瓶可以在生理和心理上缓解旅游者对于高原反应的恐惧，对于体能较差和年龄较大的旅游者，其对氧气瓶的依赖更为显著。旅游者对于景区内外的餐饮以及纪念品、特产等的购买也是旅游服务体验的重要环节。

运动体验主要是基于旅游者身体行动和移动，展开的具有一定体能强度的体验，如在玉龙雪山大峡谷、牛奶湖、干河坝等地进行的徒步探险活动，在地势较为平坦的龙女湖等地进行的帐篷露营或者房车露营活动，以及到达冰川公园之后，走到海拔 4680 米的登顶活动等，这些活动对旅游者而言是对身体和心灵的挑战，不同技能水平的旅游者会选择不同难度的运动挑战方式，从高难度的高空伞降，到低难度的步行登顶，使技能和挑战达到平衡的时候，可以让旅游者和环境进行更加充分的互动，也能充分连接身体和心灵，促使旅游者达到身心合一的心流体验状态。不过运动体验对体能的要求也会导致旅游者因能力不足或环境影响放弃体验，形成中止体验，而坚持的旅游者也会在运动体验中得到疲劳感，形成疲劳体验，相对来说，山地景区的地形、气象等复杂性，更容易导致这样的中止体验和疲劳体验发生。

交互体验则更多地强调主体间的交互，包括旅游者对目的地的好奇和欣赏带来的拍摄体验、旅游者和当地居民、景区工作人员等互动形成的互动体验以及基于当地民族文化和历史文化进行的文化体验，如参观玉湖村的洛克故居、学习书写纳西文字等，这些行为意味着目的地的文化信息对旅游者造成了一定程度的影响。总的来说，在行为层旅游者通过与自然环境的交互、与旅游服务供应者的交互以及与当地文化承载体的交互，得到了人地情感互动的深化，为旅游者感受的形成打下基础。

（三）差异感受——人地情感联系的形塑

感受是基于体验和感知得到的身体和心灵上的感觉，相比情感，感受更加直接。山地旅游者在人地互动和初步感知之下，形成了刺激型感受、舒缓型感受以及负面感受。刺激型感受主要是旅游者在运动体验中得到的，如徒步过程中遇到碎石滑落产生的惊险感，登顶之后因兴奋激动产生的成就感，经历了搭帐篷的劳动之后室外的严寒黑暗以及室内的明亮温暖形成的反差感等，但刺激型感受也会通过其他的体验得到，如看到壮丽景色而产生的震撼感，看到差异性景观而产生的新奇感等。总体来说，刺激型感受能够激荡起旅游者的心绪，带来惊奇的感受，并伴随一定程度的紧张。

舒缓型感受包括神圣感、浪漫感、和谐感、独特感、幸运感。神圣感是旅游者看到的寺庙、经幡等，并对其宗教意味产生明显知觉的崇敬，在巨大的山体、天幕之下，感受到自我的渺小从而产生的敬畏。浪漫感更多描述的是那些能够引发幻想和纵情的美的感受。当旅游者看到丛林中、草地上、湖水边拍婚纱照的情侣时会产生联想，引发浪漫感。和谐感是旅游者觉得周遭环境能够带来舒适、合宜的感受，是对多景物之间组合状态的感受，如觉得人工修葺的栅栏和环境适配，觉得山与天空适配，觉得林地和山体适配等，最终导向的是有序、融洽、舒适。独特感是旅游者对景物的差异性的感受，一般聚焦于单一的景物，如石头、景观台、气象变化等，也可对整体经历产生独特感，如对搭乘缆车的体验产生独特感等。幸运感则是旅游者得到了意料之外的收获引发的感受，而这种意料之外带来的是正向的较为舒缓的感受，与惊险和惊喜相区别，如南方的旅游者碰到下雪、体能较差的旅游者最后能登顶、原本被封的栈道重新开放等经历带来的感受。

高原的山地旅游带给旅游者的不仅仅是正向的感受，也有负向的感受，包括因环境造成的晒伤、高原反应和严寒等造成的身体上的不适感，以及交通方式的选择和重复动作带来的无聊感，无聊感大多数时候发生在搭乘交通工具进行转移的路途中，因为这个时候旅游者的身体和感官没有被充分唤醒。

无论如何，旅游者来到山地环境，经过多样丰富的有别于日常生活的体验，产生了复杂的、差异化的感受，在感受的过程中地方给人留下更深刻、独特的印象，人与地方的联系得到更进一步的确认，并具有了更加鲜活的形态。

（四）情感连接——人地情感联系的缔结

在经历了对环境的初步感知、多重体验的复合、差异性感受的形塑之后，在一系列的感知、体验、感受的交融之中，旅游者通过情感激荡、共鸣生发形成了和地方的深度连接，从而缔结了人地关系。情感激荡意味着旅游者在人地互动的过程中更进一步地得到了积极向上的情绪突破，或者在压抑不适之后得到了震撼和回报，从而感受到值得、畅爽。它包括了旅游者在登山、徒步等过程中的自我突破、自我激励，也包含着忍耐之后的情绪释放；而人地关系的缔结更重要的在于旅游者对地方产生了认同，旅游者在与地方的互动之中，通过对景观的命名、对景观的私有化，完成了景观的内化，建立起景观和自己的关系，产生对景观的欣赏和喜爱，以及对独一无二体验的认同。除了自然景观，对于文化的认同也是重要的一部分，旅游者在交互体验中，通过拍摄、互动、了解、欣赏等过程，完成了对于文化的认知，并更进一步地感受到当地文化和自身的关系，愿意为当地文化发声，这些都是旅游者认同文化的环节。而对文化和景观的认同意味着人和地之间的共鸣得以产生，从而建构起了人和地之间的身份连接，形成了地方认同。而在情感的激荡中、在共鸣的生发中，旅游者会产生和当地的深度连接，这些连接包含了对于自身过往经历的感悟升华，得到景观和人带来的感动治愈，因中止和意外而无法登顶或满足愿望的遗憾，以及对于玉龙雪山景区的难忘留念和思念重游，这些情感上的深度关联标志着旅游者和地方之间依恋关系的形成。

第四章

旅游视频使用对山地旅游者行为意向及地方感的影响模型

第一节　变量选择及量表形成

一、视频媒介的使用依赖度

媒介依赖来自媒介系统依赖理论，由美国传播学者梅尔文·德弗勒和鲍尔·洛基奇提出，其指的是通过媒介及其资源，使受众与社会体系发生相互作用，从而满足使用者目的的行为，其重点是基于受众、媒介、社会三者之间的关系来解释媒介对人的影响（谢新洲，2004）。鲍尔等人通过研究发现，媒介依赖程度会影响受众的认知、情感及行为变化。近年来随着社交媒体的发展，社交媒体对人际关系产生了更深远的影响，社交媒体依赖的研究逐渐兴起。社交媒体依赖包含必要的日常依赖，是使用者为了日常信息需要和社会关系维护而对其的使用；同时包含异常的依赖，即用户对社交媒体的使用失去了控制，形成高度依赖（黄娟娟，2016）。根据《2023中国网络视听发展研究报告》，我国的视频媒介用户已经达到10亿人，视频媒介已然成为人们日常生活中不可或缺的组成部分，视频媒介的使用满足了旅游者的自我表达和社交维系的需求（吴晨玥，2023）。已有研究显示，视频媒介的使用会拓展使用者的认知，对使用者的情感态度带来一定影响（汪涵，2021）。而使用视频媒介的依赖度大意味着使用者的信息获取更大程度受到视频媒介的影响，从而对使用者的使用感知、使用情感、行为意向产生影响。借鉴已有文献及成熟量表并进行适应性改写，设计视频媒介使用依赖度量表进行测量（见表 4–1）。

表 4–1　视频媒介使用依赖度量表

变量	指标	来源
视频媒介使用依赖度	观看视频媒介是我日常活动的一部分	Ellison 等（2007）
	我可以告诉身边的人我在使用视频媒介	
	如果一段时间不使用视频媒介，我会觉得自己的生活与社会脱节	

二、视频技术使用感知量表

本质上，观看视频媒介是旅游者对信息技术使用并将信息技术运用在旅途中的过程，技术接受模型（Technology Acceptance Model，以下简称 TAM 模型）被用来描述人们在理性行为下对信息系统的接受情况，其在结合理性行为理论模型的基础上，提出了感知有用性（perceived usefulness）和感知易用性（perceived ease of use）两个重要维度，感知有用性反映个体认为使用技术或系统对其目标任务效率提高的程度；感知易用性反映个体认为使用某个技术或系统的难易程度。技术接受模型探讨并证明了感知有用性和感知易用性对个体态度、行为意向之间的正向关系（Venkatesh 等，2000）。

视频中具有丰富的信息，包含了画面信息、声音信息、文字信息等，与此同时社交视频平台还会提供弹幕评论等实时互动信息，大大提高了视频媒介的信息丰富程度；而从信息的内容来看旅游者出行，需要对目的地的自然景观、文化背景、服务设施、玩法攻略等信息具备一定了解，从而提高出行的效率，而这些内容就是旅游视频媒介对于旅游者有用性的体现。

相比而言，视频媒介特别是短视频的使用门槛是相对较低的，任何人打开快手、抖音等平台就可以做到即刻的视频信息接收，内容生成也相对容易（赵昱等，2015）。对旅游者而言，使用视频媒介能否快速准确得到信息；其技术使用的学习成本是否低、旅游者是否在心理上对视频媒介的使用具备信心等都是旅游者感知视频媒介易用性的内容。

刘清平（2017）认为认知是指人们围绕各种东西的存在状态（事实）展开的了解和解释，包括通过感官实现的把握事物现象的“感性认知”和通过思维实现的把握事物本质的“理性认知”。信息媒介的使用可以有效地为认知进行服务，结合已经被反复验证的TAM成熟量表以及旅游学者在研究过程中对该模型的解读和运用，将视频媒介感知有用性和视频媒介感知易用性作为视频媒介对旅游者的技术使用感知中的两个维度，并根据研究需求进行了适应性改写（见表4–2）。

表4–2　视频技术使用感知量表

维度	指标	来源
感知有用性	旅游视频提供了丰富的信息，如画面、声音、弹幕评论等	De Bres等（2001） 唐晓波等（2015） 刘慧悦等（2021）
	旅游视频让您了解当地文化风貌和自然风光等旅游资源	
	旅游视频让您了解当地交通、食宿等服务资源	
感知易用性	观看旅游视频让我能够快速获取相关信息	Compeau等（1995） Chatterjee等（2021）
	我不需要学习很多东西就能从观看旅游视频过程中获取信息	
	我很自信能够快速掌握视频软件并从中获取玉龙雪山旅游信息	

三、视频技术行为意向量表

技术的使用和信息的提供，可以指导旅游者的行为，并影响其对目的地资源的选择，如在视频中“种草”会使消费者乐意购买和博主一样的产品，视频等技术因素对于旅游者的出游意愿有显著的正向影响（赵玮等，2023；李昊睿，2023）。同时媒介的使用也可以使旅游者在进行旅游行为的过程中形成对某个景点的聚焦，从而放大感官；借鉴媒介使用的可信性量表及环境恢复性量表等成熟量表，设置视频媒介使用对旅游者行为的影响量表。将游览前观看带来的旅游意愿、游览过程中的视频接受意愿及魅力性体验，以及游览后的分享重游行为意愿作为该量表的主要维度（见表 4–3）。旅游意愿是个体在内部因素和外部环境的共同作用下，想要离开居住地前往目的地进行旅游活动的倾向（Zeithaml 等，1996），是行为意向的一种，包含出游和重游的相关意向。游览过程中的行为意向表现为视频接受意愿及魅力性体验，视频接受意愿是指个体在观看旅游视频上传者拍摄的目的地视频后产生的模仿的行为意愿，如视频打卡行为及个体自身产生的希望拍摄视频的意愿。魅力性体验指的是人们在被环境吸引的过程中，避免刻意的注意力集中，轻易地向环境倾注兴趣和注意力的体验（Kaplan，1995）。

表 4–3　技术行为意向量表

维度	指标	来源
出游意向	我会因为想去该地拍视频而来该地旅游	Chen 等（2014） Stokbursauer（2011）
	观看旅游视频增加了我去该地旅游的可能性	
	观看旅游视频会让我有想去该地旅游的冲动	
视频接受意愿	玉龙雪山视频中的活动会成为我游览该地时的参考	赵玮等（2023）
	我会想去旅游视频中博主所去的地方打卡	
	如果要拍摄旅游视频，我会根据拍摄需要选择游览的地点	
魅力性体验	观看或拍摄旅游视频后让我产生许多优美的想象	刘群阅等（2018）
	拿着手机或相机进行拍摄会使我更加细致地观察	
	观看或拍摄旅游视频会使我更乐意在某些景点停留并欣赏	
分享及重游意向	观看或拍摄旅游视频会让我想要将该地分享给身边的人	Davis（1989） Lee 等（2005）
	观看或拍摄旅游视频会让我愿意再来到该地	
	观看或拍摄旅游视频会让我更想将视频发布或转载到社交平台上	

四、媒介使用情感量表

媒介的使用同样可以影响到旅游者的情感，首先是旅游者通过媒介得到的愉悦感。愉悦感既是即时的舒畅体验即快乐、兴奋、喜悦感受（Fiske，1989），也是身心一体的畅爽连续感受（Csikszentmihalyi 等，1989），还是高层次的需求满足和自我实现（谢彦君，2010）。视频媒介带来的愉悦以展演型愉悦和叙事型愉悦为主，而线下则以社交型愉悦和控制型愉悦为主。即时观看行为形塑了观看者窥视与展演、认同与反抗及社交的愉悦（黄倩，2017）。所以，视频媒介使用中带来的愉悦感是复杂而多样的。

沉浸感指的是人们对某一活动或事物表现出浓厚的兴趣并能推动个体完全投入某项活动或事物中的一种情绪体验。当人们进入沉浸状态的时候会发生时间知觉的改变，会觉得几小时犹如几分钟，而几分钟也可以被拉到几小时的感知长度（杨雪，2015），研究者发现在网络游戏（孟晓辉等，2011）、网站浏览（陈洁等，2009）等网络媒介使用过程中使用者可以体会到沉浸感；而视频媒介使用中的沉浸感知则可以影响消费者对于视频价值的感知，从而对购买行为产生影响（赵青华，2023）。

其次是媒介作为一个发布自己感受和作品的地方同样也可能为旅游者带来自我成就的感知。成就感是个体完成某些活动或任务后感觉实现了自我价值，因此在心中产生了一种自我满足的积极情感体验（Koltko–Rivera，2006）。成就感也是个体实现理想抱负，自身能力得以发挥且达到自我实现的一种心理感知（朱智贤，1989）。

在注意力的转移中，技术的使用也可以用来帮助缓解行动过程中的疲劳感（刘群阅等，2018）。放松感是指注意力或控制由紧变松而产生松弛、松懈，恢复理论认为达到放松需要对日常产生紧张疲劳感的环境进行远离，从而缓解疲劳和压力，娱乐性短视频的使用可以对压力纾解产生显著的效果（饶思敏，2021）；沉浸式播放自然景观的媒介对注意力恢复有显著的效果（李靖怡，2018）。这些都表明视频媒介的使用可以对使用者带来一定程度的放松感（见表 4–4）。

表 4–4 媒介使用情感量表

维度	指标	来源
愉悦感	观看或拍摄旅游视频的过程让我感到很愉快	梁金凤（2019）
	观看或拍摄旅游视频为我增添了生活乐趣	
	观看或拍摄旅游视频让我觉得兴奋	
沉浸感	观看或拍摄旅游视频让我投入其中	Hoffman 等（1996） Hamilton 等（2016） Huang 等（2017）
	观看或拍摄旅游视频让我保持注意力集中	
	观看或拍摄旅游视频让我感觉不到时间流逝	
成就感	我觉得观看旅游视频或拍摄旅游视频很有价值	王涛（2020）
	我能通过对旅游视频的观看和拍摄得到更好的旅行经历	
	拍摄或观看旅游视频更给予我积极的影响	
放松感	旅途中观看旅游视频会让我获得放松感	黄章展等（2008） Peschardt 等（2013） Diette 等（2003）
	使用手机和相机拍摄的过程会让我转移注意力而不那么疲惫	
	行程间隙观看别人的或者自己拍摄的旅游视频片段会让我更快恢复精力	

五、地方感量表

地方感量表是由地方依恋、地方认同、地方依赖三个维度构成的量表，如表 4–5 所示。地方依恋是人对地方功能和情感上的依附情感（Williams 等，1989），会经历从熟悉到根深蒂固的联结递进过程（Hammitt 等，2004）。人、地、情感的构成要素（Scannell 等，2010）；景观、设施、人际、休闲等构成维度（黄向等，2014），以及旅游投入（Kyle 等，2004）、旅游涉入程度（晨星，2019）、目的地满意度（Yuksel 等，2010）等都被证实会对地方依恋产生一定程度的前因影响。

地方认同是个人与地方互动从而实现社会化的过程，其包含了情感、感知与认知等多种复杂的过程。通过这一过程，个人与群体将自身定义为某个特定地方的一分子（Stedman，2002）。地方与认同之间存在着一种辩证化的互动关系，地方构成个人或社会群体身份的一部分，而社会与文化意义又通过不断的空间实践将意义记录在地方之中。地方认同是一个渐进过程，涵盖了自我尊重（self-esteem）、自我功效（self-efficacy）、独特性（distinctiveness）及一致性（continuity）四个层次的内容（Breakwell，1986）。地方认同的形成应当包含：对当地的感知、对感知内容的评价以及自我认知部分。

地方依赖多指功能上的归属和依附，黄旭等（2023）将其归属于根植性地方感之中，但随着旅游越来越成为人们的生活方式，旅游目的地也可以承载旅游者功能性的依赖，可这样的功能区别于日常生活世界中对于生存、安全、社交等基本需求的满足，更多导向个人兴趣等更高层次的需求满足。参照Williams（1998）、廖彬等人（2014）的量表，并结合玉龙雪山实际，进行如下题项的选择和改编。借鉴地方感的基本量表将其归类为地方认同和地方依恋，用来衡量旅游者对地方的情感特性和认知特性，能够较好地对旅游者的地方感进行概括性的描述，本研究借鉴 Jorgensen 等人的研究，选择以下题项。

表 4–5　地方感量表

变量	指标	来源
地方依恋	我对该地记忆深刻	Jorgensen & Stedman（2006） Kyle 等（2004） 杨慧琳等（2022） Kyle 等（2005） 廖彬（2014） Williams 等（1998）
	我对该地充满留恋	
	我觉得该地有独特的魅力	
地方认同	我觉得在该地的旅行经历让我更深刻地认识自我	
	我对该地十分认同	
	我觉得该地拥有独特的自然资源和文化资源	
地方依赖	我在该地进行的活动是独一无二的	
	该地给予我的感觉是其他地方无法给予的	
	该地能很好地承载我的个人志趣	

第二节 关系假设及模型提出

一、关系假设

（一）视频使用依赖度对技术使用感知的影响

微信、朋友圈等社交媒体的使用强度越强，则使用者对社交媒体的内容质量要求越高（谭海燕，2018），对目的地的认知形象也更趋近于良好（黄元豪，2018），其旅游资讯对旅游者也更具备吸引力（朱竑，2020）。研究显示，社交媒体的使用强度对使用者感知有用性和感知易用性有显著正相关性（陈礼珍，2019），用户使用视频媒介的使用强度和依赖度越高，其对视频媒介的内容性价值感知的程度就越高（赵瑾，2022）。上述研究表明了视频媒介的使用强度和旅游者视频使用感知之间存在着关联，由此假设：

H1：旅游者视频使用强度对旅游者视频使用感知有正向影响。

（二）视频使用依赖度对媒介使用情感的影响

视频使用依赖并不完全指病态的，难以自我控制的、导致人际关系和生活状态失序的依赖，其也包含使用者依靠视频媒介获得生活学习的必要信息、进行人际关系的维系，以及自我展示等过程时，更主动地选择媒介的情况。例如，通过转发搞笑视频给朋友进行人际互动。有研究显示，用户使用具有交互功能的社交媒介，能够降低抑郁水平（周林等，2012），媒介使用在一定程度上可以对情感起到正向的影响，如观看视频带来的愉悦感、放松感、沉浸感等，故提出假设：

H2：视频使用依赖度正向影响媒介使用情感。

（三）视频使用依赖度对技术行为意向的影响

一项对电台受众的研究显示，受众对电台媒介的依赖越强（Rubin 等，

1987)，其行为倾向会越积极，对电视购物的影响研究也同样发现，对电视媒介的依赖在购物行为中起到重要作用（Grant 等，1991）。同时视频等新媒介的使用对就医行为意向的研究也显示，新媒体可以为患者提供更多更全面的信息，新媒体依赖度会通过态度正向影响就医的行为意向（雷禹，2022）。另一项研究表明，短视频媒介的使用强度增加，使用者对于疫苗接种的意愿也显著增加（韩情，2023）。从这些研究中可以看到，媒介使用的依赖度在一定程度会正向影响行为意向，故提出假设：

H3：视频使用依赖度正向影响技术行为意向。

（四）技术使用感知对媒介使用情感的影响

图文媒介能够给使用者创造一种沉浸真实的场景，观看者看到的是拍摄者将自身的旅游经历、感受体验、内心情感注入后的作品，形成情绪的传递，而互动化的媒介又提供了情感的社会交换（赵怀远，2023）。Lee（2012）的研究显示，社交媒体平台对于公众情绪表达扮演着重要角色。卢东等（2022）通过对共享住宿消费者的研究发现，共享住宿的多样性和平台的能力对于用户使用共享住宿的情感具有正向的影响，用户在观看视频媒介的过程中，对视频媒介的内容丰富程度及其是否容易获得，都是其对视频媒介形成的初步认知，而认知是情感产生的基础，故在此基础上提出假设：

H4：技术使用感知正向影响媒介使用情感。

（五）技术使用感知对技术行为意向的影响

旅游意向的产生有赖于旅游目的地信息的收集（吕婷等，2018），社交媒体正日益成为游客获取旅游目的地信息和出游建议的主要来源和渠道（Xiang 等，2015）。移动短视频平台特有的视频发布、直播、旅游攻略推送、粉丝聊天等功能激发了游客潜在的旅游意向。杨雅等（2023）通过对直播间的用户购买意向进行的研究发现，用户对直播间中接收到的信息的感知有用性会正向影响其购买意向，在这个过程中感知愉悦和情感唤起起到了调节作用。在计划行为理论的框架下，大量研究显示感知有用性和感知易用性会对使用者的行为意向产生正向影响，洪学婷等人（2021）研究发现感知有用性和感知易用性对爱彼迎用户的使用意愿有显著的正向影响；研究显示在观看营销广告及相关视频之后，随着消费者对其感知有用性和感知易用性的提升，其购买行为意向也得到了提高（张波，2019）；旅游直播中观看者的感知有用性和感知易用性同样也会影响到消费者对旅游产品的购买意向（马晓芳，2022）；同样地，在短视频的营销中，感知有用性也会对游客消费行为意向起到影响作用（刘云昕，2023）。上述研究为视频媒介环境下旅游者的感知有用性和感知易用性对视频使用行为意向的研究提供了基础，基于此，本研究提出假设：

H5：旅游者技术使用感知正向影响旅游者技术行为意向。

（六）媒介使用情感对技术行为意向的影响

旅游者在使用视频媒介的过程中会产生愉悦、沉浸、放松等情感感知，而这些情感在某种程度上可以引发使用者对目的地的向往之情，有超过 80% 的用户表示会因为喜欢抖音上特定城市、景区、商圈的短视频而前往该地点进行打卡。邓秀军等人（2022）的研究显示，视频媒体上承载的旅游者感知的情感对旅游意向产生正向影响。同时视频社交媒体具有很强的互动性，许多视频制作者本身就会鼓励使用者进行转发，形成更大范围的传播。也有研究显示，在视频媒介平台中，使用者会形成情感的共同体，勾连起使用者的回忆，提高群体的认同（朱从鑫，2023）。而人际的导向的交互则会通过提升感知价值，提高使用者的忠诚度（范恩泽，2022）。基于此，提出假设：

H6：媒介使用情感正向影响技术行为意向。

（七）技术使用感知对旅游者地方感的影响

视频社交媒介使用精准的算法推荐，相较于传统媒介更易形成专属于视频观看者的定制化媒介地方推荐，从而塑造更有针对性的地方和个体之间的情感连接（曾一果等，2022）。与此同时，视频媒介视觉化、动态化的呈现方式对受众的接受门槛要求较低，可以将更加具象生动的信息充分展现在受众的眼前，数字身体的媒介漫游令使用者得到更加丰富的刺激；视频媒介易于使用的特点可以吸引大量受众，聚集在同一个视频之下，抒发自己的评论观点，使用者和地方之间的连接变得十分简易，而人与地方的距离在一次次的评论、点赞、转发中拉近。使用者对地方的情感也在自己的评论、弹幕中驻留、延续（孙玮，2020）。此外，汪涵（2021）通过对抖音使用者进行访谈发现，视频媒介所提供的海量当地信息可以让使用者对当地地方性有更好的认知，从而令其感受到当地的独特性，视频媒介成为集体记忆的承载体，令受访者在其中感到自豪，产生地方认同，并且其提供的丰富信息和资源可以令使用者产生功能性的依恋。基于此，本研究提出如下假设：

H7a：技术使用感知正向影响旅游者地方依恋；

H7b：技术使用感知正向影响旅游者地方认同；

H7c：技术使用感知正向影响旅游者地方依赖。

（八）媒介使用情感对旅游者地方感的影响

使用技术或媒介过程中的愉悦感被证实会对旅游者地方感产生影响；沉浸体验对乡村旅游者的地方依恋、地方依赖、地方认同均产生显著影响（曹红英，2023）；对净月潭国家级风景区旅游者的一项研究也显示沉浸体验各维度会正向影响旅游者的地方依恋（夏铭阳，2020）；通过短视频打卡行为，旅游者也可以完成想象生产和情感疗愈从而实现身份归属感的获得，从而形成对目的地的地方感形塑（郭晓丹，2023）。拍摄视频的过程，是旅游者用自己的方式记录和编辑自己和地方之间连接的过程，从而塑造了旅游者和地方之间独一无二的回忆过往，是独属于视频拍摄旅游者的成就；除此之外，自然环境还被认为是具有恢复性的环境，可以帮助人恢复注意力（Tyrväinen 等，2014）、释放焦虑、提高自我认同感（Fjørtoft 等，2000），而观看视频带来的对惯常生活的暂时远离和由视频画面激发的想象性自然场景，同样具有一定的恢复疗愈作用，从而影响使用者的地方感（郭晓丹，2023）。虚拟旅游中的感知价值及虚拟依恋有助于正向影响实地的地方依恋（郑春晖，2021）。基于此，本研究提出如下假设：

H8a：媒介使用情感正向影响旅游者地方依恋；

H8b：媒介使用情感正向影响旅游者地方依赖；

H8c：媒介使用情感正向影响旅游者地方认同。

二、关系模型

通过上述研究假设之间关系的建立，本研究得到了 8 个主要假设和 12 个子假设，在对假设进行总结后，形成了旅游视频媒介使用对山地旅游者行为意向及地方感的影响模型，将 7 个变量之间的关系进行了具象化（见图 4-1）。

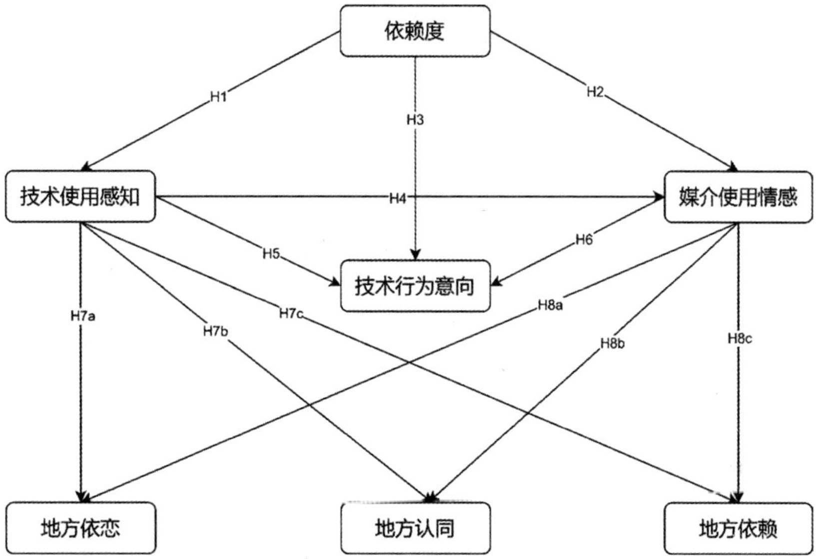

图 4-1　假设关系模型

第五章

旅游视频使用对山地旅游者行为意向及地方感的影响机制

第一节　问卷发放及分析

一、问卷发放

对问卷的发放采取线下实地调研发放和线上发放两种方式进行，研究者于2023年12月7—13日在玉龙雪山景区云杉坪、蓝月谷、玉湖村等景点对线下旅游者进行现场问卷发放和填写回收，共发放线下问卷180份，将没有填写完成的、通篇连选的问卷筛除，回收有效问卷150份；线上问卷采取朋友圈、小红书、抖音、哔哩哔哩、豆瓣等平台公开发布并私聊玉龙雪山视频上传者发放问卷，共发放问卷220份，筛除填写时间不足70秒的、填写明显有规律性连选作答的问卷，回收线上有效问卷198份，问卷总有效率87%。

二、描述性统计分析

（一）人口统计变量分析

本次有效问卷填写者中，男性占比31.03%，女性占比68.97%；在线下发放的问卷中女性占比为68%，男性占比32%；线上问卷中女性占比69%，男性占比31%，具有视频使用行为和出游行为的女性占比高于男性。

从年龄分布上看，年龄占比最高的是21~30岁的年轻群体，占到总有效填写人数的65.52%，20岁及以下的人群占比最低，而45岁以上的群体占比排名第二，达到16.38%，年轻群体视频使用更多；45岁以上的群体，也因为视频使用的便捷性以及可自由支配时间的增多，其视频使用和出游的占比也在增加；相比之下31~45岁的群体由于社会压力等各种因素，导致其视频使用和出游的结合程度不高。

学历上，占比最高的是本科学历，为51.44%，研究生学历占比位居第二，为19.25%，专科次之，为16.09%。占比最低的是初中以下的群体，只占到总有效填写人数的0.57%（见表5–1）。一方面随着中国整体教育水平的提高，群众的受教育水平也在不断提高。另一方面中国旅游研究院发布的中国国内旅游发展年度报告（2022—2023）显示，高学历旅游者占到总出游者的42.27%，刷视频的本科及以上学历占比过半，其中女性占比高于男性（共研产业资讯网，2022）。由此可见，出游人群和视频使用者都以本科及以上学历为主要人群。

表5–1　频数分析结果

名称	选项	频数	百分比（%）	累积百分比（%）
性别	男	108	31.03	31.03
	女	240	68.97	100
年龄	20岁及以下	21	6.03	6.03
	21~30岁	228	65.52	71.55
	31~45岁	42	12.07	83.62
	45岁以上	57	16.38	100
学历	初中以下	2	0.57	0.57
	初中	13	3.74	4.31
	高中	31	8.91	13.22
	专科	56	16.09	29.31
	本科	179	51.44	80.75
	研究生	67	19.25	100

（二）视频媒介使用时长变量分析

在问项四中，过去一周平均每天使用视频媒介的时间调查显示，占比最高的是每天使用 1~2 小时的人群，为 26.15%，每天使用 3 小时以上的人群占比位居第二，为 25.57%。超过半数的被调查者平均每天使用视频媒介的时间在一小时以上，说明视频媒介已然成了人们日常生活的组成部分。

对被调查者的性别、年龄、学历、视频媒介使用时间强度进行描述性的统计分析后发现，玉龙雪山视频使用者以女性本科以上学历、21~30 岁群体为主，视频媒介的使用时间在每天 1 小时以上的被调查者比例超过 65%，而 25% 左右的被调查者每天使用视频媒介的时间超过 3 小时。

三、信度分析

对 5 个量表的 14 个维度进行了克朗巴哈信度检验，5 个量表的克朗巴哈（Cronbach α）系数分别为 0.726、0.838、0.892、0.925、0.906，均超过 0.7，信度良好。对 14 个维度变量的信度检验后发现，除了“视频接受意愿”变量的信度为 0.639 为合格之外，其余维度信度均达到 0.7 以上，信度良好，可以进行进一步变量分析（见表 5–2）。

表 5–2　信度分析

量表	维度	各维度 Cronbach α 系数	各量表 Cronbach α 系数
旅游者视频使用依赖度	依赖度	0.726	0.726
技术使用感知量表	感知有用性	0.759	0.838
	感知易用性	0.716	
技术行为意向量表	出游意向	0.788	0.892
	视频接受意愿	0.639	
	魅力性体验	0.703	
	分享及重游意向	0.763	

续表

量表	维度	各维度 Cronbach α 系数	各量表 Cronbach α 系数
媒介使用情感量表	愉悦感	0.819	0.925
	沉浸感	0.809	
	成就感	0.836	
	放松感	0.790	
玉龙雪山旅游者地方感量表	地方依恋	0.866	0.906
	地方认同	0.719	
	地方依赖	0.818	

四、效度分析

（一）模型适配度检验

对模型进行适配度检验，其卡方自由度比为 2.314，在 1~3 之间，RMSEA 值为 0.062 小于 0.08；GFI 值为 0.852 近于 0.9，其余 CFI、NNFI、IFI 等指标大于 0.9，拟合检验合格，模型适配度较好（见表 5–3）。

表 5–3 验证性因子模型拟合系数

各因子模型拟合系数						
指标	卡方自由度比 χ^2/df	GFI	RMSEA	CFI	NNFI	IFI
值	2.314	0.852	0.062	0.924	0.906	0.925

（二）组合信度检验

根据检验感知影响因素中的 PI3、PI4，出游意向中的 TI1，地方认同中的 LI1 标准载荷系数低于 0.6，故删除，而视频接受意愿、魅力性体验两个因子的 AVE 和 CR 值均低于 0.5 和 0.7 的标准值，聚合效度较差，故删除，留下

11 个因子、31 个测项，其标准载荷系数均大于 0.6，载荷系数较好，其平均方差萃取值均大于 0.5，组合信度值均大于 0.7，满足要求，模型聚合程度较好（见表 5–4）。

表 5–4　因子组合信度检验表格

因子	题项代码	标准载荷系数（Std. Estimate）	平均方差萃取值（AVE）	组合信度值（CR）
依赖度	DD1	0.798	0.644	0.783
	DD2	0.806		
技术使用感知	PI1	0.802	0.543	0.825
	PI2	0.794		
	PI5	0.618		
	PI6	0.719		
出游意向	TI2	0.885	0.782	0.878
	TI3	0.884		
分享重游意向	SI1	0.771	0.526	0.768
	SI2	0.723		
	SI3	0.678		
愉悦感	PF1	0.791	0.618	0.829
	PF2	0.797		
	PF3	0.769		
沉浸感	IF1	0.862	0.594	0.813
	IF2	0.774		
	IF3	0.664		
成就感	FF1	0.797	0.629	0.836
	FF2	0.791		
	FF3	0.792		

续表

因子	题项代码	标准载荷系数（Std. Estimate）	平均方差萃取值（AVE）	组合信度值（CR）
放松感	RF1	0.819	0.539	0.776
	RF2	0.651		
	RF3	0.722		
地方依恋	PA1	0.812	0.685	0.867
	PA2	0.829		
	PA3	0.84		
地方依赖	PD1	0.768	0.609	0.824
	PD2	0.734		
	PD3	0.836		
地方认同	LI2	0.774	0.593	0.745
	LI3	0.766		

（三）区别效度检验

对比 11 个因子的皮尔森相关系数和 AVE 平方根值，发现其因子内部的聚敛效度均高于因子间的相关系数，说明 11 个因子间具有较好的区分效度，其内部的相似度高于因子间的相关程度（见表 5–5）。

表 5–5　因子间区分效度表

	依赖度	技术使用感知	出游意向	分享重游意向	愉悦感	沉浸感	成就感	放松感	地方依恋	地方依赖	地方认同
依赖度	0.802										
技术使用感知	0.271	0.737									
出游意向	0.381	0.495	0.884								

续表

	依赖度	技术使用感知	出游意向	分享重游意向	愉悦感	沉浸感	成就感	放松感	地方依恋	地方依赖	地方认同
分享重游意向	0.404	0.419	0.545	0.725							
愉悦感	0.303	0.418	0.415	0.685	0.786						
沉浸感	0.301	0.323	0.418	0.582	0.706	0.771					
成就感	0.367	0.445	0.496	0.664	0.68	0.71	0.793				
放松感	0.292	0.358	0.442	0.584	0.557	0.662	0.735	0.734			
地方依恋	0.324	0.367	0.406	0.577	0.648	0.54	0.627	0.56	0.827		
地方依赖	0.26	0.297	0.355	0.492	0.546	0.466	0.53	0.5	0.68	0.781	
地方认同	0.275	0.436	0.366	0.497	0.562	0.464	0.562	0.459	0.724	0.642	0.77

研究对各变量进行了克朗巴哈信度检验，发现在地指导因子的信度低于0.7，而感官放大的因子信度仅为0.703，故对两项进行删除，而其他的因子信度均在0.7以上，信度良好；对各因子进行验证性因子分析，在聚敛效度阶段对模型进行进一步的调节，在整合了感知有用性和感知易用性、删除了载荷低于0.6的题项后，余下11个因子在聚敛效度和区分效度及模型拟合度上均达到标准。

五、正态性检验及描述统计

（一）正态性检验

以下被测题项的峰度绝对值均小于10并且偏度绝对值均小于3，故而基本可以基本接受为正态分布（见表5-6）。

表 5-6　正态性检验分析结果

测量项	平均值	标准差	偏度	峰度	测量项	平均值	标准差	偏度	峰度
DD1	3.957	0.839	−0.772	1.013	IF3	3.615	0.940	−0.504	0.041
DD2	3.908	0.884	−0.877	1.084	FF1	3.934	0.806	−0.610	0.807
PI1	3.943	0.738	−0.732	1.557	FF2	3.986	0.780	−0.746	1.162
PI2	4.011	0.744	−0.779	1.620	FF3	3.943	0.765	−0.797	1.639
PI5	3.437	0.966	−0.467	−0.288	RF1	3.983	0.803	−0.841	1.349
PI6	3.687	0.887	−0.590	0.337	RF2	3.782	0.888	−0.627	0.237
TI2	4.043	0.800	−1.265	3.194	RF3	3.672	0.857	−0.477	0.439
TI3	4.034	0.845	−0.989	1.596	PA1	4.138	0.747	−0.856	1.672
SI1	4.124	0.785	−1.013	1.944	PA2	3.911	0.829	−0.566	0.545
SI2	3.822	0.850	−0.669	0.700	PA3	4.236	0.733	−1.017	2.174
SI3	3.784	0.959	−0.682	0.248	PD1	3.905	0.892	−0.598	0.168
PF1	4.147	0.674	−0.695	1.862	PD2	3.897	0.918	−0.761	0.500
PF2	4.092	0.706	−0.675	1.422	PD3	3.750	0.878	−0.391	0.119
PF3	3.885	0.810	−0.443	0.310	LI2	3.954	0.754	−0.776	1.713
IF1	3.888	0.772	−0.524	0.762	LI3	4.359	0.688	−1.194	2.856
IF2	3.727	0.830	−0.426	0.336					

（二）各因子描述统计分析

各因子的均值都在 3 以上，说明被调查者对各因子的感知比较正向。依赖度因子均值在 3.9 左右，表明被调查者整体对视频媒介的依赖度水平中等偏高；技术使用感知的因子均值在所有因子中最低，为 3.7 左右，说明被调查者对视频媒介的感知有用性和感知易用性相较于其他因子评价较低。在技术行为影响中，出游意向略高于分享及重游意向；在媒介使用情感中，愉悦感的均值分数最高，超过 4 分，表明对旅游视频的媒介使用给被调查者带来积极正向的愉悦感体验，沉浸感的均值在媒介使用情感中得分最低，观看或拍摄玉龙雪山视频为旅游者带来沉浸体验，但是相对愉悦感、成就感、放松感而言，其体验感知的评价较低；在地方感的维度中，地方依赖的均值相对最低，为 3.8 左右，说明旅游者对玉龙雪山功能上的依赖程度低于其情感上的依附和对景区的认同；地方认同的均值最高为 4.1 左右，表明旅游者对玉龙雪山景区有较高的认同（见表 5–7）。

表 5–7　因子描述分析表

因子	平均值	标准差
依赖度	3.932	0.781
技术使用感知	3.769	0.636
出游意向	4.039	0.777
分享重游意向	3.910	0.715
愉悦感	4.041	0.627
沉浸感	3.743	0.723
成就感	3.954	0.680
放松感	3.812	0.713
地方依恋	4.095	0.684
地方认同	4.157	0.644
地方依赖	3.851	0.767

六、差异检验

（一）各因子对不同性别的差异性检验

经过 T 检验，可以看出在不同性别中依赖度、感知影响、分享重游意愿等 10 个因子均没有呈现出显著差异，但是在出游意向因子中，男女呈现出显著分异，其中女性的出游意向均值略高于男性。T 检验的详细结果如表 5–8 所示。

表 5-8　检验分析结果

因子	性别（平均值 ± 标准差）		t	p
	男（n=108）	女（n=240）		
依赖度	3.87 ± 0.82	3.96 ± 0.76	−0.995	0.320
技术使用感知	3.72 ± 0.55	3.79 ± 0.67	−0.882	0.378
出游意向	3.88 ± 0.78	4.11 ± 0.76	−2.509	0.013*
分享重游意向	3.82 ± 0.72	3.95 ± 0.71	−1.561	0.119
愉悦感	4.04 ± 0.58	4.04 ± 0.65	0.040	0.968
沉浸感	3.77 ± 0.75	3.73 ± 0.71	0.383	0.702
成就感	3.98 ± 0.63	3.94 ± 0.70	0.391	0.696
放松感	3.77 ± 0.72	3.83 ± 0.71	−0.821	0.412
地方依恋	4.05 ± 0.66	4.12 ± 0.69	−0.831	0.407
地方认同	4.11 ± 0.70	4.18 ± 0.62	−0.975	0.330
地方依赖	3.80 ± 0.74	3.87 ± 0.78	−0.885	0.377
* 表示 p<0.05，** 表示 p<0.01				

（二）各因子对不同年龄的差异性检验

对两个以上组别的变量进行方差分析后发现，在技术使用感知、沉浸感、放松感三个因子上，各年龄没有表现出明显差异，但在其他 8 个变量上各年龄组表现出显著差异：在依赖度上，媒介使用依赖度随着年龄下降，20 岁及以下的受访者依赖度最高，45 岁以上受访者依赖度最低；此外，在出游意向、分享重游意向、愉悦感、成就感四个因子上，影响最大的是 20 岁及以下群体，影响最小的是 31~45 岁群体；45 岁以上群体对地方依恋的感知分数最低，而 31~45 岁群体对地方依赖的感知最低（见表 5-9）。

表 5–9　年龄的方差分析结果

因子	年龄（平均值 ± 标准差）				F	p
	20 岁及以下（n=21）	21~30 岁（n=228）	31~45 岁（n=42）	45 岁以上（n=57）		
依赖度	4.38 ± 0.71	4.04 ± 0.74	3.67 ± 0.72	3.54 ± 0.84	10.855	0.000**
技术使用感知	3.86 ± 0.65	3.77 ± 0.61	3.79 ± 0.71	3.74 ± 0.69	0.192	0.902
出游意向	4.33 ± 0.60	4.12 ± 0.72	3.73 ± 0.96	3.84 ± 0.79	5.500	0.001**
分享重游意向	4.37 ± 0.59	3.94 ± 0.68	3.70 ± 0.84	3.76 ± 0.71	5.265	0.001**
愉悦感	4.38 ± 0.54	4.09 ± 0.60	3.82 ± 0.78	3.89 ± 0.58	5.490	0.001**
沉浸感	3.98 ± 0.73	3.76 ± 0.69	3.49 ± 0.96	3.75 ± 0.63	2.570	0.054
成就感	4.30 ± 0.46	3.99 ± 0.67	3.71 ± 0.79	3.86 ± 0.65	4.408	0.005**
放松感	4.03 ± 0.77	3.80 ± 0.69	3.65 ± 0.88	3.89 ± 0.61	1.621	0.184
地方依恋	4.25 ± 0.55	4.19 ± 0.64	3.92 ± 0.81	3.80 ± 0.72	6.409	0.000**
地方认同	4.48 ± 0.56	4.20 ± 0.62	4.00 ± 0.77	3.99 ± 0.59	4.230	0.006**
地方依赖	4.03 ± 0.77	3.91 ± 0.77	3.63 ± 0.82	3.70 ± 0.68	2.915	0.034*
* 表示 p<0.05，** 表示 p<0.01						

（三）各因子对不同学历的差异性检验

出游意向、分享重游意向、沉浸感、放松感、地方依赖五个因子在不同学历人群中没有表现出明显差异。对视频的使用依赖度、感知影响在不同学历人群中表现出显著差异，其中，研究生群体的视频使用依赖度及感知影响均值最高，初中以下学历的依赖度最低，初中学历的感知影响最低；在愉悦感和成就感上，初中学历的被访者均值最低，研究生学历群体愉悦感均值最高，初中以下学历受访者成就感均值最高；在地方依恋维度，依旧是初中学历群体均值最低，研究生学历群体均值最高，而在地方认同维度上，则是初中以下的均值最高（见表 5–10）。

表 5–10　学历的方差分析结果

因子	学历（平均值 ± 标准差）						F	p
	初中以下（n=2）	初中（n=13）	高中（n=31）	专科（n=56）	本科（n=179）	研究生（n=67）		
依赖度	3.50 ± 0.71	3.73 ± 0.53	3.52 ± 0.94	3.67 ± 0.78	4.03 ± 0.75	4.13 ± 0.72	5.032	0.000**
技术使用感知	3.50 ± 0.00	3.42 ± 1.12	3.80 ± 0.62	3.57 ± 0.54	3.80 ± 0.63	3.92 ± 0.57	2.851	0.015*
出游意向	3.50 ± 0.71	3.54 ± 1.22	4.08 ± 0.59	3.89 ± 0.77	4.11 ± 0.73	4.07 ± 0.85	2.012	0.076
分享重游意向	3.67 ± 0.47	3.59 ± 0.86	3.87 ± 0.68	3.80 ± 0.75	3.93 ± 0.72	4.04 ± 0.65	1.369	0.235
愉悦感	3.67 ± 0.47	3.59 ± 0.88	4.00 ± 0.61	3.90 ± 0.53	4.05 ± 0.64	4.24 ± 0.55	3.580	0.004**
沉浸感	3.83 ± 0.24	3.56 ± 0.84	3.77 ± 0.65	3.55 ± 0.64	3.79 ± 0.74	3.81 ± 0.76	1.242	0.289
成就感	4.17 ± 0.24	3.62 ± 0.88	3.87 ± 0.66	3.72 ± 0.65	4.03 ± 0.66	4.04 ± 0.68	2.856	0.015*
放松感	4.17 ± 0.24	3.64 ± 0.85	3.91 ± 0.67	3.65 ± 0.58	3.84 ± 0.69	3.85 ± 0.85	1.006	0.414
地方依恋	4.00 ± 0.00	3.59 ± 0.86	3.83 ± 0.76	3.87 ± 0.58	4.16 ± 0.67	4.32 ± 0.62	5.674	0.000**
地方认同	4.50 ± 0.71	3.65 ± 0.85	4.11 ± 0.59	3.97 ± 0.58	4.19 ± 0.68	4.32 ± 0.47	3.770	0.002**
地方依赖	4.50 ± 0.71	3.67 ± 0.85	3.86 ± 0.75	3.68 ± 0.64	3.86 ± 0.81	3.97 ± 0.74	1.343	0.246
* 表示 $p<0.05$，** 表示 $p<0.01$								

（四）各维度对不同使用时长的差异性检验

不同使用时长受访者在视频使用依赖度、感知影响、愉悦感 3 个因子上表现出显著差异，其中在依赖度上，使用依赖度随着使用时间的增加而增加；在感知影响上，使用 1~2 小时的用户表现出最高的均值水平；愉悦感方面，使用时间在半小时到 3 小时之间的用户其均值都在 4 以上，其中使用 2~3 小时的用户均值最高，使用 11~30 分钟的用户均值最低。而使用时长在其他因子上并未表现出显著差异（见表 5–11）。

表 5-11　使用时长的方差分析结果

因子	过去的一周内，平均每天在视频媒介花费时间（平均值 ± 标准差）						F	p
	小于 10 分钟（n=10）	11~30 分钟（n=33）	31~60 分钟（n=73）	1~2 小时（n=91）	2~3 小时（n=52）	3 小时以上（n=89）		
依赖度	2.75 ± 1.16	3.71 ± 0.72	3.75 ± 0.71	3.96 ± 0.72	4.11 ± 0.64	4.17 ± 0.79	9.127	0.000**
技术使用感知	3.25 ± 0.62	3.63 ± 0.71	3.70 ± 0.59	3.89 ± 0.53	3.88 ± 0.57	3.75 ± 0.73	2.950	0.013*
	3.50 ± 1.00	3.86 ± 0.85	3.92 ± 0.82	4.10 ± 0.69	4.12 ± 0.71	4.15 ± 0.78	2.224	0.052
分享重游意向	3.63 ± 1.00	3.74 ± 0.67	3.81 ± 0.71	3.92 ± 0.69	4.01 ± 0.63	4.03 ± 0.76	1.658	0.144
愉悦感	3.93 ± 0.68	3.78 ± 0.71	4.03 ± 0.60	4.11 ± 0.59	4.20 ± 0.56	3.99 ± 0.66	2.271	0.047*
沉浸感	3.67 ± 0.92	3.73 ± 0.70	3.63 ± 0.77	3.77 ± 0.69	3.89 ± 0.63	3.74 ± 0.76	0.876	0.497
成就感	3.70 ± 0.96	3.82 ± 0.70	3.84 ± 0.74	4.01 ± 0.61	4.17 ± 0.53	3.95 ± 0.71	2.150	0.059
放松感	3.53 ± 0.86	3.76 ± 0.66	3.68 ± 0.80	3.84 ± 0.63	4.01 ± 0.64	3.83 ± 0.74	1.714	0.131
地方依恋	3.63 ± 1.06	4.02 ± 0.80	4.11 ± 0.61	4.16 ± 0.57	4.19 ± 0.67	4.05 ± 0.75	1.417	0.217
地方认同	3.75 ± 0.75	4.17 ± 0.69	4.15 ± 0.58	4.21 ± 0.61	4.20 ± 0.52	4.12 ± 0.75	1.064	0.380
地方依赖	3.43 ± 0.79	3.90 ± 0.77	3.86 ± 0.76	3.89 ± 0.74	3.95 ± 0.77	3.77 ± 0.80	1.058	0.384

* 表示 p<0.05，** 表示 p<0.01

通过 T 检验和方差分析，发现男女之间的差异比较不显著，男女仅在出游意向上表现出显著差异，且男性的出游意向低于女性。不同年龄群体和不同学历群体在多个变量间表现出的差异较为显著，其中 31~45 岁群体在各维度上的均值分数较低，初中学历的群体在各维度的均值分数也较低，30 岁以下群体及本科研究生群体在各维度上的均值较高。依赖度、技术使用感知、愉悦感在不同媒介使用时间的群体中表现出显著差异，依赖度随着使用时间的上升均值上升，而技术使用感知和愉悦感则在 1~3 小时的使用区间中呈现出较高的均值。

七、相关分析

由表 5–12 可知，模型各因子之间呈现出显著的相关性，其中，与地方感因素相关性较强的是视频情感影响因素，在这之中，愉悦感和地方依恋的相关性最强，达到 0.648，其次是地方认同，成就感和愉悦感与地方认同的关系都达到 0.562；地方依赖和愉悦感之间的相关也达到 0.564，是除却地方感因素外与其相关性最强的因子。在视频使用的感知影响上，地方认同与其相关系数最高，达到 0.425；依赖度则与地方依恋之间的相关系数最高为 0.324。

此外，出游意向和分享重游意向都与地方感三个因子呈现出显著的相关性，其中出游意向和地方依恋之间的相关性最高，为 0.406；分享重游意向与地方感三个因子间的相关系数均高于出游意向与地方感三个因子间的相关系数，但其也同地方依恋之间的相关系数最高，达到 0.577。说明地方感三个因子与分享重游意向之间的关联程度更高，并且地方依恋与行为意向之间的关联程度是最强的。

八、路径拟合检验

（一）模型的建构

本研究运用 AMOS 24.0 对整体模型进行验证性因子分析，由此证明潜变量和显变量的关系。同时处理多组回归方程，根据处理结果可以对模型的显著性进行判断。将出游意向和分享重游意向整合进入技术行为意向影响中，并根据结构方程模型的打包策略，采用量表内部因子之间均值的方式（吴艳等，2011），对视频媒介使用中的情感因子：愉悦感、沉浸感、成就感、放松感进行打包，形成媒介使用情感的因子，从而提高模型的结构稳定性。通过相关分析发现，愉悦感因子和其他子因子——分享重游意向、地方依恋、地方认同、地方依赖之间的相关系数均超过 0.5，并且在后续分析中表现出和地方感三个因子间很强的共线性，影响分析准确度，故对其进行剔除。最后整体模型包括 7 个变量，具体为依赖度、技术使用感知、技术行为意向、媒介使用情感、地方依恋、地方依赖、地方认同。运用 AMOS 24.0 软件进行结构方程模型建构如图 5–1 所示。

表 5–12 各因子间 Pearson 相关系数

	依赖度	技术使用感知	出游意向	分享重游意向	愉悦感	沉浸感	成就感	放松感	地方依恋	地方认同	地方依赖
依赖度	1										
技术使用感知	0.271**	1									
出游意向	0.381**	0.463**	1								
分享重游意向	0.404**	0.370**	0.545**	1							
愉悦感	0.303**	0.412**	0.415**	0.685**	1						
沉浸感	0.301**	0.331**	0.418**	0.582**	0.706**	1					
成就感	0.367**	0.436**	0.496**	0.664**	0.680**	0.710**	1				
放松感	0.292**	0.368**	0.442**	0.584**	0.557**	0.662**	0.735**	1			
地方依恋	0.324**	0.409**	0.406**	0.577**	0.648**	0.540**	0.627**	0.560**	1		
地方认同	0.275**	0.425**	0.366**	0.497**	0.562**	0.464**	0.562**	0.459**	0.724**	1	
地方依赖	0.260**	0.320**	0.355**	0.492**	0.546**	0.466**	0.530**	0.500**	0.680**	0.642**	1

* 表示 $p<0.05$，** 表示 $p<0.01$

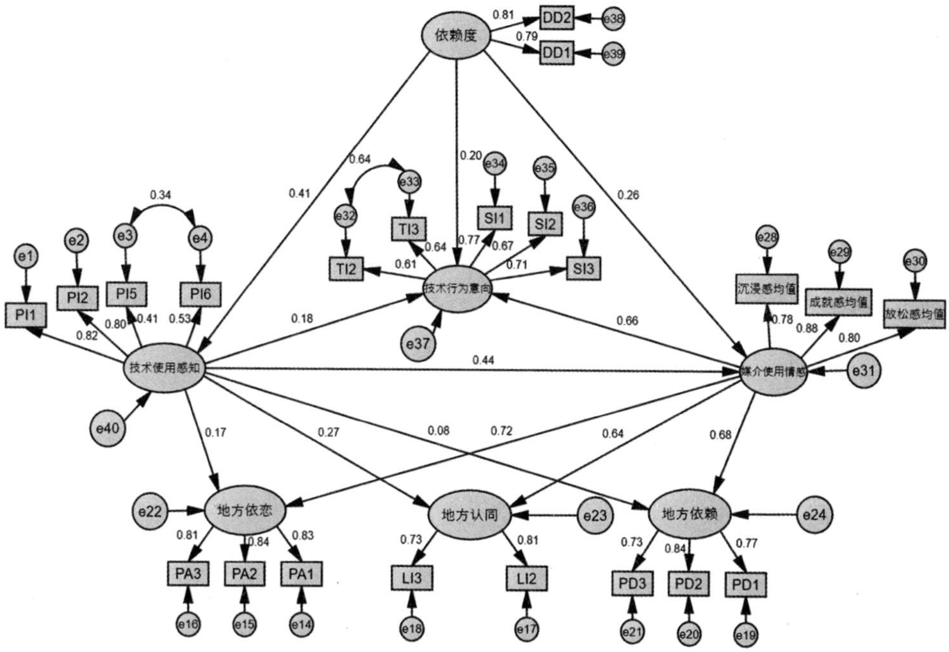

图 5-1　结构方程模型检验图

运行结果显示，卡方自由度比为 2.708，小于 3；近似误差均方根为 0.07，小于 0.08；GFI 为 0.871，近于 0.9，CFI、IFI、TLI 等模型拟合指标均大于 0.9，说明模型的拟合度较好、整体适配度合理（见表 5-13）。残差项 e3 和 e4 同属于一个因子且相关性较强，故而建立两者之间的共变关系，残差项 e32 和 e33 之间亦然。

表 5-13　结构方程模型拟合指数表

指标	χ^2/df	RMSEA	GFI	CFI	IFI	TLI
值	2.708	0.07	0.872	0.921	0.921	0.906

（二）路径分析

在对视频使用对地方感的影响机制结构方程模型进行调整后，AMOS 24.0 软件自动输出运行结果。根据显著性可以判断研究假设是否成立。如果潜变量的路径系数通过 0.05 的显著性水平检验，则可以说明假设成立；如果没有通过显著性检验，则意味着假设不成立。路径模型检验结果如表所示，11 项假设通过显著性检验，1 项假设未通过假设性检验。其中，技术使用感知对地方依赖的影响显著性未通过显著性检验。

综合路径分析的标准化系数，视频媒介使用依赖度对技术使用感知、技术行为影响、媒介使用情感均产生正向的显著关系，其对技术使用感知的路径系数最大，为 0.406，表明被调查者对视频使用的依赖度越高，其对视频使用的感知就越高，感觉到视频媒介提供的有用信息、便捷程度越高。技术使用感知对技术行为意向、媒介使用情感产生正向影响，其对媒介使用情感产生影响的路径系数为 0.438，高于其对技术行为意向产生的影响。

地方感因素受到技术使用感知和媒介使用情感的影响，其中媒介使用情感对地方感三个因子产生影响的路径系数较高，其对地方依恋的影响系数为 0.722，对地方依赖的影响次之，为 0.683，对地方认同的影响为 0.637，均高于 0.5，产生较强的影响。在观看或拍摄玉龙雪山视频过程中旅游者感受到的沉浸感、成就感、放松感会正向影响到旅游者地方感的形成，特别是地方依恋的形成。技术使用感知对地方认同及地方依恋产生影响，其影响系数分别为 0.272 和 0.173，技术使用感知对地方依赖的影响并不显著（见表 5–14）。

表 5–14　路径显著性检验表

编号	路径关系			标准化系数	P	Label
1	依赖度	→	技术使用感知	0.406	***	
2	依赖度	→	技术行为意向	0.198	***	
3	依赖度	→	媒介使用情感	0.261	***	
4	技术使用感知	→	地方依恋	0.173	0.002	
5	技术使用感知	→	地方认同	0.272	***	
6	技术使用感知	→	地方依赖	0.079	0.225	不显著
7	媒介使用情感	→	地方依恋	0.722	***	
8	媒介使用情感	→	地方认同	0.637	***	
9	媒介使用情感	→	地方依赖	0.683	***	

续表

编号	路径关系			标准化系数	P	Label
10	技术使用感知	⟶	技术行为意向	0.181	0.003	
11	媒介使用情感	⟶	技术行为意向	0.660	***	
12	技术使用感知	⟶	媒介使用情感	0.438	***	

（三）假设检验

在上述路径检验的基础上，总结归纳发现，本章的 12 个假设当中 11 项假设成立，1 项假设不成立（见表 5–15）。

表 5–15 假设检验结果表

编号	假设关系			检验结果
H1	依赖度	⟶	技术使用感知	支持
H2	依赖度	⟶	技术行为意向	支持
H3	依赖度	⟶	媒介使用情感	支持
H4	技术使用感知	⟶	媒介使用情感	支持
H5	技术使用感知	⟶	技术行为意向	支持
H6	媒介使用情感	⟶	技术行为意向	支持
H7a	技术使用感知	⟶	地方依恋	支持
H7b	技术使用感知	⟶	地方认同	支持
H7c	技术使用感知	⟶	地方依赖	不支持
H8a	媒介使用情感	⟶	地方依恋	支持
H8b	媒介使用情感	⟶	地方认同	支持
H8c	媒介使用情感	⟶	地方依赖	支持

根据假设检验情况可以发现如下规律：

首先，视频使用的依赖度对视频使用的技术使用感知、技术行为意向、媒介使用情感产生了显著影响。依赖度表明了视频使用者对视频媒介的使用具有一定的强度和惯性，技术使用感知是感知易用性和有用性的综合，说明了对视频媒介越发依赖的旅游者更容易认为视频媒介是有用且易用的；与此同时，他们也更受到视频媒介的影响，从而产生前往目的地的意向和将目的地分享给身边的人，甚至重游的意向，在对媒介的情感上，对视频媒介依赖度越高，则对其越易感受到观看和拍摄视频引起的积极情感。

其次，技术使用感知对技术行为意向、媒介使用情感产生正向影响，说明视频媒介的有用性和易用性感知更强的旅游者，在观看或拍摄玉龙雪山视频的过程中，会产生更加积极的情绪体验，同时他们也受到视频媒介的影响从而产生出游的意向、将目的地相关视频进行分享，产生重游的意向。

再次，媒介使用的情感对视频媒介使用者的行为意向形成显著影响，观看视频过程中产生的积极情绪体验会促使观看者产生前往目的地的行为意向，而这样积极的情绪体验也会促使这一部分使用者产生将目的地分享给身边的人，或者是再次前往玉龙雪山景区进行重游的意向。

最后，媒介使用情感对地方感因子的影响较强，其中地方依恋相对而言更易因为旅游视频的媒介使用带来的积极情感体验而得到显著的提升，地方依赖在这个过程中同样受视频媒介使用的积极情绪体验的影响。通过视频使用，旅游者更能得到目的地功能上的满足；积极的媒介使用情绪体验，同样可以帮助旅游者和地方之间产生认同关系，在使用视频媒介的过程中，拍摄、转载等行为会使旅游者产生成就感，从而使旅游者和目的地之间的联系更为紧密。

技术使用感知同样对地方依恋和地方认同造成一定程度的影响，视频使用者感受到媒介技术的有用性和易用性有利于让他们进一步丰富目的地信息，从而产生和地方之间的情感关系和认同联系。但是，技术使用感知对地方依赖的影响并不显著，说明了旅游者对视频媒介信息有用性和易用性的感知并不能支持旅游者在玉龙雪山景区完成基于个人兴趣爱好满足的独特性连接，因为视频媒介中的信息大量反映了大众旅游的模式，反而具有一定的重复性，故而难以通过对视频媒介的技术使用感知产生地方依赖。

九、中介效应检验

对潜变量进行中介效应检验，采用 Amos 24.0 软件中的 Bootstrap 法进行检验，主要检验三部分的中介变量，首先是技术使用感知和媒介使用情感在依赖度和技术行为意向之间是否存在路径关系（见表 5–16）。

表 5–16　技术使用感知和媒介使用情感在依赖度和技术行为中的中介

路径	编号
依赖度 —> 技术使用感知 —> 媒介使用情感 —> 技术行为意向	ind1
依赖度 —> 技术使用感知 —> 技术行为意向	ind2
依赖度 —> 媒介使用情感 —> 技术行为意向	ind3

其次是检验技术使用感知和媒介使用情感是否在依赖度和地方依恋、地方认同、地方依赖中具有中介效应，其假设和编号关系如表 5–17 所示。

表 5–17　技术使用感知和媒介使用情感在地方感因子间的中介

路径	编码
依赖度 —> 技术使用感知 —> 地方依恋	ind4
依赖度 —> 技术使用感知 —> 地方认同	ind5
依赖度 —> 技术使用感知 —> 地方依赖	ind6
依赖度 —> 媒介使用情感 —> 地方依恋	ind7
依赖度 —> 媒介使用情感 —> 地方认同	ind8
依赖度 —> 媒介使用情感 —> 地方依赖	ind9
依赖度 —> 技术使用感知 —> 媒介使用情感 —> 地方依恋	ind10
依赖度 —> 技术使用感知 —> 媒介使用情感 —> 地方认同	ind11
依赖度 —> 技术使用感知 —> 媒介使用情感 —> 地方依赖	ind12

最后是检验在媒介使用情感是否在技术使用感知和地方依恋、地方依赖、地方认同的地方感因子中有中介效应，其假设路径和编号如表 5–18 所示。

表 5–18　媒介使用情感在技术使用感知和地方感因子间的中介

路径	编码
技术使用感知 —> 媒介使用情感 —> 地方依恋	ind13

续表

路径	编码
技术使用感知 ⟶ 媒介使用情感 ⟶ 地方认同	ind14
技术使用感知 ⟶ 媒介使用情感 ⟶ 地方依赖	ind15

进行检验之后得到结果如表 5-19 所示。在 Bias-corrected 的测量方式，95% 的置信区间检验下，如果 Lower 值和 Upper 值之间没有跨越 0，P 值小于 0.05 则说明该路径是显著的，而其中的中介变量具有中介效应。

结果显示，在依赖度和技术行为意向的关系当中，技术使用感知和媒介使用情感有显著的中介效应，而依赖度 ⟶ 媒介使用情感 ⟶ 技术行为意向这路径的效应值是三条路径中效应最高的；在依赖度和地方感因子之间的关系中，依赖度 ⟶ 技术使用感知 ⟶ 地方认同，以及依赖度 ⟶ 技术使用感知 ⟶ 媒介使用情感 ⟶ 地方依赖两条路径的关系显著，说明在依赖度和地方认同之间，技术使用感知具有中介效应，在依赖度和地方依赖之间，技术使用感知和媒介使用感知形成了链式的中介效应。媒介使用情感在技术使用感知和地方感三个因子之间的中介效应并不显著。说明技术使用感知通过直接的方式影响山地旅游者的地方依恋和地方认同，而并不依赖媒介使用情感。

表 5-19　中介效应路径检验结果

路径	SE	效应值	Lower	Upper	P
ind1	0.040	0.080	0.036	0.184	0.004
ind2	0.040	0.050	0.010	0.161	0.016
ind3	0.048	0.117	0.026	0.218	0.008
ind4	0.194	0.061	−0.023	0.641	0.113
ind5	0.192	0.094	0.004	0.704	0.045
ind6	0.223	0.031	−0.073	0.720	0.462
ind7	0.080	0.163	−0.017	0.321	0.081
ind8	0.072	0.142	−0.034	0.279	0.081

续表

路径	SE	效应值	Lower	Upper	P
ind9	0.084	0.171	−0.021	0.336	0.076
ind10	0.166	0.111	−0.035	0.274	0.057
ind11	0.161	0.097	−0.030	0.244	0.052
ind12	0.189	0.117	0.024	0.306	0.047
ind13	0.524	0.326	−0.351	0.672	0.073
ind14	0.524	0.284	−0.581	0.583	0.073
ind15	0.594	0.343	−0.343	0.701	0.068

第二节　旅游视频对旅游者行为意向及地方感影响机制

一、技术行为意向的影响因素

（一）依赖度对技术行为意向的影响

根据模型假设检验结果，依赖度对技术行为意向产生正向影响，其路径系数为0.198。技术行为意向是旅游者在使用视频媒介过程中产生的出游意向，以及在媒介平台上进行旅游经历的分享意向的集合，也就是说，旅游者对于视频媒介的使用越频繁，其心理上的依赖程度越高，越有可能产生出游的行为意向，以及将自己出游过程中的经历进行分享的意向。

（二）技术使用感知对技术行为意向的影响

技术使用感知对技术行为意向的影响路径系数为0.181。前者是旅游者在视频媒介的使用过程中产生的对信息的丰富度、便捷度的感知，而信息的丰富度和获取信息的便捷度则是旅游者对信息有用性和易用性的感知。技术使用感知对技术行为意向产生的正向影响表明在使用视频媒介的过程中，旅游者越是觉得旅游视频媒介中呈现出的信息丰富、获取信息便捷，那么就越有可能产生出游和分享的行为意向。

（三）媒介使用情感对技术行为意向的影响

媒介使用情感对技术行为意向的影响路径系数为 0.660。媒介使用情感描述的是旅游者在使用旅游视频的过程中产生的沉浸的、放松的、成就的情感感知，而这些对于技术媒介的使用所产生的情感感知则会正向影响旅游者的出游和分享意向，并且其较高的路径系数也表明，媒介使用情感对技术行为意向的影响较大。

二、影响技术行为意向的路径

（一）直接影响

依赖度、技术使用感知、媒介使用感情三者都会对技术行为意向产生直接的影响，而在三者中，媒介使用情感对技术行为意向的路径系数最高，表明其带来的影响更大，也就是说旅游者对媒介的使用依赖强度、使用过程中的有用性及易用性感知，以及使用过程中产生的情绪感受都会刺激旅游者产生前往目的地或者将自己的旅游经历进行分享的行为意向。

（二）间接影响

1. 依赖度—技术使用感知—技术行为意向

通过中介效应分析可以发现，依赖度不仅可以对技术行为意向产生直接的影响，还可以通过对技术使用感知产生影响，再对技术行为意向产生影响。也就是说，旅游者在对视频媒介产生依赖度的情况下，通过让旅游者感受到信息的有用性和易用性，可以让旅游者的行为意向得到增强。但相比于直接影响的 0.198 的效应系数，该路径的中介效应值为 0.050，直接效应更强。

2. 依赖度—媒介使用情感—技术行为意向

通过中介效应同样可以看到，依赖度也可以通过影响旅游者在使用旅游视频媒介的过程中产生的情绪感受而影响旅游者的旅游意向，也就是说，其效应值为 0.117，相比于上一条路径，其路径的效应更强，说明通过媒介使用情感，依赖度可以更大程度地影响旅游者的出游及分享的行为意向。

3. 依赖度—技术使用感知—媒介使用情感—技术行为意向

此外，依赖度还可以通过技术使用感知进一步影响媒介使用情感，从而影响旅游者的技术行为意向，形成了链式的中介效应，其效应值为 0.080。实际上感知—情感—行为意向这一链路的成立已经得到证明，但依赖度的介入说明使用者对于视频媒介的习惯性使用和依赖性使用，可以影响到感知—情感—行为意向这一链路的各个层面，可以增强其对视频媒介有用性和易用性的感知，也可以增强使用者在媒介使用过程中的积极情感体验，还可以通过直接或间接的效应对旅游者的行为意向产生影响。

三、地方感因子的影响因素

（一）技术使用感知对地方感因子的影响

技术使用感知对地方感因子中的地方依恋和地方认同都产生了显著的正向影响，其影响的路径系数分别为 0.173 和 0.272。说明其对地方认同产生的正向影响更大，技术使用感知是旅游者在旅游视频的媒介使用过程中产生的对视频内容的有用性和易用性的感知，而这些感知被证明可以影响旅游者在地旅游过程中对当地产生的情感连接以及对目的地的认同。通过视频媒介信息，可以进一步产生对旅游目的地的了解和认识，从而为旅游者在地的人地互动打下基础，帮助其形成更好的连接。

技术使用感知对地方依赖没有形成显著正向影响，地方依赖在旅游情境下，一方面意味着旅游者对目的地的功能性需求的满足，如旅游基础或服务设施的满足和满意，另一方面意味着旅游者在目的地是否能得到兴趣上独特性的体验，而相比于视频媒介，非视频媒介的图文媒介，如知乎、小红书等也能带来更加直观的目的地基础设施服务信息，并且视频内容中存在着大量重复的旅游体验模式，对于以兴趣为主导动机的出游者而言，通过视频媒介的信息提供难以达到独特性的满足，所以技术使用感知没有对地方依赖造成显著影响。

总结来说，旅游视频媒介提供的信息相较而言，在更大程度上对旅游者在地的依恋情感以及认同产生影响。

（二）媒介使用情感对地方感因子的影响

媒介使用情感对地方依恋、地方认同、地方依赖都具有显著的影响，其路径系数分别为0.722、0.637、0.683。旅游者在旅游视频的媒介使用中产生的沉浸、放松、成就等积极情绪感知，会为旅游者和目的地之间的在地互动打下一个良好的情感基础，从而帮助其在人地互动的过程中产生更深的情感依恋、目的地认同以及功能依赖。媒介使用过程中积极的情绪感知同样也能形成正向的传播力量，在旅游者上传自己的旅游经历之后，通过其他旅游者的观看和分享，形成情绪的感染和传递，而这样的合力可以对旅游者在地的人地情感互动过程产生更大的影响力。

四、旅游视频的媒介使用因子对地方感因子的影响路径

（一）直接影响

对地方依恋和地方认同产生直接影响的因子是技术使用感知和媒介使用情感，其中媒介使用情感所产生的影响路径系数更高，说明对于使用者而言，在媒介使用过程中感受到的积极情绪感知可以更加有力地影响其在地的依恋和认同形成，相比之下，对信息内容本身有用性和易用性感知产生的影响更小。而对地方依赖产生直接影响的因子只有媒介使用情感，技术使用感知并没有对地方依赖产生显著的影响。

（二）间接影响

根据中介效应分析的结果，旅游者媒介使用的依赖度一方面可以通过技术使用感知对地方认同产生影响，其效应值为0.094；另一方面依赖度还可以通过技术使用感知及媒介使用情感的链式中介对地方依赖产生影响，其效应值为0.117，说明对于视频媒介的依赖度可以通过技术使用感知以及媒介使用情感等中介因子对地方感因子产生作用。

第六章

基于游客评论数据的山地景区游客满意度及影响因素

第一节　数据收集与数据整理

一、网络在线评论数据收集

本研究借用八爪鱼数据采集器软件采集了大众点评网平台和携程网上关于玉龙雪山景区的游客网络评论大数据，分别在其各自的官方网站搜索界面输入关键词“玉龙雪山”“玉龙雪山景区”，之后在游客网络评论界面采集游客们关于玉龙雪山景区的网络评论数据，将获取的评论数据结果保存为 .xlsx 格式的文件。大众点评网平台获取数据的时间为 2019 年 1 月 1 日至 2023 年 10 月 19 日，携程网获取数据的时间为 2019 年 1 月 15 日至 2023 年 9 月 18 日可见的 300 页游客网络评论数据，最后一次采集游客网络评论数据的时间为 2023 年 10 月 20 日。该评论表中包含页面网址路径、景区名称、用户（游客）ID、用户（游客）ID 网址路径、评星（评分）、评论文本、图片、评论时间等字段，部分游客评论爬取结果截图示例如图 6–1、图 6–2 所示。

二、网络在线评论数据统计及预处理

本研究抓取了大众点评网自 2019 年 1 月 1 日至 2023 年 10 月 19 日的评论内容，最终得到 12526 条游客网络评论数据；由于携程网的限制，携程网自

页面网址	景区名称	用户ID	用户ID	评星	评论文本	图片链接	评论时间
https://www.	玉龙雪山国家风景名胜区	诚实贤明嗒	https://	2.5	没有去冰川公园，		2023-10-19
https://www.	玉龙雪山国家风景名胜区	春风十里柔	https://	0.5	大索道都检修了，		2023-10-17
https://www.	玉龙雪山国家风景名胜区	匿名用户		0.5	不建议去，还没		2023-10-16
https://www.	玉龙雪山国家风景名胜区	木子姐	https://	2.5	去的时候仍然是	https://qcloud.dpf	2023-10-14
https://www.	玉龙雪山国家风景名胜区	WingsofFre	https://	1.5	就他妈的垃圾啊		2023-10-13
https://www.	玉龙雪山国家风景名胜区	Josh	https://	3	云雾缭绕的玉龙	https://qcloud.dpf	2023-10-12
https://www.	玉龙雪山国家风景名胜区	Mr.zhou	https://	0.5	半星都不想给，	https://qcloud.dpf	2023-10-11
https://www.	玉龙雪山国家风景名胜区	风里雨里我	https://	3	交通:国庆去的，	https://qcloud.dpf	2023-10-10
https://www.	玉龙雪山国家风景名胜区	大力水手	https://	1.5	离景区好远就有		2023-10-08
https://www.	玉龙雪山国家风景名胜区	圆滚滚的小	https://	2.5	可能去的时机不	https://qcloud.dpf	2023-10-08
https://www.	玉龙雪山国家风景名胜区	洋洋爹	https://	2	P1是往牦牛坪（	https://qcloud.dpf	2023-10-08
https://www.	玉龙雪山国家风景名胜区	吃饭发呆打	https://	3	*坑1 ：在出租车	https://qcloud.dpf	2023-10-08
https://www.	玉龙雪山国家风景名胜区	小小咖啡	https://	2.5	雪山没有看到雪，	https://qcloud.dpf	2023-10-05
https://www.	玉龙雪山国家风景名胜区	橘子哪里摘	https://	1.5	国庆期间的天气，	https://qcloud.dpf	2023-10-04
https://www.	玉龙雪山国家风景名胜区	蛤蜊卤花菜	https://	0.5	完全抢不到索道		2023-10-03
https://www.	玉龙雪山国家风景名胜区	逛吃逛吃小	https://	3	景色很美，云层，	https://qcloud.dpf	2023-10-03
https://www.	玉龙雪山国家风景名胜区	克里斯汀	https://	3	#暑假云南旅游补	https://qcloud.dpf	2023-10-02
https://www.	玉龙雪山国家风景名胜区	池池	https://	0.5	因为去过新疆的	https://qcloud.dpf	2023-09-30
https://www.	玉龙雪山国家风景名胜区	井之头五郎	https://	3	没看到雪也没看	https://qcloud.dpf	2023-09-30
https://www.	玉龙雪山国家风景名胜区	匿名用户		0.5	买的最贵的套票，		2023-09-22
https://www.	玉龙雪山国家风景名胜区	戈壁黄杨20	https://	2.5	来的时间不对，		2023-09-17
https://www.	玉龙雪山国家风景名胜区	乌龙九级星	https://	3	没有坐到大索道，	https://qcloud.dpf	2023-09-15

图 6–1　大众点评网玉龙雪山景区部分游客评论爬取结果截图示例

游客评论	页面网址	游客ID	评分	图片1	图片2	图片3	图片4	图片5	评论时间
雪山去了环境很棒，	https://dimg	_WeCh****0	5分 超棒	https://	https://	https://	https://	https://	2023-05-10
因为没有抢到玉龙	https://dimg	M22****282	5分 超棒	https://	https://	https://	https://	https://	2023-08-13
即使没雪也必须去，	https://dimg	lyhdad	5分 超棒	https://	https://	https://	https://	https://	2023-08-18
风景真的超好，去了	https://dimg	_WeCh****3	5分 超棒	https://	https://	https://	https://	https://	2023-07-31
玉龙雪山还不错，管	https://dimg	人生就是修	4分 满意	https://	https://	https://	https://	https://	2023-08-23
玉龙雪山最美的风	https://dimg	202****758	5分 超棒	https://	https://	https://	https://	https://	2023-08-13
玉龙雪山是云南最	https://dimg	亲亲股太乐	5分 超棒	https://	https://	https://	https://	https://	2023-08-01
玉龙雪山位于丽江	https://dimg	jut****06	5分 超棒	https://	https://	https://	https://	https://	2023-08-05
大太阳下输在最后一	https://dimg	_WeCh****5	5分 超棒	https://	https://	https://	https://	https://	2023-09-15
玉龙雪山位于丽江	https://dimg	jut****06	5分 超棒	https://	https://	https://	https://	https://	2023-08-19
游玉龙雪山，人们会	https://dimg	奥尔良锅包	5分 超棒	https://	https://	https://	https://	https://	2023-08-26
早7点，由红太阳广	https://dimg	M27****316	5分 超棒	https://	https://	https://	https://	https://	2023-08-20
风景优美，感受高	https://dimg	M10****171	5分 超棒	https://	https://	https://	https://	https://	2023-08-16
夏天的玉龙雪山 雪	https://dimg	吴青芸	5分 超棒	https://	https://	https://	https://	https://	2023-07-22
这是我来丽江的第三	https://dimg	匿名用户	3分 不错	https://	https://	https://	https://	https://	2023-09-10
丽江玉龙雪山的大	https://dimg	M22****282	5分 超棒	https://	https://	https://	https://	https://	2023-08-02
携程买的比官网便	https://dimg	挂挂	5分 超棒	https://	https://	https://	https://	https://	2023-08-30
索道很刺激 又长又	https://dimg	m93****09	5分 超棒	https://	https://	https://	https://	https://	2023-08-22
施导不但帮我们买	https://dimg	M27****316	5分 超棒	https://	https://	https://	https://	https://	2023-08-21
夏天没雪，最上面	https://dimg	M22****481	5分 超棒	https://	https://	https://	https://	https://	2023-08-11
司机师傅挺好的，比	https://dimg	匿名用户	5分 超棒	https://	https://	https://	https://	https://	2023-08-09
司机兼导游李师傅	https://dimg	匿名用户	5分 超棒	https://	https://	https://	https://	https://	2023-08-06
携程给出得票还是	https://dimg	M28****920	5分 超棒	https://	https://	https://	https://	https://	2023-03-27
挺好看，有点冷，有	https://dimg	M38****311	5分 超棒	https://	https://	https://	https://	https://	2023-08-04
行程安排妥当，玉	https://dimg	喻峥立	5分 超棒	https://	https://	https://	https://	https://	2023-08-13
玉龙雪山风景很美，	https://dimg	匿名用户	5分 超棒	https://	https://	https://	https://	https://	2023-08-14

图 6–2　携程网玉龙雪山景区部分游客评论爬取结果截图示例

2019 年 1 月 15 日至 2023 年 9 月 18 日可见的 300 页评论内容，最终得到 2686 条游客网络评论数据，两个平台共计获取的游客评论数据为 15212 条。由于游客网络评论文本数据是由游客自己游完以后根据自己实际的游览体验情况对某个景区给出的客观真实的意见、评价和感知，评论文本数据具有一定的真实性和可靠性。

（一）文本清理（预处理）

由于游客网络评论文本不是标准化的文本，为了保证游客网络评论数据文本的研究价值，需要对获取的游客网络评论数据进行清理（预处理）、整理。首先，剔除那些明显为了凑字数的游客网络评论、剔除那些有明显复制和广告推销的游客网络评论；其次，剔除那些只有照片、只有表情包或有不规则字符的游客网络评论；最后，剔除那些大片纯复制网络上关于玉龙雪山景区介绍的各种评论和相同的评论，之后对评论文本的错别字、误用字进行逐一的修正，如“XC”改为“携程”；“想对”改为“相对”；“人好多”改为“人很多”；“排队好久”改为“排队好长时间”；“做索道”改为“坐索道”；“5a”改为“5A”；“月亮谷”改为“蓝月谷”；“月亮湖”改为“蓝月谷”；“云沙坪”改为“云杉坪”；“云山坪”改为“云杉坪”；“不同德景色”改为“不同的景色”；“大包车”改为“大巴车”；“建设在景区租衣服”改为“建议在景区租衣服”；“映像丽江”改为“印象·丽江”；“4680 米开房”改为“4680 米开放”；“盆友”改为“朋友”；“非常帮”改为“非常棒”；“全屏运气”改为“全凭运气”；“代号氧气”改为“带好氧气”；“含洋气”改为“含氧气”；“兼职”改为“简直”；“停车场炒鸡无敌大”改为“停车场超级无敌大”；“墙裂”改为“强烈”；“雾萌萌”改为“雾蒙蒙”；“出了人多”改为“除了人多”；“成行”改为“出行”；“到盯”改为“到顶”；等等。整理后，最终获得 14580 条有效游客网络在线评论数据，其中大众点评为 12062 条有效游客网络在线评论数据，携程旅游网为 2518 条有效游客网络在线评论数据，共计 200 余万字，将文本另存为 .xlsx 和 .txt 格式。

（二）数据统计

通过前面对游客们关于玉龙雪山景区网络评论文本的清洗（预处理）、整理和统计，可以清楚地了解到游客对玉龙雪山景区在大众点评上的“好评”评论结果有11430条，占比为94.76%；“中评”评论结果有296条，占比为2.45%；“差评”评论结果有336条，占比为2.79%，详见表6–1。在携程网的“好评”评论数量有2329条，占比为92.5%，“中评”评论数量为128条，占比为5.1%，“差评”评论数量有61条，占比为2.4%，详见表6–2，综合统计结果详见表6–3（在众多旅游网站上可以发现网站对景区的评价打分一般是五分制的打分规则，经查阅相关文献可以了解到，文献对于游客打分大于3分的认为是游客给出了“好评”，打分等于3分的认为是游客给出了“中评”，打分小于3分的认为是游客给出了“差评”；而对于没有实行打分评价的在线旅游平台，会以“好评”“中评”和“差评”的形式直接展现出来）（赵金雨，2022）。

表6–1　玉龙雪山景区大众点评网络文本游客评论统计

大从点评统计结果			
评分	评论（条）	小记（条）	占比（%）
0.5	88	336	2.79
1.0	125		
1.5	20		
2.0	57		
2.5	46		
3.0	296	296	2.45
3.5	114	11430	94.76
4.0	2016		
4.5	568		
5.0	8732		

表 6–2　玉龙雪山景区携程旅游网网络文本游客评论统计

携程旅游网统计结果			
评分	评论（条）	小记（条）	占比（%）
1.0	37	61	2.4
2.0	24		
3.0	128	128	5.1
4.0	406	2329	92.5
5.0	1923		

表 6–3　玉龙雪山景区网络文本游客评论综合统计

综合统计结果		
评分	评论（条）	占比（%）
小于 3 分	397	2.7
等于 3 分	397	2.7
大于 3 分	13759	94.6

由表 6–3 的综合统计结果可知，好评的游客占绝大多数（大于 94%），表明玉龙雪山景区在游客心目中整体呈现正面、积极良好的旅游形象；有不到 3% 的游客给予差评，表现了不满意的情感，说明目前玉龙雪山景区还是存在不完善的地方；还有少于 3% 的游客表现出了中立的态度，他们给出了中评的评价，他们对玉龙雪山景区的现状既不感到失望，也不感到超出了出行前的预期。综上可知，尽管游客对玉龙雪山景区给予的差评只有 2.7%，但这部分差评的问题应该受到景区管理者的高度关注，并对游客给予差评的问题进行及时了解、解决和改进，从而促进玉龙雪山景区旅游产业长期健康可持续发展。因此，基于游客网络评论文本识别玉龙雪山景区存在的让游客表现出不满的“短板”问题，不仅有利于改善景区的实际工作，而且可以促进景区的可持续发展。

第二节　游客评论文本内容分析

一、游客评论文本高频词分析

基于采集的游客评论文本资料有200余万字，所以本研究选取了排在前80位的高频词汇，词频越高，就代表受游客关注的程度越高，也具有更高的代表性。从表6-4的高频词表中可以发现，“玉龙雪山”位列第一，紧随其后的有“索道”“蓝月谷”“风景”等词汇，说明在众多的景观中游客们对“索道”“蓝月谷”“风景”的感知度较高；其次游客也关注景区“门票”和“交通”。尽管“索道”“蓝月谷”等景观受到旅游者的关注，但“云杉坪”“印象·丽江”等景观也吸引了不少的旅游者前往，还有与玉龙雪山冰川公园特色景观有关的“山上”“山顶”等也备受旅游者的喜欢。前往景区的交通形式则表现为多样化，有自驾的，也有乘坐旅游专线公交车的、打车的，以及乘坐旅游团大巴车前往的，但由于景区属于山地景区，其景区内部道路弯道多，所以游客“排队”乘坐景区接驳车的场景也时有发生。还有体现旅游服务的“索道”“导游”等词出现在高频词表中，说明了旅游者在进入景区前的一系列“取票”或者“购票”操作情况，这些高频词的出现与游客们越来越注重服务质量的研究结果是相一致的（黄蕾丹，2010）。综上，前往玉龙雪山景区的游客们关注更多的是玉龙雪山景区的自然景观、景区的服务与管理等方面的内容。

表6-4　玉龙雪山景区游客网络评论文本高频词表

序号	词汇	词频	序号	词汇	词频	序号	词汇	词频	序号	词汇	词频
1	玉龙雪山	11374	21	体验	1567	41	特色	749	61	严重	442
2	索道	9795	22	导游	1497	42	游玩	721	62	旅行	437
3	蓝月谷	5417	23	门票	1417	43	一路	708	63	酒店	421
4	公园	4520	24	交通	1217	44	记得	705	64	开心	410

续表

序号	词汇	词频	序号	词汇	词频	序号	词汇	词频	序号	词汇	词频
5	丽江	4396	25	分钟	1213	45	美丽	702	65	月份	394
6	景区	3392	26	准备	1205	46	爬山	673	66	客栈	393
7	风景	2702	27	下山	1156	47	完全	665	67	游览	391
8	地方	2702	28	游客	1121	48	丽江古城	643	68	呼吸	390
9	建议	2509	29	值得	1082	49	印象丽江	641	69	问题	388
10	山上	2448	30	身体	1018	50	当地	637	70	实在	379
11	天气	2442	31	漂亮	999	51	美景	626	71	适合	379
12	山顶	2322	32	打卡	965	52	必须	601	72	夏天	366
13	上山	2317	33	朋友	950	53	行程	582	73	自然	361
14	时间	2214	34	方便	915	54	平台	569	74	服务	351
15	云杉坪	1980	35	古城	891	55	自由	556	75	坐车	349
16	排队	1844	36	选择	865	56	舒服	514	76	抢票	348
17	拍照	1793	37	最好	862	57	阳光	514	77	便宜	343
18	景色	1759	38	大概	806	58	空气	491	78	老板	335
19	景点	1758	39	感受	783	59	一片	475	79	晚上	334
20	旅游	1593	40	下雨	755	60	季节	461	80	表演	313

二、游客评论文本社会语义网络分析

高频词只是表示某一特定的事物，而游客网络评论文本则是以一句话或一段话的形式展示，要想挖掘更多有价值的信息，就需要通过使用社会语义网络图挖掘各高频词之间的关系，进而深入了解旅游者的旅游体验和游玩感知。所以通过使用情感分析（ROST CM6）软件的语义分析功能，把经过分词处理的游客网络评论文本数据进一步处理形成共现矩阵，而后导入 NetDraw 就可以形成初步的社会网络语义图。分析检查各节点高频词之间的关系并删除相关关系不显著的节点高频词，其中，高频词之间线条的密集程度代表高频词之间的相关关系，线条越密集，代表高频词之间的关系越强；相反，高频词之间的线条越稀疏，则代表其关系越不强。最后计算节点的中心度（节点重要性的度量指标），节点的中心度越大，节点就会越大；反之节点就会越小（吴思竹等，2010）。

首先，观察社会网络语义图（图 6–3）不难发现，“玉龙雪山”是其核心所在，其他核心有“索道”“氧气”“冰川”“蓝月谷”等高频词，边缘词有“登顶”“羽绒服”“门票”“风景”等高频词。通过词汇之间的相关关系可以发现，“雪山”与“氧气”“索道”等词汇之间的关系密切，说明雪山备受旅游者的关注，但因雪山位置特殊，大量的登山台阶着实考验旅游者的体力。其次，由于玉龙雪山景区规模较大，景区内各景点之间相距不近，“缆车”和“大巴车”将景区内的各景点串联起来也方便了旅游者在各景点之间的游览。再次，“门票”出现在高频词表的原因也是显而易见的：因为旅游者想要进入“玉龙雪山”景区就需要购买 100 元的“门票”，而很多旅游者在游览完“冰川公园”前往“蓝月谷”的时候因为景点之间有很长一段距离，所以导游建议体力不支的旅游者乘坐景区“电瓶车”，然而因旅游者被告知乘坐景区“电瓶车”需要额外花钱购买车票，这就让旅游者感到有点“坑人”。因此，就有很多旅游者在发表评论时表示了他们的无奈和对景区“电瓶车”另行收费情况的不合理性。最后，在语义图的边缘的词汇中，“遗憾”“拍照”“积雪”等展现了游客前往“玉龙雪山”景区游玩过程中看到了“积雪”，拍到了好看的“照片”，又或是天气原因，没有拍到好看的“照片”而感到“遗憾”的心情，旅游者前往“玉龙雪山”观赏“雪山”和“风景”的同时，也在感受登上雪山的高原“反应”，同时旅游者的感知重点更多的是放在了景区景观、服务以及游览体验等方面。

综合上述分析可知，游客们对玉龙雪山景区的旅游体验高频词以“核心—次核心—边缘”结构呈现，且游客关注更多的则是玉龙雪山景区的自然景观、基础设施、旅游服务以及游览体验感知等。

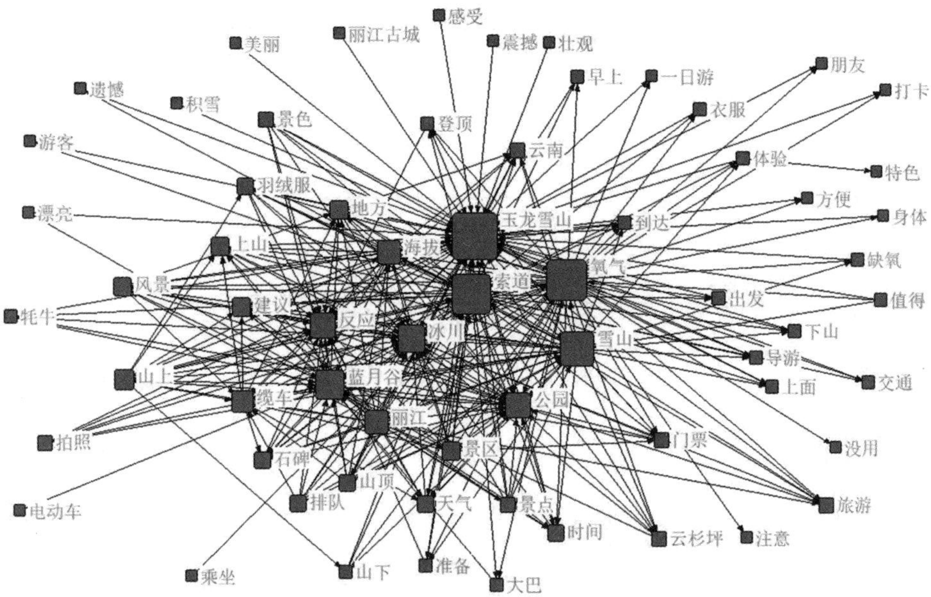

图 6–3 玉龙雪山景区游客网络评论文本社会网络语义图

三、游客评论文本整体语义情感分析

基于情感分析（ROST CM6）软件具有对文本内容可以赋值的语义情感词，所以通过应用该软件对获取的游客网络评论文本进行赋值，进而得到游客们对玉龙雪山景区评价的情感。其中，游客们的积极情感会被软件赋值的数字大于5，游客们的中性情感会被软件赋值数字 5，而游客们的消极情感会被软件赋值的数字小于 5。游客们对景区的情感正比于被软件赋值数字的绝对值，比如被赋值的绝对值越大，就表示游客的情感倾向越强烈，并且以数字 25 和数字 15 为临界点将情感强度分为高度、中度和一般三种情况。情感是游客们对旅游目的地旅游景观及服务等是否满意的直接表达，用情感分析软件对游客的网络评论文本进行情感分析，不仅能够反映出游客们在观赏、游览过程中的情绪变化，也能发现游客们在旅游体验结束之后对旅游目的地所表现出来的情感状态（赵春艳等，2019）。因此，采用情感分析软件对游客评论文本进行分析，能够更加清楚地反映游客们对玉龙雪山景区的满意度情况。基于大众点评网的玉龙雪山景区网络文本情感分析结果如表 6–5 所示。

表 6–5 玉龙雪山网络文本情感分析

<table>
<tr><th colspan="2" rowspan="2">情感类型及程度</th><th colspan="3">统计结果</th></tr>
<tr><th>数量（条）</th><th>小记（条）</th><th>占比（%）</th></tr>
<tr><td rowspan="3">积极情感</td><td>一般:（5，15］</td><td>2280</td><td rowspan="3">8059</td><td rowspan="3">66.81</td></tr>
<tr><td>中度:（15，25］</td><td>1855</td></tr>
<tr><td>高度:（25，+ ∞ ）</td><td>3924</td></tr>
<tr><td rowspan="3">消极情感</td><td>一般:［–15，5）</td><td>1010</td><td rowspan="3">3931</td><td rowspan="3">32.59</td></tr>
<tr><td>中度:［–25，–15）</td><td>1692</td></tr>
<tr><td>高度:（– ∞，–25）</td><td>1229</td></tr>
<tr><td>中性情感</td><td>中性情绪［5，5］</td><td>72</td><td>72</td><td>0.60</td></tr>
</table>

通过使用情感分析（ROSTEA）软件，得到表 6–5 的统计结果，可以看出大多数游客（66.81%）对玉龙雪山景区表现出了积极的情感倾向，即游客们满意。基于对游客评论文本的情感分析情况可以看出玉龙雪山景区在游客心中整体形象是呈正面的、积极的良好形象。只有 0.60% 的旅游者在评论玉龙雪山景区时表现出了中性情感，说明当下玉龙雪山景区的状况在他们心目中是趋于常态化的，并未感到失望或是感到新奇有趣。还有 32.59% 的游客在对玉龙雪山景区的评价中表现出了消极的情感倾向，即游客们不满意，说明目前玉龙雪山景区虽然很受广大游客的青睐和欢迎，但还是存在不完善的地方，应该受到景区管理者的高度重视。

四、游客评论文本消极情感分析

结合表 6–5 的情感分析结果可以发现，与游客的积极情感相比，虽然游客们的消极情感占比只有 32.59%，但消极情感所展现的是游客们对景区的不满意情况，也是玉龙雪山旅游发展存在的问题，这也为玉龙雪山的旅游发展提供了思路和方向，需要景区管理者高度关注这些消极情感（游客不满的事项）。比如有游客在消极情感的评论中提到的"观看《印象 · 丽江》的时候，观众席是露天设置的，没有遮阳设施，在下面观看，很容易晒伤""景区的雪厨餐厅提供的自助餐不好吃""雪厨餐厅的食物贵""遇到不好的天气，登顶那段会被封锁，不能继续登顶，上面视野不好”之类的问题展现出了游客们对景区的不满意情况，这些问题都会影响游客的旅游体验，降低游客游玩的满意度。所以，识别玉龙雪山景区存在的让游客表现出消极情绪（不满意）的问题，不仅有利于玉龙雪山景区改善实际工作，还能为玉龙雪山的发展提供新的思路和方向，进而促进玉龙雪山旅游的可持续发展。

第三节 基于扎根理论的游客满意度影响因素

一、开放式编码

开放式编码是扎根理论研究方法中将样本原始数据资料分析比较、概念化及概念范畴化的过程，即一个将原始样本基础资料打散并给予概念化后，再将其以一种新的方式重新组合起来的过程（邹永广等，2014）。在开放式编码过程中，要求研究人员尽量保持开放的态度，以资料的原始含义对其进行编码和命名。因此笔者始终以“影响玉龙雪山游客满意度的因素”作为研究的“故事线”，在不掺杂任何个人倾向和研究假设的情况下反复阅读游客对玉龙雪山景区的网络评论文本。然后对游客原始评论文本进行逐字逐句地编码、标签化，进而从原始资料中识别出初始概念。对表述模糊和比较简单的原始评论文本语句进行排除，最终得到了 1190 条原始语句及初始概念。同时考虑到初始概念的数量较多且相互之间存在重复与交叉，因此在反复阅读原始概念基础上，按照系统相关性的原则将同类属的概念进行范畴化归类并给予命名，最终提炼出了 63 个初始概念［厕所卫生不好，缆车卫生不好，饮食卫生不好，羽绒服卫生不好，各景点之间距离远，景点一般，景区雨雾多，没有娱乐，景点单一，没有提前告知特殊情况，观光车不按时刻点到站，观光车换乘折腾人，观光车运力不足，自驾车限制多，堵车，排队时间长，现场秩序混乱，乱收费，停车场管理混乱，改善管理，管理混乱，现场补票手续多，私家车多、拉客现象严重，司机推销，导游推销，强制消费，隐性消费，散客买票难，物价不统一，黄牛、票贩子倒卖高价门票，商贩众多，商贩高价售卖，售卖假货，宰客，乱收费，标识不清，缺少游客休息区，没有步行道，蓝月谷没有护栏，设备陈旧，演出场地露天，医务室没有医务人员，停车场没有卫生间，大巴车没有窗帘，道路不好，饮食难吃、量少、味道一般，距离远，司机服务差，导游服务差，工作人员服务差，客服服务差，收费项目多，观光车（票价）不合理，景区花费贵，票面信息不清，物价贵，网上订票价格不一，景点门票捆绑销售，跟团游玩时间受限，感觉不值，累，跟团套路多，商业化严重］和10个初始范畴（环境卫生、景点项目、交通管理、现场管理、市场秩序管理、配套设施、餐饮服务、服务质量、服务费用、旅游感受），如表6–6所示。

表6–6　开放式编码部分示例

<table>
<tr><th>原始文本（标签词）</th><th>概念化</th><th>范畴化</th></tr>
<tr><td>一张票100元都舍不得派人打扫厕所卫生，脏得不行，卫生间没办法上，太脏了，各种纸堆成山！</td><td rowspan="2">厕所卫生不好（6）</td><td rowspan="9">环境卫生</td></tr>
<tr><td>厕所又少又脏，服务台的工作人员也只在玩，人多得要死，其实到山顶的风景还不如半山腰或者山脚下，门票太贵了，不值得。</td></tr>
<tr><td>只能说太一般了，停完车没有工作人员指路……本来非常期待，但坐缆车上去到云杉坪却让我非常失望，根本没有景色，坐缆车下来的时候玻璃很脏拍不了照。</td><td>缆车卫生不好（1）</td></tr>
<tr><td>自然景色很好，但里面的当地人的牦牛火锅不要去吃，卫生状况堪忧。</td><td rowspan="2">饮食卫生不好（4）</td></tr>
<tr><td>终于来到了玉龙雪山景区，最可怕的是中午的午餐，把我们带到了一个大棚里，吃什么不重要，关键是拥挤不堪，脏得要命。</td></tr>
<tr><td>要吐槽一下那个厚棉袄，脏兮兮的，到蓝月谷直接脱了。</td><td rowspan="2">羽绒服卫生不好（8）</td></tr>
<tr><td>那边的羽绒服根本不带洗的，又薄又脏。</td></tr>
<tr><td>家里有老人，从蓝月谷到云杉坪居然没有任何交通方式，还有一段路是走在机动车道上的，十分不人性，来往的电瓶车也没有，在大马路上苦苦走路的我们一路自己爬上去，全长两公里，景点之间的衔接十分不友好，工作人员也十分冷漠，十分不推荐！</td><td>各景点之间距离远（1）</td><td>景点项目</td></tr>
</table>

续表

原始文本（标签词）	概念化	范畴化
《印象·丽江》的演出感觉一般般吧，我们是套票，所以不看白不看。	景点一般（22）	景点项目
过年来的，旅游体验极差，上山坐索道……因为只有山顶有雪，或者是冻成了冰川，硬邦邦，感觉一般，看完就结束了，景点很一般。		
遗憾的是天气不好，下雨，山上雾蒙蒙的什么都看不清。	景区雨雾多（10）	
不是每个爬上玉龙雪山的人都可以看到漂亮的雪景，我们11月去的，去的当天雨天，山上大雾，爬到山顶后，爬了个寂寞，雾蒙蒙的，什么都看不清。		
环境风景都很不错，没有什么娱乐设施，到这儿玩主要就是拍照，一定要装备自拍杆哦。	没有娱乐（1）	
景区可以看的景点非常少，一点儿都不丰富。	景点单一（1）	
上山先交100元/人，到了才说最高的冰川公园检修了不让上！一路上那么多人急着让买票，愣是没有一个人说大索道关闭了！	没有提前告知特殊情况（22）	
景区内的绿色大巴不定期定点发，从牦牛坪索道下来，等了一个多小时，后面的行程全部耽误，不值得。	观光车不按时刻点到站（1）	交通管理
景区路线设置有问题，从云杉坪回来去蓝月谷，再去牦牛坪非得回游客中心再出发，纯纯绕路20分钟。	观光车换乘折腾人（9）	
看完云杉坪，不过下午3点10分，下山人开始扎堆，等索道50分钟，再转车到蓝月谷，再排队30分钟，坐车到游客中心，一共花了100分钟，人非常疲惫！		
景区自身大巴车运力也严重不足，排队均要40分钟以上……景区总体管理混乱，运力不足，游览路线路牌指示模糊，体验极差。	观光车运力不足（15）	
停车场负责人服务态度极差，有车位也不让停，说是只让拍婚纱的停，但是并没有标识，和他理论，他说这不是他规定的，以一副很强烈的口吻和你对话。呵呵，还没开始玩就心情极差，退一万步，就算不让停，难道不能好好说？	自驾车限制多（6）	

续表

原始文本（标签词）	概念化	范畴化
交通：进景区的路上堵了大半个小时，到门口才发现原来是堵着车在买票，非常差劲的做法。	堵车（5）	交通管理
开了这么多年的景区，门口还是一条烂路，还有奇葩的只能现场交的莫名其妙的恶意造成堵车几个小时的所谓进山费。		
人多排队严重，虽然看到了美景但是整个过程很累，排队半小时游玩 10 分钟。	排队时间长（94）	现场管理
国庆去的，感觉交通还是很不方便，主要是排队时间太长了。如果人数太多，可以限流嘛。		
进景区需要坐摆渡车，我就纳闷了，你明知道大家奔着看日照金山去的，就不能引导一下？全卡在那里排队等，卡点看的，基本全错过，好不容易到了缆车那里，照样是排队。整体总结，就是排队排队排队，人挨人。	现场秩序混乱（29）	
注意：买票进去了不要搭理停车场的人，瞎收费，有免费大巴送去景点的。	乱收费（5）	
体验非常差，乱收费现象极其严重，说好包在套票里的项目，上山后全都要钱，不给钱都不行，极其差，非常差，十分恶心，不会再来了。		
半星都不想给，纯纯的大坑……天没亮，就要进场了，停车都是个问题，私家车来了找不到位置，全被旅游大巴和小巴占了，现场毫无秩序，太混乱了。	停车管理混乱（10）	
停车费劲，管理有些乱，早上 9 点去的，3 号停车场还没有满，拦住不让停车往里面赶。		
希望景区能够加强管理，不要只为了利益而忽视体验。	改善管理（5）	
关于雪山，对于北方人，其实不上也没什么，反倒是登山途中的风景更好，个人也不喜欢在玉龙雪山那四个大字的石头下拍照，景区里面的管理有待提高，比如各个换乘点等。		
有一说一，比长白山有意思，但是管理乱糟糟的，体验感一般。	管理混乱（28）	

续表

原始文本（标签词）	概念化	范畴化
垃圾得不能再垃圾的一个景点，我要去蓝月谷，在起始站坐景区大巴车，压根儿就没有车，等了半小时没有一辆车，全让大家站那边等，还有好多老人，硬让大家站，起始站是有座位的，让大家不要坐，全部站在那儿排队，管理超级垃圾，景区收了那么多钱，配套却没跟上。	管理混乱（28）	现场管理
整个管理系统简直差劲得不行，一点都不人性化，我爸都过闸机了，带着我弟去补了个票，就说我爸的票退了，工作人员遇到这种情况一问三不知，实在是无语至极。	现场补票手续多（2）	
真是垃圾景点，到处都是坑……吃饭的黑山村下山排队排半天，一堆的私家车等着收钱拉人，管理极其不规范，这么大的景区管理乱七八糟。	私家车多、拉客现象严重（7）	市场秩序管理
在出租车上面司机推荐了黄精人参饮，说是高原可乐，说得仿佛很有道理于是就去买了，回来后发现，这玩意儿根本就是智商税，两瓶价格 140 元，根本没有用。	司机推销（19）	
陪表姐跟团去的（个人真的很不建议跟团游，就没有不推销的团，不买东西导游嘴上说没关系，背地里会阴阳怪气的），要不是因为跟表姐一起我真的会忍不住离团……	导游推销（93）	
不要按照导游推荐的，太贵啦，也不要买套餐，有点肝疼，大家懂得，下山的小车非常刺激。		
我对景区没有意见，我对云南旅游大环境意见大了！来云南跟团游，最后悔的一件事，遇到了强制游客消费的恶心导游，要求购买翡翠、银饰、黄龙玉……真是信了邪，到景区没有上山。	强制消费（23）	
太多的隐性消费，很不喜欢。在其他地方买氧气罐 25 元可以买一罐，在他那里要 60 元才能买。	隐性消费（22）	
听说个人游的话是根本抢不到冰川大索道的票的，因为都被旅行社给抢走了，只能通过第三方旅行社拿到票。	散客买票难（55）	
景区也有点小坑，很多人都抢不到票，旅游团却有票。		

续表

原始文本（标签词）	概念化	范畴化
自由行的游客，氧气瓶一定在古城里买，10 元一瓶，景区内 60 元一瓶，但报团的游客听说好像要强制买氧气瓶和什么口服液。	物价不统一（25）	市场秩序管理
抢票竟然要找黄牛翻 4 倍，太不合理了！	黄牛、票贩子倒卖高价门票（21）	
在四川看多了雪山海子草原感觉玉龙雪山挺一般的，门票价格也离谱（主要是票都在黄牛手里你得加价或者买套餐）。		
山上一直广播路滑不让穿塑料的鞋套，而山下门口到处是卖鞋套雨衣雨伞的，没人管，无语到极点……	商贩众多（11）	
管理太差劲，景区到处都是小贩拦路尾随卖东西。		
说一下门外小商贩，千万别在她们手里买东西，这天下雨，一下大巴车，就围上来几个女商贩兜售雨衣，说只要 10 元，里面要卖 20 元，我看她身上穿的质量挺好的，问她：你身上的就是 10 元的，品质一样的吗？她说是的，我跟同事一起，就买两件，转了 20 元，只给我们一件，说这质量要 20 元，10 元一件的是另一种，随手给我那种非常薄的（穿得不当心就撕坏的），算了，人生地不熟的地方不要跟当地人搞事情，吃亏的是自己，就当买个教训，进去在景区里，雨衣也就是 20 元，质量好的那种。	商贩高价售卖（2）	
能不能管一管用鸭肉制品仿羊肉串冒充牦牛肉串卖的……我都看到了，一箱箱往里运，工作人员看我拍照还矢口否认，真恶心。	售卖假货（5）	
“五一”价格直接涨了 100 元，但其实官方的票都没涨，给的东西也没有变多，纯纯地宰客。	宰客（11）	
值得一去，就是有乱收费的潜规则，好像是当地默许的，反正也是一锤子买卖。	乱收费（1）	
上山当天，跟着导航走一直到目的地一路都没有任何指示牌，付了 100 元进山费后继续往里开，看见停车场以为到了，停好车下来走了一段路才知道原来大索道检票口还有 300 多米，于是折返取车继续往里开。终于开到检票大厅，老公先把我放下去停车，结果附近的几个停车场根本没位，还是把车停回几百米外，其实三个索道的检票口都在不同的地方，但依然看不到任何说明指示。	标识不清（41）	配套设施

续表

原始文本（标签词）	概念化	范畴化
景色还好吧，卫生间的条件需要改善，服务区供游客休息的地方几乎没有，很多服务设施上的细节需要改善。	缺少游客休息区（1）	配套设施
但是交通一般，既然进了景区没有步行路线，我觉得还不如一次买个通票，感觉随时都在买票，景区大门单独买，上山又买，下山又买，出景区还在买，很麻烦……	没有步行道（3）	
景区规划非常离谱，每个景点之间只能乘坐交通工具，比如大巴、缆车，没有人行道和步行的选择。		
雪山很好看，风景很好，大早起来也看到了日出金山的美景，但是返程体验极差，蓝月谷周围连个路牌也没有，也没有工作人员指引，完全无方向乱走，甚至好不容易看到个路牌指到的大巴点也是错的，完全不用心，路上有冰，旁边也没有护栏，很危险，心情都不好了。	蓝月谷没有护栏（1）	
来得不是时候，山上没雪，雾气大看不到山顶，夏天来山上温度不低，排队上车太长，设备比较陈旧。	设备陈旧（2）	
《印象·丽江》演出下雨也照常进行，如果天气不好，可以提前穿好雨衣（入口处有提供），免得演出中途被淋成落汤鸡。	演出场地露天（10）	
重点：云南这一块（特别是山里）天气无常，上午阴雨下午大晴是常有的事；几个景点里蓝月谷那一条线路绝美，玉龙雪山夏季某些时候可能会没雪，《印象·丽江》表演是露天的毫无遮挡……跟团只能买通票，《印象·丽江》这个节目很贵，但是是全露天的超级晒，我们坐了 20 分钟受不了走人了，两位朋友还是被晒伤了。		
一旦有人发生高反严重的情况，根本做不到及时坐缆车下山，周边没有紧急救护的人员，我只看到了一间空无人员的抢救室，途中真的有位阿姨晕倒，也只是在缆车排队厅内的一个按摩椅上吸一些氧。	医务室没有医务人员（3）	
停车场到最近的厕所走路要 4 公里。	停车场没有卫生间（1）	
紫外线很强，观光大巴居然窗帘也不配！高票价一定要有对得起价格的服务，不然以后还有谁来，口碑会越来越差。	大巴车没有窗帘（1）	

续表

原始文本（标签词）	概念化	范畴化
玉龙雪山算是丽江主要的旅游资源了，但是从市里去雪山的路也很烂，甚至有一段还是泥土路。	道路不好（1）	配套设施
山上中午的自助餐很一般，不要有期待。	饮食难吃、量少、味道一般（82）	餐饮服务
说的是包中午一餐，但是全是素菜，八个人一桌就六个菜，根本吃不饱。		
他们安排的火锅午餐，吃饭地点就在旅客服务中心附近的雪莹餐厅……一看那个只有一些蔬菜和鸡骨头的锅底以为只是汤底，旁边还放了一盘蔬菜腐皮米粉，叫服务员上菜，她的回答是你们的菜上完了……整顿午餐淡而无味，当你吃完第一盘蔬菜腐皮米粉，服务员还是再给你来一盘一样的，让我们这些第一次到云南丽江的，充分体现了什么叫云南特色菜，真是印象难忘到家了。		
建议还是自行提前在微信公众号订票，在大众点评上买的这个套餐，其实根本来不及去吃午饭，缆车排队人很多，玩得太匆忙，套餐只能中午去，还不能改成下午或晚上的时间，吃饭的餐馆距离景点特别远，需另外找班车，不在常规车站，所以去吃饭很浪费时间，不符合游玩实际。	距离远（1）	
小索道游览下来之后，可以坐景区大巴去蓝月谷……但是司机很不耐烦，问哪站下，也爱搭不理的，后面有个女孩又跟着我问了一遍，司机直接不理。	司机服务差（18）	服务质量
大巴车工作人员态度恶劣，大吼大叫的，言语恶劣。		
第一次跟团感觉挺不好的，导游一点也不耐烦……在其他地方买氧气 25 元可以买一瓶，在他那里要 60 元才能买一瓶，而且态度是极其不好。	导游服务差（36）	
景区服务态度一般，爱搭不理那种……服务配套跟不上，印象极差，没时间不要去，脾气不是很好的人不要去。	工作人员服务差（56）	
没见过那么夸张的景区……工作人员一个比一个态度恶劣，电话打不通，非要投诉工作人员才给回了个电话，轻飘飘一句那没办法咯……进山费服装费全白花了，大半天时间也没了，丽江全国名气那么大，也经营那么多年，还这个样子，不可思议。		

续表

原始文本（标签词）	概念化	范畴化
打了12315投诉，当时接电话的小姐姐竟然踢皮球让我打市场监督管理局，我说让他们转接，他们说会等很久，结果一个月了，没一个人回复我，丽江我真的不再去！	客服服务差（11）	服务质量
不建议去，还没到门口就要你开始买票了，到了门口门票100元一人，这仅仅是门票，要上山还要另外购买索道票，不然就自己爬，体验感极差！	收费项目多（28）	服务费用
环蓝月谷的电瓶车可以不用买，50元一人，环湖没多远，慢慢溜达着拍拍照就能走到了。	观光车（票价）不合理（20）	
蓝月谷就是5个水比较蓝的湖，其实风景没有多大区别，景区的电瓶车60元一个人完全没必要，把人拉了很远，看似坐了很久，其实一直都在绕弯弯，自己走很近的。		
费用全程下来大索道+小索道+景区门票+摆渡车+电瓶车之类的一个人得500元左右，还要买氧气瓶、吃的和喝的，花费挺贵的。	景区花费贵（45）	
下雨天，看不到雪，好失望，看来下次还得再来，这里费钱。		
100元的门票什么都做不了也看不了，隐性消费太严重了，还不如直接300元包括所有费用，100元门票啥都做不了，去任何地方都需要坐车，真的是来了再也不想来了的城市。	票面信息不清（5）	
山顶也有卖氧气的，都是统一价60元一瓶，真不知道和一般小卖店卖的15元一瓶的有什么区别。	物价贵（111）	
上面食物贵得很，鸡排、汉堡等都是几十元一个。		
丽江旅游的水越来越深了，比如玉龙雪山一日游，现在几乎都包给了旅行社和酒店客栈，同一个团，有的580元，有的200元，太乱了！	网上订票价格不一（3）	
票要提前约，我们只买到蓝月谷的，外面的门票有黄牛卖到280元一张，景区管理挺那个的，标示牌太少，而且买票就一定要买表演的，就不能拆开吗？	景点门票捆绑销售（18）	
如果不买景区的套餐，订票就会异常困难，提前三天预订，主景点玉龙雪山的游览票也不一定能定足数，除非订套票，那样会好很多，钱多出一些倒也算了，但我真的不想穿统一服装，去吵得要死的统一饭店吃饭。		

续表

原始文本（标签词）	概念化	范畴化
很遗憾，由于跟团旅游时间的原因，没办法爬到顶，期待下次有机会再来。	跟团游玩时间受限（53）	旅游感受
导游给的时间根本不够，我们马不停蹄地爬，超级累……但是这些时间根本不可能半小时来回。		
来的时间不对，没有雪，上山就是为了4506米那张照片，看了《印象·丽江》，这个坑有点大，不值这个价。	感觉不值（20）	
门票100元+大索道140元，三宝就是衣服、氧气、水，票370元，很不值。		
玉龙雪山和蓝月谷真的超级漂亮，就是爬山确实也挺累的。	累（4）	
太败好感了，被网上说票紧张，抢不到票，结果报了一日游团，一环接一环的套路，千万不要报当地一日团，民宿老板的也别听，完全可以自己抢票。	跟团套路多（18）	
小旅行团，大早上把我们拉到一个号称上雪山前必须听的一个注意事项的地方，在这里给我们发了两个小的氧气瓶，一人一件外套，然后给我们讲氧气带不够会有多危险，我问了一下200元包含2瓶氧气，一瓶小液体，我本来想买一套，他们工作人员却说一套不够，我和孩子需要2套400元，我们同行的人前一天在宾馆附近买的好像是30元好几瓶，我没有买，在玉龙雪山下买的60元一瓶，一共三瓶，够用，不要听他们忽悠！商业气息很浓厚，不要被忽悠！	商业化严重（17）	

二、主轴式编码

主轴式编码主要作用是构建各概念范畴间的关系，是以一级编码（开放式编码）得到的初始范畴为基础，然后通过进一步的类属特征和逻辑关系归纳、整理、总结，识别和发展出主范畴的过程（陈向明，1999）。本研究围绕每一个初始范畴，依据节点属性和参考已有学者建立的类属关系（王敏，2019；于爽，2019），将其置于原始游客评论资料中，站在游客的角度在具体的情境中深层次地分析其原有的属性，详细分析各个初始范畴之间的相互关系以及逻辑次序，并将各个初始范畴进行反复的比较和合并，归类形成主范畴。本研究最终识别出 3 大主范畴，其中包含 63 个初始概念与 10 个初始范畴。景观环境质量包括环境卫生、景点项目；管理质量包括交通管理、现场管理、市场秩序管理、配套设施；服务质量包括餐饮服务、人员服务质量、服务费用、游客感受（见表 6–7）。

表 6–7　主轴式编码结果

主范畴	初步范畴	初步概念
景观环境质量	环境卫生	厕所卫生不好（6）
		缆车卫生不好（1）
		饮食卫生不好（4）
		羽绒服卫生不好（8）
	景点项目	各景点之间距离远（1）
		景点一般（22）
		景区雨雾多（10）
		没有娱乐（1）
		景点单一（1）
		没有提前告知特殊情况（22）
管理质量	交通管理	观光车不按时刻点到站（1）
		观光车换乘折腾人（9）
		观光车运力不足（15）
		自驾车限制多（6）
		堵车（5）
	现场管理	排队时间长（94）
		现场秩序混乱（29）
		乱收费（5）
		停车场管理混乱（10）
		改善管理（5）
		管理混乱（28）
		现场补票手续多（2）

续表

主范畴	初步范畴	初步概念
管理质量	市场秩序管理	私家车多、拉客现象严重（7）
		司机推销（19）
		导游推销（93）
		强制消费（23）
		隐性消费（22）
		散客买票难（55）
		物价不统一（25）
		黄牛、票贩子倒卖高价门票（21）
		商贩众多（11）
		商贩高价售卖（2）
		售卖假货（5）
		宰客（11）
		乱收费（1）
	配套设施	标识不清（41）
		缺少游客休息区（1）
		没有步行道（3）
		蓝月谷没有护栏（1）
		设备陈旧（2）
		演出场地露天（10）
		医务室没有医务人员（3）
		停车场没有卫生间（1）
		大巴车没有窗帘（1）
		道路不好（1）

续表

主范畴	初步范畴	初步概念
服务质量	餐饮服务	饮食难吃、量少、味道一般（82）
		距离远（1）
	人员服务质量	司机服务差（18）
		导游服务差（36）
		工作人员服务差（56）
		客服服务差（11）
	服务费用	收费项目多（28）
		观光车（票价）不合理（20）
		景区花费贵（45）
		票面信息不清（5）
		物价贵（111）
		网上订票价格不一（3）
		景点门票捆绑销售（18）
	旅游感受	跟团游玩时间受限（53）
		感觉不值（20）
		累（4）
		跟团套路多（18）
		商业化严重（17）

资料来源：笔者整理。

三、选择式编码

选择式编码的主要任务是在前文一级（开放式编码）和二级（主轴式编码）编码的基础上进一步归纳得到主范畴，并通过将主范畴再次回归到原始资料的方式，从主范畴中抽象出核心范畴，然后通过分析其他范畴与核心范畴之间的相关关系，识别出其中典型的关系结构，并梳理出能够描绘整个研究现象的“故事线”（谢彦君等，2017）。本研究在前述开放式编码识别的初始范畴和主轴式编码识别的主范畴检验、回顾和分析整理的基础上，进一步深入分析各主范畴之间存在的逻辑关联情况，然后在各主范畴之间形成比较清晰的理论脉络。最终围绕影响玉龙雪山景区游客满意度因素这一核心范畴，将其与其他范畴之间的连接关系确定为景观环境质量、管理质量、服务质量三大因素影响玉龙雪山景区游客的满意度情况（见表 6–8）。游客对景区满意度的最终结果则体现在旅游者的游后感言评论中，旅游者往往会对本次出游与此次出游前的期望值进行对比，游客评价也将影响以后或是潜在旅游者的旅游期望，或者通过口碑影响其他及潜在游客的出行决策。

表 6–8　选择式编码结果

核心范畴	主范畴	初步范畴	初步概念
游客满意度影响因素	景观环境质量（6.39%）	环境卫生（1.60%）	厕所卫生不好（6）
			缆车卫生不好（1）
			饮食卫生不好（4）
		景点项目（4.79%）	羽绒服卫生不好（8）
			各景点之间距离远（1）
			景点一般（22）
			景区雨雾多（10）
			没有娱乐（1）
			景点单一（1）
			没有提前告知特殊情况（22）
	管理质量（47.73%）	交通管理（3.02%）	观光车不按时刻点到站（1）
			观光车换乘折腾人（9）
			观光车运力不足（15）
			自驾车限制多（6）
			堵车（5）

续表

核心范畴	主范畴	初步范畴	初步概念
游客满意度影响因素	管理质量（47.73%）	现场管理（14.54%）	排队时间长（94）
			现场秩序混乱（29）
			乱收费（5）
			停车场管理混乱（10）
			改善管理（5）
			管理混乱（28）
			现场补票手续多（2）
		市场秩序管理（24.79%）	私家车多、拉客现象严重（7）
			司机推销（19）
			导游推销（93）
			强制消费（23）
			隐性消费（22）
			散客买票难（55）
			物价不统一（25）
			黄牛、票贩子倒卖高价门票（21）
			商贩众多（11）
			商贩高价售卖（2）
			售卖假货（5）
			宰客（11）
		配套设施（5.38%）	乱收费（1）
			标识不清（41）
			缺少游客休息区（1）
			没有步行道（3）
			蓝月谷没有护栏（1）

续表

核心范畴	主范畴	初步范畴	初步概念
游客满意度影响因素	管理质量（47.73%）	配套设施（5.38%）	设备陈旧（2）
			演出场地露天（10）
			医务室没有医务人员（3）
			停车场没有卫生间（1）
			大巴车没有窗帘（1）
			道路不好（1）
	服务质量（45.88%）	餐饮服务（6.97%）	饮食难吃、量少、味道一般（82）
			距离远（1）
		人员服务质量（10.17%）	司机服务差（18）
			导游服务差（36）
			工作人员服务差（56）
			客服服务差（11）
		服务费用（19.33%）	收费项目多（28）
			观光车（票价）不合理（20）
			景区花费贵（45）
			票面信息不清（5）
			物价贵（111）
			网上订票价格不一（3）
			景点门票捆绑销售（18）
		旅游感受（9.41%）	跟团游玩时间受限（53）
			感觉不值（20）
			累（4）
			跟团套路多（18）
			商业化严重（17）

如表 6–8 所示，景观环境质量（6.39%）里面的环境卫生（1.60%）尽管占比不高，但是它体现的是游客关注的细节问题，关乎游客体验感的好坏，是景区不可忽视的问题。此外，游客在具体景点项目的体验中，主要对景区或导游没有提前告知因特殊情况引起的冰川公园大索道停运或 4506 米以上不可攀登、景点没有娱乐项目等感知深刻，表明现实体验与来前期待之间产生心理落差，进而加重了游客的不满情绪。

接近一半的游客满意度影响因素（47.73%）集中在管理质量类。其中，24.79% 的游客对市场秩序管理的感知不是很满意，私家车多、拉客现象严重，司机和导游推销，强制消费，隐性消费，散客买票难，物价不统一，黄牛、票贩子倒卖高价门票，商贩众多、商贩高价售卖等现象让游客产生消极的情感，不友好的经营方式更是让游客感到“坑人”和“被宰了”，严重影响游客对玉龙雪山景区的满意情况；以观光车、缆车、停车场等衍生出的现场管理（14.54%）和交通管理（3.02%）问题比较多，比如现场排队时间长、观光车排队秩序混乱、观光车运力不足、观光车没按时刻表抵达相应站点导致的人流得不到分散、景点之间需要多次换乘观光车折腾人、停车场管理混乱、乱收费、自驾车限制多、堵车、现场补票手续多等众多管理质量问题让游客感到不满、不值，引起游客埋怨的不满情感；另外，配套设施也是游客密切关注的细节问题，是景区管理者不可忽视的。

相较于景区的管理质量，游客对于景区服务质量（45.88%）的不满评论占比略低。首先，19.33% 的游客对服务费用的感知表现出不满的情绪，尤其是在景区物价、景区花费、收费项目多、蓝月谷观光车（票价）不合理、景点门票捆绑销售等方面；其次，人员服务质量（10.17%）方面主要表现为司机、导游以及客服等工作人员的服务态度给游客留下了不好的体验感，然后就游客个人感受（9.41%）而言，主要体现在跟团游玩时间受限、感觉不值、跟团套路多、商业化严重等；最后，餐饮服务（6.97%）作为游客补充能量的主要来源，部分游客评论道“说的是包中午一餐，但是全是素菜，八个人一桌就六个菜，根本吃不饱。他们安排的火锅午餐，吃饭地点就在旅客服务中心附近的雪莹餐厅……一看那个只有一些蔬菜和鸡骨头的锅底以为只是汤底，旁边还放了一盘蔬菜腐皮米粉，叫服务员上菜，她的回答是你们的菜上完了……整顿午餐淡而无味，当你吃完第一盘蔬菜腐皮米粉，服务员还是再给你来一盘一样的，让我们这些第一次到云南丽江的，充分体现了什么叫云南特色菜，真是印象难忘到家了”。主要展现了游客们对餐饮的品质、餐饮的性价比、餐饮的用餐环境卫生、餐饮的服务等不满的情感。

综上，管理质量和服务质量 2 个类属在不满情绪中占据了九成以上，而景观环境质量虽然占比不大，但所反映的也是玉龙雪山景区需要改进和优化提升不可忽视的细节问题。

四、理论饱和度检验

理论饱和度的检验作为扎根理论分析方法必不可少的阶段性程序，是为了确认即使在初始评论文本数据资料中继续添加新的网络评论文本数据资料也不会出现新的范畴。本研究在对大众点评网上采集的 12062 条网络游客评论文本数据资料进行最后阶段的编码时发现已不能再识别出新的类属范畴，即后期文本分析中所识别出的所有初始概念和范畴都和已有的初始概念和范畴存在高度相似或重合的状态，而且并不能改变已识别出的主范畴与核心范畴的基本结构。所以为了更进一步地去验证扎根理论分析所形成的理论模型已经达到了饱和，本研究通过预留携程网旅游平台的 2518 条游客评论数据对其进行检验，经检验，其结果表明，模型中的类属已经非常丰富，同时对影响玉龙雪山景区游客满意度因素的分析也没有发现其他新的类属范畴与关系。因此可以认为，本研究所构建的游客满意度模型在理论上已经达到了饱和状态。

第七章

基于游客评论的山地景区游客满意度主要问题诊断

第一节 管理质量不高

一、市场秩序管理较混乱

在游客评价中可以了解到导游、司机以及酒店经营者等的引导购物、强制消费和隐性消费、散客买票难、黄牛及票贩子高价倒卖门票、商品物价不统一、私家车多等众多情况让游客们对本次旅游产生了不同程度的不满情绪。比如有游客评论道“我对景区没有意见，我对云南旅游大环境意见大了！来云南跟团游，最后悔的一件事，遇到了强制游客消费的恶心导游，要求购买翡翠、银饰、黄龙玉……真是信了邪，到景区没有上山。”“陪表姐跟团去的（个人真的很不建议跟团游，就没有不推销的团，不买东西导游嘴上说没关系，背地里会阴阳怪气的），要不是因为跟表姐一起我真的会忍不住离团……”“真是垃圾景点，到处都是坑……吃饭的黑山村下山排队排半天，一堆的私家车等着收钱拉人，管理极其不规范，这么大的景区管理乱七八糟。”“太多的隐性消费，很不喜欢。在其他地方买氧气 25 元可以买一罐，在他那里要 60 元才能买。”这些问题让游客们感到无奈，甚至让游客们感到“坑人”和“被宰了”，进而严重影响了游客对此次前往玉龙雪山景区的满意情况。

二、现场管理不够到位

就景区现场管理而言，从前文的分析中可以发现让游客产生不满情绪的主要表现在排队时间长、现场秩序混乱、乱收费、停车场管理混乱、现场补票手续多等方面。比如有游客评论道“半星都不想给，纯纯的大坑……天没亮，就要进场了，停车都是个问题，私家车来了找不到位置，全被旅游大巴车和小巴车占了，现场毫无秩序，太混乱了。”“垃圾得不能再垃圾的一个景点，我要去蓝月谷，在起始站坐景区大巴车，压根儿就没有车，等了半个小时没有一辆车，全让大家站在那边等，还有好多老人，硬让大家站着，起始站是有座位的，不让大家坐，全站在那里排队，管理超级垃圾，景区收了那么多钱，配套却没跟上。”“整个管理系统简直差劲得不行，一点都不人性化，我爸都过闸机了，带着我弟去补了个票，就说我爸的票退了，工作人员遇到这种情况一问三不知，实在是无语至极。”诸如此类的现场管理问题，引起游客们对此次游玩玉龙雪山景区的时候产生了不满的情绪，降低了游客们对玉龙雪山景区的满意度。

三、交通管理不完善

关于交通管理方面的问题主要表现在玉龙雪山景区观光车不按时刻点到站、观光车换乘折腾人、观光车运力不足、自驾车限制多、堵车等几个方面。在游客评论中可以看到“景区内的绿色大巴不定期定点发，从牦牛坪索道下来，等了一个多小时，后面的行程全部被耽误，不值得。”“景区路线的设置有问题，从云杉坪回来去蓝月谷，再去牦牛坪非得回到游客中心再出发，纯纯绕路 20 分钟。”“景区自身大巴车运力也严重不足，排队均要 40 分钟以上……景区总体管理混乱，运力不足，游览路线路牌指示模糊，体验极差。”诸如此类关于景区交通管理不好的评论，让游客感到花钱游不高兴，在游玩过程中的各种耽误、各种等车、排队、换乘等引起了游客们的不满情绪，不仅降低了游客们在玉龙雪山的游玩体验，更是降低了游客们对玉龙雪山景区的满意度。

四、配套设施不完善

关于配套设施的评价尽管只是 5.38%，但也是游客密切关注的细节问题，是景区管理者不可忽视的。在游客评论中有“上山当天，跟着导航走一直到目的地一路都没有任何指示牌，付了 100 元进山费后继续往里开，看见停车场以为到了，停好车下来走了一段路才知道原来大索道检票口还有 300 多米，于是折返取车继续往里开。终于开到检票大厅，老公先把我放下去停车，结果附近的几个停车场根本没位，还是把车停回几百米外，其实三个索道的检票口都在不同的地方，但依然看不到任何说明指示。”“重点：云南这一块（特别是山里）天气无常，上午阴雨下午大晴是常有的事；几个景点里蓝月谷那一条线路绝美，玉龙雪山夏季某些时候可能会没雪，《印象·丽江》表演是露天的毫无遮挡……跟团只能买通票，《印象·丽江》这个节目很贵，而且是全露天的超级晒，我们坐了 20 分钟受不了就走了，两位朋友还被晒伤了。”“一旦有人发生高反严重的情况，根本做不到及时坐缆车下山，周边没有紧急救护人员，我只看到了一间空无人员的抢救室，途中真的有位阿姨晕倒，也只是在缆车排队厅内的一个按摩椅上吸一些氧。”总的来讲，引起部分游客产生不满情绪的主要问题有标识不清、游客休息区设施不足、景区设备陈旧、演出场地露天、医务室没有医务人员、停车场没有卫生间、缺少步行道、蓝月谷部分位置缺少安全护栏等，对于这些细节问题景区有待加强管理，及时改善。

第二节 服务质量不高

一、服务费用价格不合理

关于服务价格问题，在游客评价中可以看到“不建议去，还没到门口就要你开始买票了，到了门口门票 100 元一人，这仅仅是门票，要上山还要另外购买索道票，不然就自己爬，体验感极差！”“蓝月谷就是 5 个水比较蓝的湖，其实风景没有多大区别，景区的电瓶车 60 元一个人完全没必要，把人拉了很远，看似坐了很久，其实一直都在绕弯弯，自己走很近的。”“费用全程下来大索道 + 小索道 + 景区门票 + 摆渡车 + 电瓶车之类的一个人得 500 元左右，还要买氧气瓶、吃的和喝的，花费挺贵的。”“山顶也有卖氧气的，都是统一价格，60 元一瓶，真不知道和一般小卖部卖的 15 元一瓶的有什么区别。”诸如此类的游客负面评论，主要表现在景区收费项目多、观光车（票价）不合理、景区花费贵、票面信息不清、物价贵、网上订票价格不一、景点门票捆绑销售方面，这些问题让游客的体验感没有达到出发前的期望值，让游客的体验感下降，更是让游客们对此次游览玉龙雪山景区产生了负面情感，降低了游客们对玉龙雪山景区的满意度。

二、服务态度不友善

在前文分析游客评论中可以看到“小索道游览下来之后，可以坐景区大巴去蓝月谷……但是司机很不耐烦，问在哪站下，司机也是爱搭不理的，后面有个女孩又跟着我问了一遍，司机直接不理。”“第一次跟团感觉挺不好的，导游一点也不耐烦……在其他地方买氧气 25 元可以买一瓶，在他那里要 60 元才能买一瓶，而且态度极其不好。”“景区服务态度一般，对游客爱搭不理那种……服务配套跟不上，给人印象极差，没时间不要去，脾气不是很好的人不要去。”诸如此类不好的游客评价，主要表现为司机、导游以及客服等工作人员给游客留下了服务态度不友善的印象，主要表现为他们对游客的提问爱搭不理、以不好的言语相向，或是恐吓、辱骂等不文明的行为时有发生，这些都给游客在游玩过程中留下了不好的印象，不仅降低了游客们游玩的体验感，也降低了游客游玩玉龙雪山景区的满意度。

三、游客体验感不高

在前文分析中可以看到游客不好的评论有“导游给的时间根本不够，我们马不停蹄地爬，超级累……但是这些时间根本不可能半小时来回。”“来的时间不对，没有雪，上山就是为了 4506 米那张照片，看了《印象·丽江》，这个坑有点大，不值这个价。”“小旅行团，大早上把我们拉到一个号称上雪山前必须听的一个注意事项的地方，在这里给我们发了两个小的氧气瓶，一人一件外套，然后给我们讲氧气带不够会有多危险，我问了一下 200 元包含 2 瓶氧气、一瓶小液体，我本来想买一套，他们工作人员却说一套不够，我和孩子需要 2 套 400 元，我们一起同行的人前一天在宾馆附近买的好像是 30 元好几瓶，我没有买，在玉龙雪山下买的 60 元一瓶，一共三瓶，够用，不要听他们忽悠！商业气息很浓厚，不要被忽悠！”“其实雪山的风景我觉得并没有那么好看，再加上高反，不值得去，不推荐！”诸如此类的问题主要表现了游客觉得跟团游玩时游玩时间受到限制、游玩时间根本不够用、感觉不值、跟团套路多、景区商业化严重等问题，这些种种问题让游客对此次前往玉龙雪山景区的游玩体验感不高，同时也让游客们对景区产生了不满的情绪，让游客感到景区更注重经济利益，而忽略游客本身的游玩体验，与此同时也让游客在经历了种种之后感受到了真正的体验和期望之间的落差感，进而增加了游客们对景区的不满情绪。

四、餐饮服务质量不高

餐饮服务作为景区接待服务的要素之一，是游客进入封闭式管理景区游玩期间补充自身能量的主要来源，餐饮服务质量的高低与游客对景区的满意程度息息相关。由于游客游览玉龙雪山景区所需时间较长，所以很多游客会选择在景区用餐，但在前文的分析中存在游客不好的评论有“步行山路弯弯曲曲大概千米，因为餐厅在山顶，午饭在卓玛餐厅，吃的应该是土鸡火锅，但这个跟拉市海的土鸡火锅比真的差远了，因为土豆是锅底都加不了，是我来了云南吃的最难吃的一顿。”“去的时候仍然是旺季感觉还是挺不错的……说的是包中午一餐，但是全是素菜，八个人一桌就六个菜，根本吃不饱。”“里面的当地人的牦牛火锅不要去吃，卫生状况堪忧。”“雪山上的餐厅，人超多，价超贵，口味只能算一般。”“玉龙雪山并没有雪，只有无穷无尽的排队、等车、坐车，一整天只有 2 小时是在玩，3 小时在坐车，7 小时在排队，中午去吃饭的地方，专门排队坐车去，再排队坐车回，就是去吃一个很难吃的烫菜鸡火锅，那里有服务员卖货，反正很累也没啥收获。”这些问题主要表现在景区的餐饮不好吃、味道一般、价格贵、餐饮卫生质量不达标等几个方面，可以看出，游客们对餐饮的品质、餐饮的性价比、用餐的环境卫生、餐饮的服务等情况表达了各自的不满，这些问题影响了游客的旅游体验，导致游客对此次游玩玉龙雪山景区时对景区所提供的餐饮服务质量产生了不满意的情绪，进而降低了游客对玉龙雪山景区餐饮服务质量的满意度。

第三节 景观环境质量欠佳

一、景区项目质量欠佳

关于玉龙雪山景区项目不好的评论主要有“《印象·丽江》的演出感觉一般般吧，我们是套票所以不看白不看。”“奉劝大家一句，如果你买不到大索道的票，那就没必要再买其他两条索道的票了，最好是别买小索道，上去什么都没有，就一个草坪，无语了。”“环境风景都很不错，没有什么娱乐设施，到这儿玩主要就是拍照，一定要带自拍杆哦。”“景区可以看的景点非常少，一点儿都不丰富。”“天气不好，雾很重，还时不时下点雨，云杉坪索道费用是 60 元 / 人，里面电瓶车需要另外购买，60 元 / 人，走的小索道路线，风景一般吧，云杉草甸没啥看头，就一大块草坪围了一群羊。”“乘坐绿色大巴盘山而上，到达牦牛坪缆车乘坐点，坐 20 分钟缆车到达 3800 多米的牦牛坪，此地风景实在一般，加上阴天下雨，很是荒凉，看不到雪山，只有干枯的荒草和石头，失望。”“有一段路是走在机动车道上的，十分不人性，来往空的电瓶车也没有，在大马路上苦苦走路的我们一路自己爬上去，全长两公里，景点之间的衔接十分不友好，工作人员也十分冷漠，十分不推荐！”问题主要表现在景区演出质量不佳、景点项目单一、没有娱乐性、景点之间距离远等方面，表明游客游玩的实际体验与来前期待之间产生了落差，使游客们对景区质量产生了不满情绪，进而降低了游客们对景区的满意度。

二、景区环境卫生质量欠佳

关于景区的环境卫生质量欠佳问题，在前文分析中有部分游客评论道“一张票 100 元都舍不得派人打扫厕所卫生，脏得不行，景色不错，但是卫生间没办法上，太脏了，各种纸堆成山！”“要吐槽一下那个厚棉袄，脏兮兮的，到蓝月谷直接脱了。”“自然景色很好，但里面当地人的牦牛火锅不要去吃，卫生状况堪忧。”“只能说太一般了，停完车没有工作人员指路……本来非常期待，但坐缆车上去到云杉坪却让我非常失望，根本没有景色，坐缆车下来的时候玻璃很脏拍不了照。”“餐厅服务员态度差，后面来的客人都吃上了，前面的客人都没得吃，和服务员反映情况，完全被无视，餐厅卫生还不好，地上好多垃圾。”问题主要表现在景区的卫生间没有得到及时地清理导致环境不好、租赁服装脏兮兮、缆车玻璃不干净、就餐环境卫生不好等方面，这些问题不仅会影响游客们的旅游体验，还会影响景区的口碑，同时也降低了游客对玉龙雪山景区环境卫生质量的满意度。

第八章

山地景区品牌形象影响因素模型构建

第一节　研究假设

一、山地景区品牌质量与山地景区品牌形象的关系

景区品牌质量是一个复合概念，主要指的是旅游者或消费者对于景区品牌所提供的产品和服务质量的总体感知。这包括多个方面，如景区的自然环境、设施维护、服务质量、旅游者体验和价值感等。品牌质量不仅关系到旅游者的满意度和忠诚度，也是塑造和维护山地景区品牌形象的关键因素。山地景区品牌质量与品牌形象之间存在着密切的关系。高品质的服务和体验能够正面影响品牌形象，提高旅游者对景区的认知价值和情感联结。例如，如果一个山地景区提供卓越的服务和良好的设施，旅游者可能会将这些因素与该景区的品牌形象联系起来，从而增强品牌的正面形象。

Parasuraman 等（1988）在其服务质量模型中提出，服务质量感知是基于消费者的期望与实际体验之间的差异。高质量的服务可以增强消费者对品牌的正面感知，进而正面影响品牌形象。根据 Aaker 等（1991）的品牌资产理论，品牌质量是构成品牌资产的关键因素之一。他强调品牌资产是企业最宝贵的资产之一，涵盖了品牌忠诚、品牌知名度、感知质量、品牌联想及其他专属资产。他指出，感知质量（消费者对于品牌所提供产品或服务质量的认知）对于塑造品牌形象起着决定性作用。对于山地景区来说，这意味着高品质的服务和体验可以提升旅游者对景区的正面感知，从而增强其品牌形象。Prayag 和 Ryan

（2011）在其关于旅游目的地品牌形象的研究中发现，旅游者对目的地的品牌质量感知显著影响了其对品牌形象的看法，并考虑了不同国籍旅游者的视角。沈鹏熠（2014）以多个山地旅游景区为案例地，构建了一个从目的地形象视角出发的山地旅游景区品牌资产模型，并通过实证发现，景区品牌知名度、品牌质量、品牌信任、品牌价值以及品牌忠诚是构成旅游景区品牌资产的关键结构性维度。尤其是在山地旅游景区的情境中，品牌质量对于提升山地旅游景区的整体品牌形象具有显著的正向影响。苑炳慧（2016）通过对旅游基础设施、整体服务质量、公共设施以及全方位服务体验四个关键维度的综合考量，实现了对旅游目的地品牌质量的深入评估。此项研究进一步证实，品牌质量对于增强旅游目的地的品牌形象具有正向作用。因此，基于以上研判，本研究提出以下假设：

H1：山地景区品牌质量对其品牌形象有正向影响。

二、山地景区品牌知名度与山地景区品牌形象的关系

景区品牌知名度是连接消费者与品牌的重要桥梁，只有建立广泛的品牌知名度，才能真正树立起景区的品牌形象，从而有利于旅游者在进行旅游决策时，根据不同景区品牌的社会熟知度进行准确评判。山地景区品牌知名度指的是公众对特定山地景区的识别并回忆的能力，它是衡量该景区在潜在旅游者心目中的知晓程度和记忆深度的指标，是山地旅游景区品牌形象形成的基础。同时，山地景区品牌的知名度不仅反映了旅游者对该山地景区的了解与熟悉程度，还包括对景区特征、属性和经验的认知。品牌知名度高的山地景区通常在公众中有较高的可识别度，更容易在公众心中留下印象，且易于在潜在旅游者中产生认知联想从而有助于形成正面的品牌形象。此外，高品牌知名度的山地景区更有可能在公众心中建立长期而稳定的形象，这种长期影响不仅有助于提高景区复游率，还能增强对潜在旅游者的吸引力，从而实现品牌的可持续发展。

Keller（1993）在其顾客基础品牌资产理论中强调，品牌知名度是形成积极品牌形象的基础，因为高知名度意味着品牌在消费者心中有更强的存在感。Konecnik 等（2014）在研究中表明，旅游景区的品牌知晓度、知名度等因素与旅游者在旅游地品牌的选择之间有着紧密关联。隋丽娜等（2018）通过研究表

明，游客对景区品牌知名度的感知会对景区的品牌形象产生积极影响。董静等（2018）通过实证研究表明景区品牌知名度对景区品牌形象和景区品牌忠诚度有显著影响，且景区品牌知名度对景区品牌形象的影响系数更大。谢五届（2018）构建目的地品牌资产模型时指出，旅游地的品牌知晓度显著正向影响旅游地的品牌形象。常小艳（2019）通过对多个景区旅游者的调查研究发现，景区品牌知名度显著正向影响旅游景区的品牌形象。Junaedi 等（2020）以旅游者口碑作为中介变量，研究旅游景区知名度、旅游景区形象和旅游者动机对旅游者重游意愿的直接或间接影响，研究结果显示，旅游景区知名度和旅游景区形象对旅游者的重游意愿有显著影响。这强调了品牌知名度在塑造积极旅游目的地形象和影响旅游者行为意向中的重要性。因此，基于以上研判，本研究提出以下假设：

H2：山地景区品牌知名度对其品牌形象有正向影响。

三、山地景区品牌信任与山地景区品牌形象的关系

景区品牌信任是指消费者对于特定景区所提供的服务和体验的可靠性、一致性和真实性的信赖和信心。这种信任涉及多个方面，包括旅游景区服务质量的可靠性、提供信息的真实性、安全措施和设施维护的信赖、环境保护的责任感，以及旅游景区员工的专业性。旅游者的信任通常基于个人体验、他人推荐、品牌历史和声誉等因素。品牌信任对于山地景区来说至关重要，因为它不仅能促进旅游者的忠诚度、提高复游率，还有助于通过口碑传播来增强景区整体的品牌形象和市场竞争力。在旅游决策过程中，旅游者往往面临一定的不确定性和风险。品牌信任通过减少感知风险，有助于旅游者做出旅游选择。这种信任感可以提高旅游者对山地景区安全、服务质量和满意度的预期，从而正面影响品牌形象。此外，高品牌信任的山地旅游景区在面临负面事件或危机时更容易恢复其品牌形象，旅游者对旅游品牌的信任可以作为一种“情感储备”，帮助旅游景区在危机后快速重建积极形象。

根据 Fournier（1998）的品牌关系理论，品牌信任是建立强有力品牌关系的关键要素，这种信任可以转化为积极的品牌形象。信任是基于消费者对品牌的历史体验和品牌承诺的一致性评估，对品牌形象有直接的正面影响。Chaudhuri

等（2001）着重研究了品牌信任和品牌情感对品牌形象的影响，以及品牌忠诚度在这一过程中的中介作用。研究结果表明，品牌信任和品牌情感可以显著提高品牌忠诚度，进而正向影响品牌形象。Loureiro（2014）在旅游和服务营销领域的研究中提出，品牌信任是塑造和维护旅游目的地品牌形象的关键因素。这种信任通过减少感知风险和增强消费者对服务质量的信心，提升品牌的整体形象。马轶男等（2019）通过对昆明市多个旅游景区进行实证分析，探讨了旅游景区品牌形象的影响因素。他们的研究结果表明，旅游景区的品牌知晓度、品牌满意度、品牌知名度以及品牌信任度与旅游景区的品牌形象之间存在显著的正相关关系。因此，基于以上研判，本研究提出以下假设：

H3：山地景区品牌信任对其品牌形象有正向影响。

四、山地景区品牌个性与山地景区品牌形象的关系

景区品牌个性是指景区在旅游者心中所形成的独特的、拟人化的性格和特征。这种个性可以通过景区的象征性和情感属性、独特的文化和历史特征、提供的体验类型，以及视觉识别系统等方面来体现（潘莉，2018）。例如，山地景区可能通过自然环境、文化背景和特定的活动（如徒步、登山、攀岩、滑雪等）来传递自由、冒险、宁静等情感联想。这些元素共同作用，构成了旅游者对该山地景区的整体感知。山地景区品牌个性与品牌形象之间存在着密切的联系。一个鲜明且一致的品牌个性有助于建立强烈的品牌形象，使景区在市场中脱颖而出并吸引特定类型的旅游者。品牌个性不仅能够影响消费者的感知和决策，促使他们选择特定的旅游目的地，也是品牌差异化的关键因素。通过与旅游者建立情感联系，强烈的品牌个性有助于提升品牌忠诚度和口碑，进而促进山地景区的长期可持续发展。

Aaker 提出的品牌个性理论是营销领域的一个重要理论，它将品牌个性定义为与品牌相关联的一套拟人化特征。这一理论将品牌个性分为五个维度：真诚性、激动、能力、成熟和坚韧，且每个维度都包含了一系列的特质，如诚实、现代、高效、优雅等（Kim 等，1997）。Aaker 强调品牌个性在建立品牌与消费者之间情感联系方面的重要性，并指出通过赋予品牌人类化特征可以增强消费者的品牌忠诚度和偏好。Kapferer（2008）在品牌身份理论中强调，品牌个性（作

为品牌身份的一部分）与外界感知到的品牌形象之间的一致性是品牌成功的关键。Ekinci 等（2006）在其研究中探讨了如何将品牌个性理论用于旅游目的地的品牌建设，尤其是如何通过旅游目的地的独特个性来塑造品牌形象。周永博等（2016）在研究中发现，旅游目的地的品牌形象既具有普遍特征又拥有独特性。其中，目的地品牌个性所体现的独特性对于塑造和影响目的地的整体品牌形象起着关键作用。李欣等（2016）在其研究中指出，品牌个性能够映射消费者的心理状态、社会地位和身份认同等个性化需求。品牌认知是消费者在接触品牌之前形成的认知和感受，而品牌个性则是在了解品牌过程中形成的一系列认知和感受。因此，品牌个性对品牌形象的影响是显而易见的。张红梅（2020）对特色旅游目的地的品牌形象进行探讨时，分析了品牌个性在塑造这些特色旅游目的地品牌形象方面的作用和影响，并揭示了品牌个性对旅游目的地品牌形象构建的重要性，以及如何通过增强品牌个性来提升目的地的吸引力和辨识度。因此，基于以上研判，本研究提出以下假设：

H4：山地景区品牌个性对其品牌形象有正向影响。

第二节　研究理论模型构建

本研究通过深入剖析国内外关于旅游目的地品牌形象构建的理论与实证研究，基于对既有理论成果、案例分析和实践经验的系统梳理，对山地旅游景区品牌形象的内涵及其价值属性进行了细致阐释和批判性反思。尽管旅游景区品牌形象受多种因素影响，本研究依然以经典的品牌形象、品牌资产和品牌个性理论为基础，特别强调了玉龙雪山景区作为山地旅游目的地的独特性，进而深入探讨了山地景区品牌形象构建的特点。基于此，本研究以山地旅游景区品牌质量、山地旅游景区品牌知名度、山地旅游景区品牌信任、山地旅游景区品牌个性四个变量为切入点，构建了一个清晰结构、具有高度针对性的山地旅游景区品牌形象影响因素研究的理论模型（见图 8-1），旨在为玉龙雪山景区以及其他类似山地旅游景区的品牌形象提升提供理论指导和战略性建议。

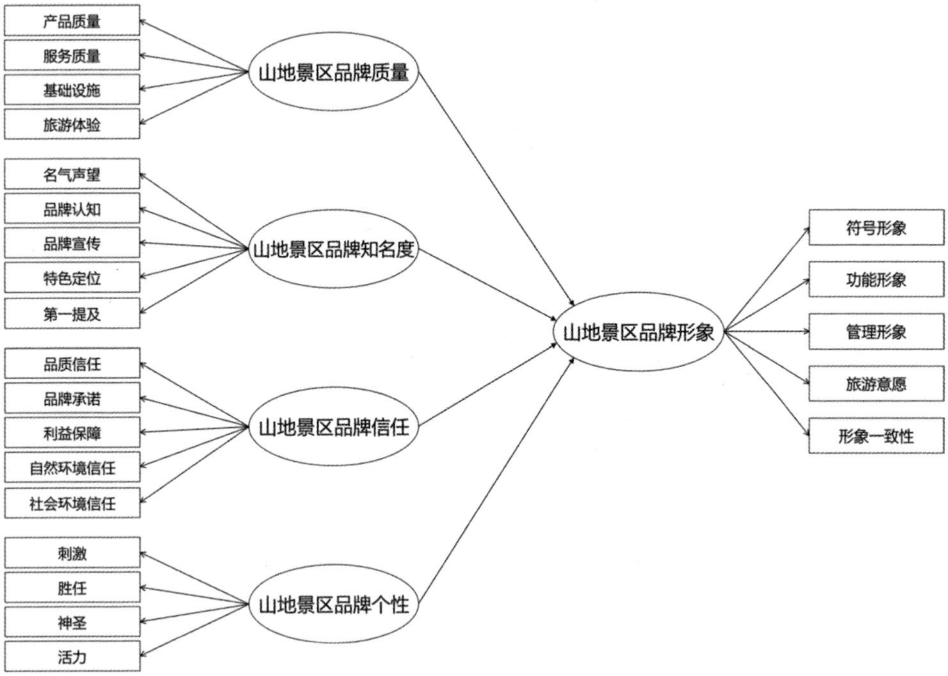

图 8-1　山地景区品牌形象影响因素概念模型

第九章

山地景区品牌形象影响因素测度的研究设计与实施

第一节 品牌形象影响因素变量测量

一、山地景区品牌质量测度

景区品牌质量与旅游者感知质量密切相关，旅游者在景区的整体体验直接影响其对景区品牌的认知和评价，故而此处采用感知质量评价模型来对景区品牌质量进行测量。Beerli 等（2004）将影响旅游者对旅游地的品牌形象感知的维度划分为景区自然资源、公共基础设施、旅游基础设施、旅游休闲和娱乐等 9 类。张宏梅（2013）通过评估景区工作人员的服务质量、旅游体验的质量以及景区基础设施的质量，对景区品牌质量进行了全面测量。沈鹏熠（2014）则以旅游产品和旅游体验为关键指标，测量了景区品牌质量。苑炳慧（2016）从旅游服务、旅游设施、综合服务、基础设施等方面进行了旅游者感知质量的测量。马秋芳（2017）认为景区品牌质量的测量主要可以从景区基础设施、旅游吸引物、旅游产品和服务等方面展开。基于此，本研究从产品质量、服务质量、基础设施、旅游体验 4 个维度设计以下调查问卷题项（见表 9–1）。

表 9-1　玉龙雪山景区品牌质量调查问卷题项

变量	维度	题项	参考来源
山地景区品牌质量	产品质量	玉龙雪山景区开发程度高，产品内容丰富多样	Beerli 等（2004）、张宏梅（2013）、沈鹏熠（2014）、苑炳慧（2016）、马秋芳（2017）等
	服务质量	玉龙雪山景区为旅游者提供了优质的服务	
	基础设施	玉龙雪山景区内的各项旅游接待设施配套齐全	
	旅游体验	玉龙雪山景区内的各种项目活动丰富多彩，具有吸引力	

二、山地景区品牌知名度测度

山地景区品牌知名度是指旅游消费者对山地景区品牌的认知程度，这种认知程度体现在旅游消费者能够回忆起或识别出该品牌所代表的山地景区的基本特征。这种认知和记忆能力是通过品牌的传播和推广，以及消费者的个人经验积累形成的。Konecnik 等（2014）采用旅游消费者的认知、回忆以及首次提及作为指标，以衡量品牌知名度。许春晓（2014）的研究观点与之相呼应，提出景区品牌知名度的测量可以通过消费者的感知价值、回忆和首次提及来实现。刘丽娟（2016）从旅游消费者对景区品牌的认知程度以及品牌自身的影响能力等方面测量了品牌知名度。马铁男（2019）从品牌宣传、品牌回忆和品牌特色定位对景区的品牌知名度进行测量。基于此，本研究从名气声望、品牌认知、品牌宣传、特色定位、第一提及 5 个维度设计以下调查问卷题项（见表 9-2）。

表 9-2　玉龙雪山景区品牌知名度调查问卷题项

变量	维度	题项	参考来源
山地景区品牌知名度	名气声望	玉龙雪山景区的名气很大	Konecnik 等（2014）、许春晓（2014）、刘丽娟（2016）、马铁男（2019）等
	品牌认知	来旅游之前，我就对玉龙雪山景区有了一些了解	
	品牌宣传	我时常能接触到有关玉龙雪山景区旅游的相关信息	
	特色定位	我能很快想到玉龙雪山景区的旅游特色	
	第一提及	每当提到山地旅游景区时，我总能第一时间想到玉龙雪山景区	

三、山地景区品牌信任测度

景区品牌信任是一种从情感层面出发的，消费者依赖品牌去履行其既定功能的意愿或消费者相信品牌具有满足其消费期望的能力（Khamitov 等，2019）。袁登华（2007）通过研究指出，品牌信任可以由品牌品质信任、品牌善意信任及品牌能力信任三个指标进行测量，并开发出由 21 个条目组成的品牌信任量表。马轶男（2019）则是从区域的可信度、社会环境的可信度以及自然环境的可信度三个维度来衡量景区品牌信任。胡其波（2021）从旅游景区的服务兑现及需求满足两个方面测量了景区品牌信任。许鹏（2022）从旅游景区服务设施、对旅游者的诚信及景区满足旅游者的期待三个方面对景区品牌信任进行了测量。基于此，本研究从品质信任、品牌承诺、利益保障、自然环境信任、社会环境信任 5 个维度设计以下调查问卷题项（见表 9–3）。

表 9–3　玉龙雪山景区品牌信任调查问卷题项

变量	维度	题项	参考来源
山地景区品牌信任	品质信任	玉龙雪山景区的旅游品牌是值得信赖的	袁登华（2007）、马轶男（2019）、胡其波（2021）、许鹏（2022）等
	品牌承诺	玉龙雪山景区品牌能够提供其所声称的服务	
	利益保障	玉龙雪山景区能够保障旅游消费者的利益	
	自然环境信任	玉龙雪山景区的山地旅游资源得天独厚，值得信赖	
	社会环境信任	在玉龙雪山景区内旅游是安全可靠的	

四、山地景区品牌个性测度

在不同文化背景下，旅游消费者对景区品牌个性的感知明显不同，尤其是山地景区。故而在测量玉龙雪山景区品牌个性方面，借鉴了 Pan 等（2017）基于中国大陆旅游者开发的目的地品牌个性量表，该量表包含刺激、胜任、神圣等五个维度，是当前本土化测量中唯一兼具行业和文化适用性的定制化量表，且更贴合国内山地旅游者的感知评价和体验结果（潘莉，2018；房孟春等，2019）。基于此，本研究从刺激、胜任、神圣、活力 4 个维度设计以下调查问卷题项（见表 9–4）。

表 9–4　玉龙雪山景区品牌个性调查问卷题项

变量	维度	题项	参考来源
山地景区品牌个性	刺激	我认为玉龙雪山景区是刺激（险峻、奇特、户外运动）的	Pan 等（2017）、潘莉（2018）、房孟春等（2019）
	胜任	我认为玉龙雪山景区是胜任（豁达、包容、与世无争）的	
	神圣	我认为玉龙雪山景区是神圣（恭敬、虔诚、圣洁）的	
	活力	我认为玉龙雪山景区是充满活力（热情、喧闹、充满异域风情）的	

五、山地景区品牌形象测度

目前，学术界在测量景区品牌形象的内部指标选取上，仍旧存在一些差异。许春晓（2014）在构建景区品牌资产驱动因素结构模型时将社会形象与自我形象相结合，对凤凰古城的品牌形象进行了测量。马有明（2020）基于国家公园的特点，通过实证研究开发了国家公园品牌形象测量量表，认为可以通过资源形象、符号形象、功能形象、管理形象等 7 个维度对品牌形象进行测量。基于此，本研究从符号形象、功能形象、管理形象、旅游意愿、形象一致性 5 个维度设计以下调查问卷题项（见表 9–5）。

表 9–5　玉龙雪山景区品牌形象调查问卷题项

变量	维度	题项	参考来源
山地景区品牌形象	符号形象	我认为玉龙雪山景区是云南旅游的一张标志性名片	许春晓（2014）、马有明（2020）等

续表

变量	维度	题项	参考来源
山地景区品牌形象	功能形象	玉龙雪山景区是山地旅游的好去处	许春晓（2014）、马有明（2020）等
	管理形象	玉龙雪山景区拥有完善的管理制度	
	旅游意愿	如果我去玉龙雪山景区旅游，我的朋友们会很羡慕我	
	形象一致性	玉龙雪山景区的旅游形象和我的个人形象很一致	

第二节　品牌形象影响因素问卷调查

一、问卷的设计

本研究通过设计多题项量表，对前文理论模型内所涉及的变量进行测量。基于对相关文献的综合分析与归纳，同时参考了国际及国内在变量测量方面的经典研究成果，并考虑到本研究涉及的具体变量特点，最终制定了量表的各个题项。本研究的问卷设计坚持了几个核心原则：首先，确保研究的重点始终集中在探讨玉龙雪山景区品牌形象的影响因素上。这意味着在问卷的各个题项设计上，必须围绕问题展开，突出研究的核心内容，聚焦研究主题。其次，问卷题项设计需要最大限度地贴合玉龙雪山景区山地旅游的实际发展情况，因地制宜、敦本务实，力求真实反映实际情况，以增强调研结果的有效性，进而提高研究的理论指导和实际应用价值。最后，问卷设计中的各个题项内容还应删繁就简，确保被调查者能够准确把握问题意图并做出明确判断。

本研究的问卷内容具体包括 3 个部分：第一部分包含了问卷的基础信息说明和填写指引，向参与者简要介绍了本研究的背景、目标以及如何填写问卷。这一部分旨在确保参与者对问卷的整体框架和研究意图有清晰的理解，以提高数据的准确性和有效性。第二部分是问卷的主体，是对本研究理论模型涉及变量的测量，包括山地景区品牌质量、山地景区品牌知名度、山地景区品牌信任、山地景区品牌个性以及山地景区品牌形象5个方面，共23个题项。本部分采用了李克特五点量表（Likert scale）进行评分，评分范围从1至5，分别代表从“非常不同意”到“非常同意”，分数的高低反映了被调查者对于各题项内容的认可程度。第三部分是对调查对象基本信息（包括性别、年龄、客源地、职业、月收入、受教育程度及到玉龙雪山景区旅游的次数）的收集，这些数据的收集旨在为研究提供必要的背景信息，以便进行更深入和精确的分析（详见附录B）。

二、预调研

为了深入研究玉龙雪山景区品牌形象影响因素，笔者于2023年11月21日至26日去往玉龙雪山景区进行预调研，同时通过微信向部分去过玉龙雪山的旅游者发放了预调研问卷。本次预调研的主要目的是初步探索旅游者对于玉龙雪山景区品牌形象的认知和评价，从而为之后的深入研究奠定基础。

在此次调研中，共针对100名曾访问过玉龙雪山景区的旅游者进行了问卷调查。问卷设计综合了景区品牌形象的多个维度，旨在全面捕捉旅游者对于景区的感知和体验。通过在景区内的现场发放问卷收集、小范围的网络问卷收集，以及事后的数据整理，最终共回收有效问卷97份。有效问卷的回收率达到了97%，这不仅显示了本次预调研的高参与度，也为后续数据分析提供了充足的样本量。此外，有效问卷的数量也确保了数据分析的可靠性和结果的代表性，为玉龙雪山景区品牌形象影响因素的研究提供了坚实的实证基础。

（一）预调研问卷信度分析

为评估玉龙雪山景区品牌形象影响因素预调研量表的信度，本研究采用了克隆巴赫系数（Cronbach’s Alpha）作为主要的信度检验指标。信度分析的目的在于确保问卷的测量结果在重复测量中表现出一致性与稳定性，从而为研究提供可靠的数据基础。根据常规评价标准，当量表的克隆巴赫系数达到或超过0.9时，可视为该量表具有极高的信度；如果克隆巴赫系数位于0.8至0.9之间，则认为量表具有良好的可信度；当克隆巴赫系数在0.7至0.8之间时，表明问卷中的某些项可能需要修改；若克隆巴赫系数低于0.7，则可能需要剔除部分问卷项以提高整体信度（Nunnally，1978）。在本次预调研中，问卷的总克隆巴赫系数为 0.929，超过了 0.9 的阈值，这一结果反映了该量表在测量玉龙雪山景区的品牌形象各个维度时的可靠性和一致性，表明玉龙雪山景区品牌形象影响因素问卷整体上具备了高度的信度（见表 9–6）。

表 9–6　预调研信度分析结果表

克隆巴赫系数	基于标准化项目的克隆巴赫系数	项数
0.929	0.914	23

资料来源：采用 SPSS 22.0 软件分析获得。

（二）预调研问卷效度分析

1. 内容效度

本研究在初步运用文献研究方法筛选出潜在变量后，为了进一步确保这些变量的科学有效性，采用了专家咨询法。这一方法涉及邀请领域内的专家对所选研究变量的各个问题项进行深入的评估和筛选，以此来优化变量的构建，并确保研究设计的严谨性。本研究邀请了来自云南财经大学、云南开放大学、丽江文化旅游学院、云南旅游职业学院、云南方城规划设计有限公司、丽江市玉龙雪山景区投资管理有限公司等 8 名旅游业的专家学者，向专家发放了玉龙雪山景区品牌形象影响因素调查问卷内容效度专家评价表（详见附录 C），对问卷的总体设计、内容设计、结构设计做出判断。根据评判结果显示，本问卷题项设置具有良好的内容效度（见表 9–7）。

表 9–7　问卷效度专家评价结果

评价内容	非常合理	比较合理	一般	不太合理	不合理
总体设计	6	0	2	0	0
内容设计	5	1	2	0	0
结构设计	6	2	0	0	0

资料来源：笔者根据专家反馈意见整理。

2. 结构效度

效度通常用来评价问卷结果的有效性与准确性，本研究首先运用了因子分析来验核玉龙雪山景区品牌形象影响因素问卷构建的效度。在进行因子分析之前，对调查样本数据进行了 Kaiser-Meyer-Olkin（KMO）检验及 Bartlett 球形度检验，以评估样本数据进行因子分析的适宜性。KMO 测量的是样本数据中变量间的偏相关程度，其值越接近 1，表明变量间的偏相关越小，因子分析的效果越好。KMO 值在 0.9 及以上表明数据非常适合因子分析；0.8 至 0.9 表明数据很适合因子分析；0.7 至 0.8 表明数据适合因子分析；0.6 至 0.7 表明数据不太适合因子分析；0.5 至 0.6 则表示数据不适合因子分析；低于 0.5 则表明数据极不适合因子分析（Kaiser，1974）。Bartlett 的球形度检验被广泛应用于评估样本数据的相关性矩阵是否等同于单位矩阵，从而判断各变量之间是否存在独立性。检验结果的显著性 p 值越小，拒绝变量间相互独立的假设的证据越强。在本次预调研结果中，KMO 值为 0.86，高于 0.8 的阈值，显示了数据适宜进行因子分析。同时，Bartlett 球形度检验的显著性 p 值小于 0.001，强烈拒绝了变量间相互独立的原假设。这些结果表明，从统计学的角度看，本次预调研问卷在进行因子分析时具备了充分的合理性和可靠性（见表 9-8）。

表 9-8　KMO 和 Bartlett 检验

KMO 值		0.86
Bartlett 球形度检验	上次读取的卡方	1057.691
	自由度	253
	显著性	0

资料来源：采用 SPSS 22.0 软件分析获得。

三、实地调研

本研究选取玉龙雪山景区作为实证研究的案例地点，目的在于深入探索并分析该景区的品牌形象影响因素。因此，本研究的调查对象主要集中于曾经访问过玉龙雪山景区的游客群体。笔者在本次调查中，采取了实地调研和在线调查两种方式来分发和收集问卷。实地调研的时间安排在 2023 年的 11 月底到 12

月初。实地调研阶段，在玉龙雪山景区管理委员会的支持和协助下，笔者在景区的主要景点入口处采用随机访问的方式向旅游者发放问卷。在线调查方面，通过问卷星网站在全国范围内发布问卷，并收集回应数据。

在本次调查中，共计发放了 300 份问卷，回收了 292 份。经过筛选，剔除了 12 份无效问卷，最终获得了 280 份有效问卷，问卷的有效回收率达到了 93.33%。加上此前预调研阶段收集的 97 份有效问卷，总计有效问卷数量为 377 份，这一数据量为后续的分析提供了充足且可靠的数据支持。

第十章

山地景区品牌形象影响因素调研及结果分析

第一节　景区调研数据分析

一、描述性统计分析

（一）调查样本特征描述性统计分析

通过对调查问卷所得的 377 份有效样本信息进行归纳整理，一定程度上了解了参与调查者的基本人口统计学特征。此次统计的维度包括性别、年龄、地理来源、受教育程度、个人月收入、职业类型及对玉龙雪山景区的到访频次等关键指标。

在性别分布方面，样本中男性旅游者和女性旅游者的比例基本持平，男性占 48.54%，女性略微领先，占 51.46%。均衡的性别比例为本研究知悉男女游客在品牌形象认知上的差异提供了坚实基础。

年龄结构上，调查样本呈现出明显的年轻化趋势。其中 18~30 岁的年轻群体占比高达 55.70%，其次为 31~50 岁的群体，占 23.61%，而 51 岁及以上群体相对较少（51~60 岁占 9.28%，60 岁以上占 3.98%）。这一年龄分布强调了年轻消费者在玉龙雪山景区市场中的重要性，年轻旅游者可能对户外运动、山地旅游等方面有更浓厚的兴趣。

地理来源方面，大多数受访者（68.44%）来自云南省内，而其他省份的旅游者仅占31.56%，表明了玉龙雪山景区对省内旅游者的吸引力更强，这可能与省内旅游者对玉龙雪山的地理位置、文化背景和旅游资源的熟悉度有关。尽管大部分受访者来自云南省内，但仍有超过1/3的旅游者来自其他省份。这一比例显示了玉龙雪山景区对外省旅游者的吸引力，表明其作为旅游目的地的影响力超出了本地区域。

在受教育程度上，55.44%的受访者拥有大专/本科学历，21.22%的受访者具有研究生及以上学历，表明参与调查的旅游者中有很大一部分受过高等教育。这可能意味着这些旅游者在消费决策上更为理性和有选择性，且较高的教育水平群体可能对玉龙雪山景区的品牌形象有更深入的理解和较高的期望，他们可能更关注景区的文化价值、历史背景以及环境保护等方面。

个人月收入分布显示，42.70%的受访者月收入在3000~5000元，而33.69%的受访者月收入低于3000元。此外，16.45%的受访者月收入在5001~8000元，7.16%的受访者月收入超过8000元。超过2/3的受访者月收入在5000元以下，表明玉龙雪山景区的主要客群属于中低收入阶层，这一群体的消费能力和消费偏好可能对景区的定价策略、产品设计和服务提供有着直接影响。

职业类型中，学生占比最高，达到33.95%，其次是企业员工，达到26.53%。自由职业者、个体工商户/私营业主以及公务员/事业单位职工分别占18.83%、11.67%和7.43%。这一职业分布揭示了样本中的多样化职业背景，不同的职业背景可能会使旅游者对玉龙雪山景区品牌形象的认知有所影响。其中，学生群体占据了问卷样本中的最大比例，这反映出玉龙雪山景区在年轻人中极具吸引力，也可能与年轻人寻求新奇体验、户外探险活动和社交媒体分享等趋势有关。

关于对玉龙雪山景区的到访频次，首次访问者占25.46%，两次访问者占45.89%，三次及以上的访问者占28.65%。其中，两次及以上访问者合计占比达到74.54%，表明玉龙雪山景区具有较强的复游率，这表明了很大一部分旅游者对玉龙雪山景区有着较高的品牌忠诚度。旅游者的忠诚度是旅游景区稳定收入的重要来源，同时也是口碑传播的有效途径。

综上，问卷样本中的受访旅游者性别、年龄、地理来源、受教育程度、个人月收入、职业类型、到访频次等变量特征明显，说明调查样本对总体具有一定的代表性（见表 10–1）。

表 10–1　调查样本特征描述性统计分析

项目	类别	频数	占比（%）
性别	男	183	48.54
	女	194	51.46
年龄	18 岁以下	28	7.43
	18~30 岁	210	55.70
	31~50 岁	89	23.61
	51~60 岁	35	9.28
	60 岁以上	15	3.98
地理来源	云南省	258	68.44
	其他省份	119	31.56
受教育程度	初中及以下	39	10.34
	高中 / 中专	49	13.00
	大专 / 本科	209	55.44
	研究生及以上	80	21.22
个人月收入	3000 元以下	127	33.69
	3000~5000 元	161	42.70
	5001~8000 元	62	16.45
	8000 元以上	27	7.16
职业类型	公务员 / 事业单位职工	28	7.43
	企业员工	100	26.53
	自由职业者	71	18.83
	个体工商户 / 私营业主	44	11.67

续表

项目	类别	频数	占比（%）
职业类型	学生	128	33.95
	离退休人员	6	1.59
	其他	0	0
到访频次	1 次	96	25.46
	2 次	173	45.89
	3 次	81	21.49
	4 次及以上	27	7.16

资料来源：采用 SPSS22.0 软件分析获得

（二）调查变量描述性统计分析

本研究通过运用 SPSS 22.0 对调研数据进行基本情况分析，结果如表 10–2 所示。其中，各项平均值在 3.25 左右，表明受访者对景区的多数评价指标给予了中上等的评分，对玉龙雪山景区的整体印象是正面的。标准偏差和方差的一致性表明，尽管受访者对某些指标的评价存在差异，但大多数人的意见趋于一致。中位数的结果进一步证实了这一点，大多数受访者对于景区的评价至少为中等。最小值和最大值的范围说明了评价的极端差异，但这些极端情况并不影响总体趋势。

表 10–2　变量描述性统计分析表

题项	平均值	标准偏差	方差	最小值	中位数	最大值
产品质量	3.25	1.128	1.271	1	3	5
服务质量	3.29	1.140	1.301	1	3	5
基础设施	3.28	1.180	1.393	1	3	5
旅游体验	3.33	1.157	1.338	1	3	5
名气声望	3.31	1.167	1.363	1	3	5
品牌认知	3.29	1.143	1.306	1	3	5

续表

题项	平均值	标准偏差	方差	最小值	中位数	最大值
品牌宣传	3.35	1.173	1.377	1	3	5
特色定位	3.31	1.144	1.309	1	3	5
第一提及	3.32	1.199	1.437	1	3	5
品牌信任	3.31	1.149	1.320	1	3	5
品牌承诺	3.36	1.111	1.235	1	4	5
利益保障	3.37	1.191	1.419	1	3	5
自然环境信任	3.35	1.198	1.436	1	4	5
社会环境信任	3.40	1.175	1.380	1	4	5
刺激	3.34	1.104	1.220	1	3	5
胜任	3.33	1.144	1.308	1	3	5
神圣	3.25	1.136	1.291	1	3	5
活力	3.35	1.178	1.389	1	4	5
符号形象	3.33	1.209	1.462	1	3	5
功能形象	3.24	1.150	1.323	1	3	5
管理形象	3.25	1.214	1.474	1	3	5
旅游意愿	3.27	1.192	1.420	1	3	5
形象一致性	3.27	1.239	1.534	1	3	5

资料来源：采用 SPSS22.0 软件分析获得。

二、信度与效度分析

（一）信度分析

本研究主要采用克隆巴赫系数来评估各变量之间的内部协调性。通过 SPSS 22.0 软件分析得出总量表的克隆巴赫系数为 0.914，该结果表明该量表具有很高的内部一致性。基于标准化项目的克隆巴赫系数同样为 0.914，与非标准化结果一致，这强化了信度分析的可靠性（见表 10–3）。同时，细分到量表的五个维度，观察到它们的克隆巴赫系数均在 0.8 之上，远超过 0.7 的常规信度接受阈值，这表明量表的五个维度都具有较高的信度（见表 10–4）。特别是品牌信任维度的系数接近 0.9，表明该维度的测量题项具有极高的一致性和可靠性。

表 10–3　总信度结果

克隆巴赫系数	基于标准化项目的克隆巴赫系数	项数
0.914	0.914	23

资料来源：采用 SPSS22.0 软件分析获得。

表 10–4　各维度信度结果

维度	克隆巴赫系数	项数
山地景区品牌质量	0.837	4
山地景区品牌知名度	0.868	5
山地景区品牌信任	0.880	5
山地景区品牌个性	0.833	4
山地景区品牌形象	0.872	5

资料来源：采用 SPSS22.0 软件分析获得。

（二）效度分析

研究的效度检验采用 Kaiser–Meyer–Olkin（KMO）值及 Bartlett 球形检验，KMO 值的范围从 0 到 1，通常认为 0.6 以上的 KMO 值表示数据适合进行因子分析，而 0.8 以上则被认为是非常适合进行因子分析。通过 SPSS22.0 软件分析得出总体的 KMO 值为 0.918，且各个维度的 KMO 值都远高于 0.6 的基准线，均超过了 0.8，表明每个维度之间的相关性强，非常适合进行因子分析。同时，各维度的近似卡方值和自由度均显著，进一步证实了这些维度的总体适合度。此外，所有维度的显著性值均小于 0.001，强化了各维度之间存在显著的关联性（见表 10–5）。

表 10-5　各维度 KMO 值和 Bartlett 球形检验

维度	KMO 值	近似卡方值	自由度	显著性
山地景区品牌质量	0.818	558.208	6	<0.001
山地景区品牌知名度	0.873	823.063	10	<0.001
山地景区品牌信任	0.883	906.151	10	<0.001
山地景区品牌个性	0.805	562.295	6	<0.001
山地景区品牌形象	0.868	857.281	10	<0.001
总体	0.918	4424.297	253	<0.001

资料来源：采用 SPSS22.0 软件分析获得。

三、因子分析

因子分析（Factor Analysis，FA）是一种统计方法，旨在识别多个观测变量之间的关联性，并揭示这些变量背后的潜在因子（latent variables），从而实现数据的降维和结构简化，深入洞察复杂数据集的内在关联性。本研究通过 SPSS 22.0 进行因子分析，采用主成分法抽取了 5 个因子，这些因子的主成分的特征值分布较均衡，分别为 3.406、3.327、3.285、2.717、2.703，累计方差贡献率为 67.121%（见表 10-6）。这表明所提取的五个因子在解释总体数据变异方面表现出较强的能力，能够解释超过 2/3 的题项。这一结果符合因子分析的标准，说明所提取的因子能有效地揭示数据集中的主要结构和维度。

表 10-6　总方差解释表

成分	初始特征值			提取载荷平方和			旋转载荷平方和		
	总计	方差百分比	累积（%）	总计	方差百分比	累积（%）	总计	方差百分比	累积（%）
1	7.980	34.696	34.696	7.980	34.696	34.696	3.406	14.809	14.809
2	2.123	9.230	43.927	2.123	9.230	43.927	3.327	14.464	29.273
3	1.936	8.416	52.342	1.936	8.416	52.342	3.285	14.284	43.557
4	1.775	7.719	60.061	1.775	7.719	60.061	2.717	11.812	55.369

续表

成分	初始特征值			提取载荷平方和			旋转载荷平方和		
	总计	方差百分比	累积（%）	总计	方差百分比	累积（%）	总计	方差百分比	累积（%）
5	1.624	7.060	67.121	1.624	7.060	67.121	2.703	11.753	67.121
6	0.609	2.648	69.770						
7	0.568	2.469	72.238						
8	0.530	2.304	74.543						
9	0.518	2.250	76.793						
10	0.493	2.144	78.937						
11	0.490	2.130	81.067						
12	0.452	1.967	83.034						
13	0.435	1.892	84.926						
14	0.420	1.825	86.751						
15	0.401	1.745	88.495						
16	0.396	1.721	90.216						
17	0.369	1.602	91.818						
18	0.360	1.563	93.381						
19	0.346	1.503	94.885						
20	0.317	1.376	96.261						
21	0.309	1.342	97.603						
22	0.289	1.258	98.861						
23	0.262	1.139	100						
提取方法：主成分分析									

资料来源：采用 SPSS22.0 软件分析获得。

碎石图（Scree Plot）是因子分析中用来决定因子数量的一种图表。通常会寻找图中的一个拐点，即特征值开始平稳的点，这被称为“拐角准则”（Elbow

Criterion）。从图 10–1 中可以看出，因子从第 6 个点开始，曲线变得平滑，说明取前 5 个因子合适。

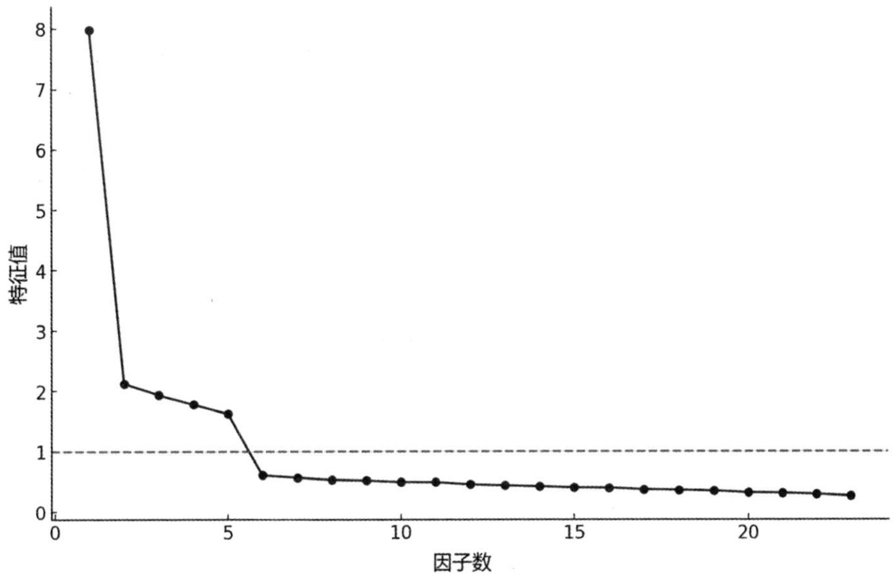

图 10–1　碎石图

提取特征值大于 1 的 5 个主成分，对成分矩阵进行旋转后发现，每个因子（山地景区品牌质量、山地景区品牌知名度、山地景区品牌信任、山地景区品牌个性和山地景区品牌形象）内部的观测变量均高于 0.5 的标准化因子载荷，表明这些题项在统计上与其所属变量有着显著且一致的关联。同时，未观察到任何交叉载荷现象，观测变量均按照本研究假设理论聚合到所属维度（见表 10–7）。这些结果指出，量表设计在区分不同品牌维度方面具有显著的效果，且每个维度内部呈现出高度的聚合性，从而说明其结构效度优异。

表 10–7　旋转后的成分矩阵结果表

维度	成分组件				
	1	2	3	4	5
山地景区品牌质量				0.753	
				0.760	

续表

维度	成分组件				
	1	2	3	4	5
山地景区品牌质量				0.786	
				0.804	
山地景区品牌知名度		0.739			
		0.753			
		0.781			
		0.771			
		0.785			
山地景区品牌信任	0.755				
	0.791				
	0.754				
	0.804				
	0.793				
山地景区品牌个性					0.792
					0.764
					0.812
					0.698
山地景区品牌形象			0.761		
			0.778		
			0.716		
			0.751		
			0.766		

提取方法：主成分分析法。

旋转方法：凯撒正态化最大方差法。

a. 旋转在 6 次迭代后已收敛。

第二节　景区品牌形象影响因素模型检验

一、回归分析

回归分析通常用于研究变量之间的关系，特别是一个或多个自变量（解释变量）和因变量（被解释变量）之间的关系，它可以帮助预测因变量的值，或者在给定自变量的情况下估计因变量的平均值。回归模型的分析通常涵盖三个关键部分：首先，模型的摘要表提供了调整后的 R 平方值，该值主要用于评估模型的拟合优度，即自变量对因变量解释能力的大小；其次，方差分析表用于验证模型的科学性和合理性。如果模型的显著性水平低于 0.05，这通常意味着模型是可靠且值得信赖的；最后，回归系数表揭示了自变量的系数及其统计显著性水平，从而反映了各自变量对因变量的影响强度和方向。

回归模型摘要表显示了模型的拟合程度（见表 10-8），其中 R^2 的值为 0.355，表示回归模型可以解释因变量方差的 35.5%，解释度一般，还有一部分差异不能解释。

表 10-8　模型摘要

模型	R	R^2	调整后的 R^2	标准估算的误差
1	0.596a	0.355	0.348	0.78868
a 预测变量：（常量），山地景区品牌个性，山地景区品牌质量，山地景区品牌信任，山地景区品牌知名度				

资料来源：采用 SPSS22.0 软件分析获得。

方差分析的本质是用于评估模型的整体统计显著性。表 10-9 中，回归模型的显著性为 0.000，小于 0.05，假设检验有效，表明 R^2 显著大于 0，也就是说，自变量集对因变量的影响在统计学上是显著的，证明了回归模型的科学性和合理性。

表 10-9　方差分析表 a

模型		平方和	自由度	均方	F	显著性
1	回归	127.217	4	31.804	51.13	0.000b
	残差	231.392	372	0.622		
	总计	358.609	376			
a 因变量：山地景区品牌形象 b 预测变量：（常量），山地景区品牌个性，山地景区品牌质量，山地景区品牌信任，山地景区品牌知名度						

资料来源：采用 SPSS22.0 软件分析获得。

回归系数表展示了各个维度自变量对因变量的影响（见表 10-10）。其中，山地景区品牌质量、山地景区品牌知名度、山地景区品牌信任、山地景区品牌个性对山地景区品牌形象有显著的影响（显著性均 <0.05），且回归系数 B 值均大于 0，表明呈正相关，说明在其他条件不变的情况下，山地品牌质量越好、山地景区品牌知名度越大、山地景区品牌信任度越高、山地景区品牌个性越强，山地景区品牌形象就越好。

表 10-10　回归系数表 a

模型		非标准化系数		标准系数	t	显著性
		B	标准错误	贝塔		
1	（常量）	0.458	0.201		2.279	0.023
	山地景区品牌质量	0.225	0.049	0.218	4.646	0.000
	山地景区品牌知名度	0.173	0.050	0.167	3.446	0.001
	山地景区品牌信任	0.235	0.049	0.230	4.837	0.000
	山地景区品牌个性	0.215	0.050	0.205	4.275	0.000
a 因变量：山地景区品牌形象						

资料来源：采用 SPSS22.0 软件分析获得。

二、验证性因子分析结果

为更好地检验量表与测量的潜变量之间的关系，本研究采用 Amos 24.0 软件构建模型检验测量模型的拟合度、信度和效度。结果表明，测量模型的拟合指数较为理想，其中 χ^2/df=1.083、TLI=0.995、GFI=0.996、RMSEA=0.015 均符合相关要求（吴明隆，2013）。综合来看，山地景区品牌质量、山地景区品牌知名度、山地景区品牌信任、山地景区品牌个性的概念模型适配良好（见图 10–2、表 10–11）。

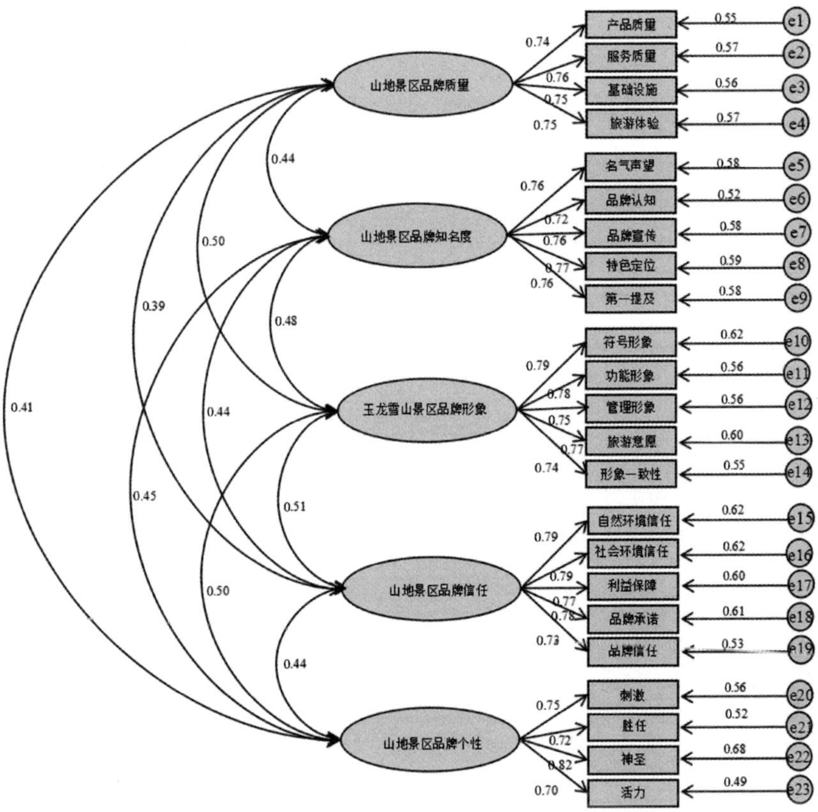

图 10–2　验证性因子分析图

表 10–11　修正模型拟合度检验结果表

适配指标	χ^2/df	TLI	CFI	RMSEA
实测值	1.083	0.995	0.996	0.015
适配值	1~3	≥ 0.9	≥ 0.9	<0.08
是否符合适配值	符合	符合	符合	符合

资料来源：使用 Amos24.0 软件分析绘制所得。

测量模型的23项测量指标的因子载荷系数（Estimate）在0.702到0.824之间，均大于0.5，说明各维度所对应的表述题项均具有较高代表性。Average Variance Extracted（AVE）衡量的是一个潜在因子的观测变量所提取的方差量的平均值，5个变量的AVE值均大于0.5，说明该量表有较强的收敛效度。组合信度（Composite Reliability，CR）在0.835到0.88之间，均大于0.8，说明量表整体的聚合效度优异（见表10–12）。

表10–12　聚合效度和组合信度检验结果表

路径			Estimate	AVE	CR
旅游体验	⟵	山地景区品牌质量	0.755	0.562	0.837
基础设施	⟵	山地景区品牌质量	0.750		
服务质量	⟵	山地景区品牌质量	0.753		
产品质量	⟵	山地景区品牌质量	0.741		
第一提及	⟵	山地景区品牌知名度	0.764	0.569	0.868
特色定位	⟵	山地景区品牌知名度	0.766		
品牌宣传	⟵	山地景区品牌知名度	0.761		
品牌认知	⟵	山地景区品牌知名度	0.720		
名气声望	⟵	山地景区品牌知名度	0.760		
社会环境信任	⟵	山地景区品牌信任	0.790	0.596	0.880
自然环境信任	⟵	山地景区品牌信任	0.788		
利益保障	⟵	山地景区品牌信任	0.773		
品牌承诺	⟵	山地景区品牌信任	0.782	0.596	0.880
品牌信任	⟵	山地景区品牌信任	0.727		
活力	⟵	山地景区品牌个性	0.702	0.56	0.835
神圣	⟵	山地景区品牌个性	0.824		
胜任	⟵	山地景区品牌个性	0.718		
刺激	⟵	山地景区品牌个性	0.745		

续表

路径			Estimate	AVE	CR
符号形象	⟵	山地景区品牌形象	0.789	0.577	0.872
功能形象	⟵	山地景区品牌形象	0.746		
管理形象	⟵	山地景区品牌形象	0.746		
旅游意愿	⟵	山地景区品牌形象	0.775		
形象一致性	⟵	山地景区品牌形象	0.742		

资料来源：使用 Amos24.0 软件分析绘制所得。

区分效度检验（Discriminant Validity Test）通常用于评估测量工具中不同变量之间的独立性。从表 10–13 中可以发现，每个维度的平均方差提取量（AVE）的平方根与相应相关系数进行比较时，所有维度的相关系数值均低于其对应的 AVE 平方根。这表明，虽然这些维度变量间存在着一定程度的相关性，却也同时保持了明显的区别性，由此可见，本模型的 5 个变量间具有良好的区分效度。

表 10–13　区分效度检验结果表

潜在变量	山地景区品牌个性	山地景区品牌信任	山地景区品牌知名度	山地景区品牌质量	玉龙雪山景区品牌形象
山地景区品牌个性	0.560				
山地景区品牌信任	0.337	0.596			
山地景区品牌知名度	0.342	0.369	0.569		
山地景区品牌质量	0.293	0.317	0.354	0.562	
玉龙雪山景区品牌形象	0.405	0.462	0.430	0.425	0.577
AVE 平方根系数	0.748	0.772	0.754	0.750	0.760

资料来源：使用 Amos 24.0 软件分析绘制所得。

三、结构方程模型分析结果

使用 Amos 24.0 软件计算修正模型的主要路径结果，如图 10–3 所示。

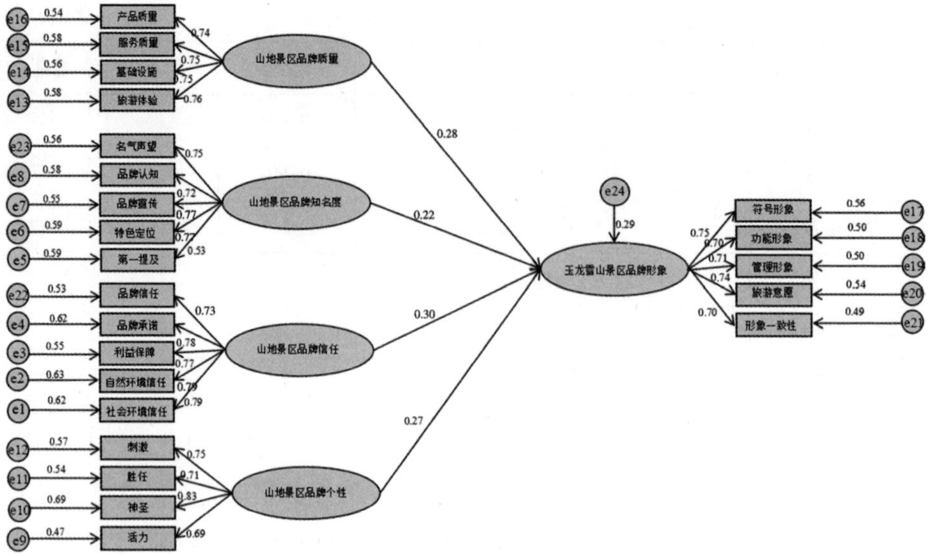

图 10–3　结构方程模型运行图

评估结构方程模型的合理性需依赖于模型拟合指标与既定评估标准的对比分析。本研究借助 Amos 24.0 软件对所提出的结构方程模型进行了验证。在修正模型的拟合度检验结果中，卡方值与自由度之比（χ^2/df）为 2.109，处于理想的 1 到 3 之间，这表明模型的拟合度符合标准。Tucker–Lewis 指数（TLI）和比较拟合指数（CFI）分别为 0.931 和 0.939，均超过了 0.9 的标准阈值，指示出模型具有较好的拟合度。此外，均方根误差近似值（RMSEA）为 0.054，远低于 0.08 的标准，说明模型的误差水平较低，拟合程度优异。总体而言，这些统计结果表明该结构方程修正模型在各个关键拟合度指标上均达到了良好的水平（见表 10–14）。

表 10–14　修正模型拟合度检验结果表

适配指标	χ^2	χ^2/df	TLI	CFI	RMSEA
实测值	476.627	2.109	0.931	0.939	0.054
适配值	—	1~3	≥ 0.9	≥ 0.9	<0.08
是否符合	符合	符合	符合	符合	符合

资料来源：使用 Amos24.0 软件分析绘制所得。

在结构方程模型中，路径系数的显著性检验用于确定变量之间的关系是否在统计上具有显著性。显著性水平通常以 p 值表示，p 值越小，表明结果的统计显著性越高。通常 p 值小于 0.05 被认为是显著的，小于 0.01 或 0.001 则被认为是非常显著的。在本研究的结构方程模型路径系数显著性检验中，所有路径系数的 p 值都显示为 ***，这表示所有的路径系数都非常显著。临界比（C.R.）是估计值与其标准误差之比，它是用来判断路径系数是否显著的另一个统计量。一般来说，绝对值大于 1.96 的 C.R. 表示在 95% 置信水平下路径系数显著，而大于 2.58 则表示在 99% 置信水平下显著。表 10–15 中，所有路径的 C.R. 值都远大于 1.96，表明这些路径在统计上都非常显著。综上，山地景区品牌质量、山地景区品牌知名度、山地景区品牌信任、山地景区品牌个性均对玉龙雪山景区品牌形象有着显著的独立影响。

表 10–15　结构方程模型路径系数显著性检验

路径			Estimate	S.E.	C.R.	p
山地景区品牌质量	⟷	山地景区品牌知名度	0.354	0.056	6.317	***
山地景区品牌质量	⟷	山地景区品牌信任	0.317	0.055	5.818	***
山地景区品牌质量	⟷	山地景区品牌个性	0.293	0.051	5.743	***
山地景区品牌质量	⟷	山地景区品牌形象	0.425	0.061	6.947	***
山地景区品牌知名度	⟷	山地景区品牌信任	0.369	0.058	6.411	***
山地景区品牌知名度	⟷	山地景区品牌个性	0.342	0.054	6.322	***
山地景区品牌知名度	⟷	山地景区品牌形象	0.430	0.062	6.881	***
山地景区品牌信任	⟷	山地景区品牌个性	0.337	0.054	6.265	***
山地景区品牌信任	⟷	山地景区品牌形象	0.462	0.064	7.271	***
山地景区品牌个性	⟷	山地景区品牌形象	0.405	0.059	6.850	***
*** 表示 p<0.001						

资料来源：使用 Amos24.0 软件分析绘制所得。

四、研究假设结果汇总

假设检验结果汇总如表 10–16 所示。

表 10–16　假设检验结果汇总

	假设内容	假设是否成立
H1	山地景区品牌质量对其品牌形象有正向影响	成立
H2	山地景区品牌知名度对其品牌形象有正向影响	成立
H3	山地景区品牌信任对其品牌形象有正向影响	成立
H4	山地景区品牌个性对其品牌形象有正向影响	成立

注：根据研究假设检验结果整理。

第三节　山地景区品牌形象影响因素的作用分析

一、山地景区品牌质量对山地景区品牌形象的作用

研究结果揭示了山地景区品牌质量对山地景区品牌形象具有显著的正向影响（验证了假设 H1）。检验结果表明，山地景区品牌质量对山地景区品牌形象的路径系数达到了 0.425，表明其影响是显著的。玉龙雪山的品牌质量不仅包括自然资源和景观的优越性，还涵盖了旅游活动的多样性、基础设施的完善程度、服务质量的高标准、当地民俗文化的丰富性以及旅游者的综合旅游体验。

近年来，玉龙雪山景区因其完善的政策规划体系、生物多样性与传统文化资源的严格保护、独特的生态旅游产品、优质的游客服务与基础设施、规范及标准化的管理、高质量的管理团队、广泛的社区参与，在云南乃至全国范围内展现了显著的示范和引领效应，在 2023 年成为唯一入选全国文化和旅游标准化示范典型经验名单的云南省景区。打造出了具备示范性和效益综合性的旅游文化品牌。此外，玉龙雪山独特的民族文化和历史遗产也在提升游客体验方面发

挥了关键作用。通过深入挖掘纳西族文化，结合玉龙雪山壮丽的自然景观，为游客提供了独一无二的旅游体验。这些努力不仅提高了游客的满意度，也进一步强化了玉龙雪山作为世界级山地旅游目的地的品牌形象。总的来说，玉龙雪山通过持续改善和提升景区的品牌质量，成功地塑造了独特而引人入胜的品牌形象。这一品牌形象的提升不仅增强了游客对玉龙雪山的认知和好感，也为景区带来了更多的游客和更高的知名度，进一步证明了品牌质量对于山地景区品牌形象的重要性。

二、山地景区品牌知名度对山地景区品牌形象的作用

研究结果揭示了山地景区品牌知名度对山地景区品牌形象具有显著的正向影响（验证了假设 H2）。检验结果表明，山地景区品牌知名度对山地景区品牌形象的路径系数达到了 0.430，表明其影响是显著的。作为著名的山地旅游目的地，玉龙雪山景区品牌形象的构建与提升体现了品牌知名度、品牌认知、品牌宣传以及品牌特色定位等多重因素的综合影响。

在品牌知名度方面，玉龙雪山景区凭借其独特的自然景观和深厚的文化底蕴，在国内外享有显著的声誉。这种知名度不仅来源于景区本身的自然美景和文化特色，也得益于有效的品牌推广策略和积极的口碑传播。高品牌知名度为玉龙雪山在潜在游客心中构建了积极的品牌形象，从而激发了他们的旅游兴趣。品牌认知方面，玉龙雪山景区通过丰富的生态资源、民族文化和独特的旅游体验，在游客心中建立了深刻的品牌形象。游客对玉龙雪山的认知不仅涵盖其作为旅游目的地的吸引力，还包括对其生态价值和文化意义的全面理解。在品牌宣传策略方面，玉龙雪山景区利用多种渠道和方法进行品牌形象的推广，如社交媒体、旅游展览和合作营销等，有效提高了其在潜在游客中的可见度和认知度。综上，品牌特色定位是玉龙雪山景区品牌形象的关键。通过强调山地旅游资源的独特性、纳西族文化的丰富性以及可持续的生态旅游体验，玉龙雪山景区在众多旅游目的地中实现了差异化定位，加强了其作为特色山地旅游目的地的品牌形象。玉龙雪山景区的品牌形象是其品牌知名度、品牌认知、有效的品牌宣传以及明确的品牌特色定位共同作用的结果。这些因素相互影响和强化，共同促进了玉龙雪山作为山地旅游目的地的品牌形象的建立和提升，为其在旅

游市场中赢得了独特的竞争优势。

三、山地景区品牌信任对山地景区品牌形象的作用

研究结果揭示了山地景区品牌信任对山地景区品牌形象具有显著的正向影响（验证了假设 H3）。检验结果表明，山地景区品牌信任对山地景区品牌形象的路径系数达到了 0.462，表明其影响是显著的。山地景区品牌信任在山地景区品牌形象的构建中扮演着至关重要的角色。它是基于游客对山地景区品牌认知的深化和对旅游体验质量的认可之上形成的一种情感联结。这种信任意味着游客与景区品牌之间已建立起某种程度的情感联系，这不仅促使游客愿意推荐或重复访问该景区，还有助于他们在内心中塑造起山地景区的积极品牌形象。

在实证研究中发现，两次及以上到访过玉龙雪山景区的受访者合计占比达到 74.54%，表明玉龙雪山景区具有较强的复游率，复游率有助于提高旅游者对玉龙雪山景区的了解度和品牌信任度，进而影响他们对景区品牌形象的评价。山地景区品牌信任在这里不仅体现在游客对景区提供的旅游体验的品质和安全性的信赖上，还包括对玉龙雪山社会环境安全和当地社区环境的正面评价。这种信任建立在对景区管理的专业性、对自然资源的可持续利用以及对社会文化的敏感性和尊重的基础上。具体而言，玉龙雪山景区在提供高质量旅游服务的同时，通过有效的环境保护措施和社会责任实践，赢得了游客的广泛信赖。这种对自然和社会环境的深度关怀不仅强化了游客的安全感和归属感，也促进了他们对玉龙雪山景区的积极评价和口碑传播。因此，这种全方位的品牌信任直接影响了玉龙雪山景区作为山地旅游目的地的品牌形象，使得玉龙雪山景区在竞争激烈的山地旅游市场中建立了独特的品牌竞争优势，深化了其作为理想山地旅游目的地的形象。

四、山地景区品牌个性对山地景区品牌形象的作用

研究结果揭示了山地景区品牌个性对山地景区品牌形象具有显著的正向影响（验证了假设 H4）。检验结果表明，山地景区品牌个性对山地景区品牌形象的路径系数达到了 0.405，表明其影响是显著的。景区品牌个性是指景区在游客心目中形成的独特的、拟人化的品牌形象和特质，它包括游客对景区的感知和

期望，如景区的特色、氛围、价值观等。这些个性特质对于塑造景区的品牌形象、增强游客的认同感和忠诚度至关重要。刺激、胜任、神圣和活力显然在一定程度上反映出了玉龙雪山景区的独特个性，并在形成其独特品牌形象方面起到了显著作用。

玉龙雪山景区作为山地旅游的理想目的地，为旅游者提供了丰富的山地户外运动体验和自然探索体验，这种刺激性的体验不仅让游客感到兴奋和愉悦，还在他们心中塑造了玉龙雪山景区作为一个充满活力和探险精神的目的地的形象。同时，玉龙雪山景区对不同文化的尊重和对自然的敬畏体现了其深度的文化包容和和谐共生的态度。这种豁达和包容的品牌个性使得旅游者不仅感受到了身处自然美景中的宁静，还体会到了人与自然的和谐相处。此外，玉龙雪山景区丰厚的文化底蕴和独特的自然景观为旅游者提供的不仅仅是视觉享受，更是精神和文化层面的体验。这种深层次的文化体验共同营造了一种神圣而令人敬畏的品牌个性，不仅提升了玉龙雪山景区的品牌形象，也使得旅游者对其产生了深深的敬意和情感联结。此外，玉龙雪山景区还经常举办各种节庆活动和诸如《印象·丽江》这类的文化性旅游演艺，展现了景区的热情和异域风情，极大地丰富了旅游者的旅游体验，进一步强化了玉龙雪山作为一个充满活力和文化魅力的山地旅游景区的形象。

第十一章

山地景区增加地方感和提升品牌与满意度的策略

第一节 媒介化地理视角下地方感强化与特色化发展

一、地方感感知内容优化——丰富文化体验项目内容，提高文化体验内容深度

旅游者视频内容分析显示，玉龙雪山旅游者感知内容大都停留在对玉龙雪山景区自然环境的探索，发现旅游者感知层的画面占比中占比最高的是山坡和谷地，占关键帧识别总构成的8.23%；其次是气象和天象，占比为6.13%，再者是水域景观，占到4.91%；前三者加和占比为19.27%。而人文类的景观占比主要由传统建筑、节庆活动、食物、服饰、人物构成，其总占比为9.98%，与自然环境的画面识别占比相比，人文景观在视频画面中出现的比例较低，再结合玉龙雪山景区的实际情况，玉龙雪山的游览方式以观光为主，景区内文化活动项目除《印象·丽江》之外几乎没有知名度。郑伯铭（2021）对玉龙雪山景区高质量发展驱动力的研究显示，与其他资源相比，人文环境得分较低，且质量水平一般，说明玉龙雪山景区的人文资源内涵挖掘不足，人文体验项目较少，人文体验深度较浅。笔者也通过观察发现，当地人与旅游者的接触十分有限，在景区内，最直接与旅游者接触的当地人是向游客兜售防寒、防高原反应用品的商贩，哪怕在《印象·丽江》的表演中，当地人也只是作为表演者，是人化

的景观，与旅游者之间的深入互动较少，而当地人是其文化传播和传承的最佳载体，是旅游者地方感建构的重要力量，如何将当地人的传统风俗、文化信仰理念、生活生产方式与山地旅游项目进行融合，成为破题关键。

玉龙雪山是纳西族人世代生活并崇敬的地方，结合纳西族的传统节庆活动，如三朵节、火把节等民族节庆活动，在景区内及周边村庄，如玉湖村、甲子村等举行祈福、打跳、庙会、歌舞表演等旅游者能够感知并参与其中的活动；充分完善景区讲解系统，将玉龙雪山神话传说、历史变迁、英雄事迹等富有民族记忆的故事融合进解说系统中，并在景区中安排工作人员进行互动式的讲解活动，采用打卡的方式，使旅游者通过自己的探索充分了解玉龙雪山的人文内涵；在景区各相关景点，设置民族手工艺品的制作体验店，使旅游者可以亲手将自己在玉龙雪山景区的体验经历变成木雕、东巴纸制作、竹编、皮革艺术品等手工制品，成为独一无二富含民族技艺和个人经历的纪念品。还可以与影视文化进行结合，将玉龙雪山作为影视符号、故事承载地，使玉龙雪山在影视故事中获得更多丰富的文化内涵，从而赋予它文化发展的生命力。此外，还要充分调动当地居民参与文化项目的积极性，对景区内非遗传承人进行保护，对景区内村落的传统景观进行保护，并加大宣传力度，设计游览线路，将周边村寨和玉龙雪山景区进行联合发展，更大限度地使玉龙雪山景区旅游吸引力外溢，形成极化涓滴效应，促进旅游体验和当地居民生计之间的更深层次、更优质的结合。

二、地方感活动方式升级——打造山地运动项目，增进山地和旅游者之间的互动

旅游者对玉龙雪山自然景观的感知方式多停留在观光层面，旅游者视频内容中很大一部分是观光车、缆车上拍摄的场景。虽然观光车和缆车的运行使得玉龙雪山变成了更为大众的旅游目的地，对身体素质不那么好的旅游者比较友好，但同时也大幅缩短了游览者在玉龙雪山景区停留的时间，将蓝月谷、云杉坪、牦牛坪、冰川公园、甘海子等独具特色、资源丰富的景观在很短的时间内串联起来。旅游者感受到的是直接的、快捷的、接二连三的刺激，许多感知来不及得到更加深刻的加工就将消失，将心里的感受空间出让给下一个景点。在问卷调研中地方依赖的相关题项：“我在玉龙雪山进行的活动是独一无二的”

“玉龙雪山景区给予我的感觉是其他地方无法给予的”“玉龙雪山景区能很好地承载我的个人志趣”，其因子的综合平均分为3.851，是地方感的三个因子中平均分最低的，说明了玉龙雪山景区在山地旅游的独特性、对山地旅游者爱好满足的程度相对其带来的依恋感和景区认同感是不足的，其对山地旅游者的兴趣爱好的功能性满足是不够的。心流体验的相关理论表明，当技巧和难度得到平衡的时候，更容易使人产生沉浸忘我的体验，而玉龙雪山采取观光车、缆车等形式作为景区的主要游览方式，就使旅游者处于较低的技巧水平。

所以针对以上的问题，玉龙雪山景区应当在保留缆车、观光车运行的同时，也推出不同难度的山地徒步线路，根据每条线路的不同难度增设向导，给有更高的徒步探险需求的旅游者提供更专业化的服务。在视频中不乏旅游者将自己在玉龙雪山的徒步经历发布出来，但这些线路没有经过专业人员的设计，也没有救援设施点的设置，很容易造成意外事故。2023年12月的一则新闻报道指出：玉龙雪山景区“牛奶湖”“七号树”等“野景点”，2023年以来发生数起迷路、被困的救援警情。既然旅游者有需求，说明有开发产品的空间，推出牛奶湖等徒步线路，可以丰富玉龙雪山景区的山地旅游产品体系，也可以使玉龙雪山景区给旅游者带来的体验更具独特性，更能满足山地旅游者的兴趣爱好。与此同时也可以增设一些感知强度更高、运动强度相对较低的活动，如星空帐篷营地、雪山探秘研学之旅等项目，提高玉龙雪山景区的专业化程度，使旅游者的地方依赖得到加强。

三、地方感营造空间拓展——视频媒介宣传营销，形成线上线下衔接的地方感知

2023年，许多景区造就了在视频社交媒体一夜爆红的神话，前有淄博烧烤代表好客山东欢迎八方游客，后有哈尔滨冰雪旅游吸引“广西砂糖橘”“南方小土豆”。这些事例都说明，在视频社交媒体成为大众获取信息主要方式的今天，视频社交媒体有力量在互联网平台造就一个全新的空间，将线上和线下的差距拉近，起到目的地营销宣传、增强地方吸引力的作用。在数字媒介中，旅游者的地方感形成逻辑发生了改变，而原本被看成冰凉的机器，导致地方被同质化、碎片化的媒介，同样也起到了承载人与地方之间爱欲关系的作用（曾一果等，

2023）。线上线下相互影响已经成为现实，研究结果显示，视频媒介的使用依赖程度会正向影响旅游者的包括出游意向及分享重游意向在内的技术行为意向，包括有用性和易用性的技术使用感知以及沉浸感、成就感、放松感在内的媒介使用情感，而技术使用感知和媒介使用情感也会正向影响旅游者的技术行为意向。因此，玉龙雪山景区应当充分利用视频社交媒介平台进行宣传和营销，通过大量的宣传视频，在吸引潜在旅游者注意力的同时，在视频中为旅游者展示当地独具特色的自然文化资源及完善的旅游服务设施，设计具有易得性、新奇性、沉浸感、放松感等多层次的内容，在短时间内全方位吸引旅游者注意力。

此外，视频中极具视觉感的地方呈现，使旅游者产生了技术使用感知和媒介使用情感，而这些感知和情感又正向影响了玉龙雪山旅游者的地方感。段义孚（2007）认为一个地方的现实性，需要人类从内部和外部的感知、思考，结合直接和间接的经验，形成的完整性体验来塑造。从媒介使用情感到地方感的形成和转变，正是媒介提供的间接经验或使用媒介的经验及其激荡起来的情感，与直接的地方接触、旅行经历、具身体验相结合，形成这种完整性体验的过程。实际上，视频媒介具有这样的引导性，同时也承载着加速器的功能。一方面视频媒介引发的情感和行为意向可以将使用者引向目的地，去完成旅游实地体验；另一方面它作为一个社交平台，不断聚合那些在地的体验，形成地方形象、地方印象，进一步将差异化、特色化的地方进行传播。如何使旅游者通过视频媒介得到关于地方更加清晰、鲜明、真实的感知，是视频营销需要解决的问题。

首先，景区需要利用官方和非官方渠道进行宣传营销，官方渠道对于玉龙雪山景区的传递可以是全面、权威、具体的，如直播日照金山，对三朵节、火把节等特色节庆活动进行直播。官方视频宣传也可以是接地气的，近年来各地旅游官方平台“整活”的视频点击量不断攀升，民众乐意看到官方对旅游者的欢迎及乐于为其服务的态度，玉龙雪山景区也可以通过在各大视频社交网络平台发布具有记忆点的视频吸引旅游者。其次，玉龙雪山景区也可以采取非官方化的渠道进行宣传，可以和网络平台的知名旅游博主进行合作，邀请其来到玉龙雪山景区旅游，记录并发布旅游的全过程，通过这样的方式为旅游者提供多角度、多玩法的参照。

四、地方感记忆延续——利用视频媒介，强化重游及分享意向

视频媒介不仅仅具有传播的功能，也有记录的功能，而一个地方只有深切扎根于人们记忆当中才不会在互联网的浪潮之下被轻易取代。而旅游者通过相机和手机将自己的旅行经历进行记录和编辑，就可以触发注意力机制更深层的记忆加工的功能，让玉龙雪山景区给旅游者留下更加深刻的印象。景区可以定期举办视频拍摄活动大赛，鼓励旅游者参与主题拍摄和打卡活动，并在社交网络平台发起大众投票活动，通过这样的方式提升旅游者在使用视频媒介时的沉浸感、成就感，从而强化其分享重游的意向和对目的地的认同及依赖。

第二节　提高山地景区游客满意度

一、提高景区管理质量

旅游景区作为一个面向公民开放的场所，必须加强对其各个方面的管理，强有力、高质量的管理是保障旅游景区内部各个景点质量和环境卫生保持良好的主要手段（周炜，2021），这样就可以为游客在景区内部游玩的时候提供良好的人身安全和必要的财产保障。因此，对于任何一个景区而言，不断提高自身的管理质量，形成高效的管理体系，是景区提升自身知名度、影响力和提高游客满意度重要举措。玉龙雪山景区也是如此，为了提高游客对景区的满意度，需要不断提升景区的管理质量。

（一）加强市场秩序管理

面对这一问题，首先，政府管理部门应该加强对旅游市场秩序的监督与管理，建立健全的市场秩序监督管理机制，明确责任主体，并由专人负责，确保旅游市场秩序的正常开展，在市场秩序监督管理的工作中做到有目标、有落实，将其作为一项重要的任务和职责来抓，负责集中规范市场秩序。其次，针对旅游旺季客流量大的问题，要从源头上控制进山人数，景区可以通过实行淡旺季

分区管理方式，在不同的季节采用不同的管理方式，不断提升景区的管理质量（钟士恩等，2016）。面对旅游淡季时，景区常规的管理方式就可以保障游客在景区内的观赏体验，这时景区在采取常规管理办法的同时注重提高景区的管理质量，就可以保障游客在景区内正常观赏游玩的需求。面对旅游旺季的时候，以往常规的管理的方法就不能保障游客在景区内进行正常的观赏和游览，这时候景区管理者就需要采用适合旺季的管理方法对其进行管理。即景区管理者应该根据景区的最大容量，对每日的售票数量和进入景区的人流量进行实时监控，控制进入景区的人流量，与此同时适当增加景区的开放时长，在不影响景区正常运行的同时可以接待更多的游客。最后，景区应该采取灵活的价格组合策略，而不是捆绑销售，将自主选择权留给游客，有助于提高游客对景区的满意度。

（二）加强现场管理

现场管理作为景区管理的日常事务是不可小觑的，每天有众多游客前往景区游玩，景区应该不断完善管理制度，在相应的位置配置相应的工作人员，及时了解并帮助游客解决在游玩过程中遇到的各种困难。第一，景区应该完善接驳车的管理，督促接驳车按时发车，并根据景区人流情况实施动态调配接驳车的发车时间，接驳车现场配置工作人员，及时维护现场的秩序，避免出现插队、拥挤、踩踏等事件的发生。第二，景区可以搭乘智慧旅游的“顺风车”，通过搭建快捷高效的智慧平台，让游客通过手机就可以提前完成各种票务的预订和购买，从而减少游客在现场排队取票、排队等车等花费的时间。第三，景区需要统一景区的票种，制定科学的价格策略，完善线上线下的售票渠道。在门票组合方面，景区应该给游客更多的自主选择权，而不是事先设定各种联票制度，从而减少现场不必要的人员拥堵情况。第四，景区要适当增加对一线工作人员的培训频次，因为景区工作人员作为景区内与游客接触最多的群体，他们的服务质量会直接影响游客的游览感受。景区管理者要监督工作人员的服务质量，让其遵守景区的管理制度，并热心服务好每一位游客，因为良好的服务态度可以使游客忽略景区其他的不足，从而提高游客们对玉龙雪山景区的满意度。

（三）优化交通管理

关于景区交通管理的优化需要从两个方面改善，即景区内通往各个景点的内部交通和景区外前往景区的外部交通。

对于景区内部交通的改善而言主要存在两种情况，即游客由景区外部进入景区内部停车场的交通情况和游客在景区内部观赏、游览景点的交通问题。其中，关于游客由景区外部前往景区内停车场的交通问题主要是保障自驾游的游客能够顺利抵达并在停车场顺利停车，并且能够拥有与各大旅游团车辆同等的进出权利。从前文的分析中可以了解到部分游客对停车场的感觉是管理混乱，标识不清，里面停车毫无秩序，对自驾车不友好，甚至有乱收费的现象存在。针对这些问题，景区应该对停车场成立专门的管理部门对其实施监管，在保障停车场高效快速运行的同时保障游客能够在停车场高效顺利地完成停车，以此保障游客花费较少的时间在停车问题上，能够快速到达景区的游客中心办理相关手续。一般来讲，游客在景区主要通过个人步行或乘坐景区大巴（接驳车）的方式到达景区的各个景点。由于玉龙雪山景区自身的特殊性，景区内各景点之间主要是以景区大巴（接驳车）代替步行的交通方式往返于各个景点之间，不过景区可以在一些相对平坦的、景色优美的区域设置共享单车等便捷的交通方式，让游客有更多的选择前往即将去游览的景点，从而减少由于搭乘大巴车（接驳车）而造成的长时间排队现象，或是根据旅游淡旺季人流量的多少合理配置景区大巴车的运行数量和发车频次、停靠站点、起始运营时间等，或是增加景区内的交通方式，即探索性地引进观光小火车、共享电动车、自行车等多样化的交通方式，在提高旅游运输效率的同时也满足了游客的个性化需求，进而提升游客的旅游满意体验感。

通过前文的分析可以发现，游客前往景区的外部交通方式主要有自驾、搭乘旅游公交专线、打车等几种方式。作为以自然景观为主的玉龙雪山景区，距离丽江市区有一段距离，如果没有方便快捷的交通方式，景区的发展势必受到影响。当然，如果前往景区的外部交通设施良好，那么游客通过自驾、搭乘公共交通工具、参加旅游团等多种方式，都可以在最短的时间内快速抵达景区，进而提高游客对此次游玩的满意程度（宋俐，2016）。所以，玉龙雪山景区可以在现有外部交通的基础上，与旅游管理部门、交通管理部门等相关部门协同进一步优化前往景区的外部交通，在提升景区外部交通畅通性和便捷性的同时，还能够提升前往玉龙雪山景区旅游者的游客满意度。

（四）完善旅游基础设施配套

旅游基础设施作为景区发展的基本条件，对山地景区的发展起辅助支撑的作用。首先它包含景区的各个景点、景观，其次包含景区的各种公共的基础设施、服务设备等，它们的好坏程度将直接影响旅游景区产品的供给质量，间接影响旅游者对旅游景区的满意情况。基于前文的分析可以发现，游客认为景区的基础设施还是存在些许问题，比如《印象·丽江》演出场地露天（演出现场没有遮阳设施）、游客休息区域不足、景区部分设备陈旧、医务室没有医务人员、缺少步行道、蓝月谷部分位置缺少安全护栏、停车场没有卫生间、大巴车没有遮阳的窗帘等。所以，针对这些问题，景区管理者应该加强对景区基础配套设施的维护和保护，不断完善景区旅游接待设施的建设、更换陈旧设施、配置齐全的医护人员、及时检修并维修安全防护设施，始终维持景区拥有良好的运营状态，从而在减少因基础设施对景区带来的负面影响的同时，通过良好的基础服务设施赢得游客更高的认可度，不断提高游客对景区的满意程度。除此之外，景区应该在观景台等适宜拍照打卡、观景的地方提供可供游客自由选择是否花钱拍照的位置，而不是景区将最好的拍照打卡的位置圈起来强制游客要么消费要么离开，这样反而会引起游客对景区更多的不满情绪，景区应该为游客提供可供其自由选择的机会，同时提供不断完善的、优质的公共基础服务设施。此外，景区内部设置的指示牌是现场管理不可或缺的基础引导设备，应该在景区入口、停车场、游客中心、游览线路岔路口、危险区域、紧急出口等关键位置设置清晰明了的指示牌，从而为游客提供正确、适宜的指引。还有就是玉龙雪山作为5A级旅游景区，其面积也不小，而且里面包含多个景点，为了保障游客在景区内部能够全面畅通地游览景区，景区管理者应该在景区门口、道路分岔口等地方设置相应的服务，从而方便游客游览。最后，景区应该加强对景区的巡视频次，定期更换破损的指示牌等指引设备，保障景区的正常运行。

总的来讲，为了满足游客高品质旅游需求，玉龙雪山景区既要完善景区游览标志、休息设施等基础设施，也要注重遮阳防暑、防雨防寒，保障游客的人身安全，还有就是针对老年人、母婴、残障人士的特殊服务设施设备的配置等服务细节方面，大力推行人性化和精细化服务，全面提升游客体验。这样为游客着想的运营思路不仅提高了游客对景区的体验满意度，在无形中提高了玉龙雪山景区在游客心目中的知名度和影响力，还赢得了游客一致的良好口碑。

二、提高景区服务质量

早在 2019 年 1 月，文化和旅游部就为提高旅游服务质量问题颁发过《关于实施旅游服务质量提升计划的指导意见》，其中就有提到通过提高旅游景区的服务质量，推动旅游业高质量发展的指导意见（孙建竹，2023）。旅游景区的服务质量作为旅游行业的核心组成部分，直接关系到游客对景区的满意度和体验感，进而影响旅游景区的发展。提高旅游景区的服务质量不仅可以更加有效地吸引游客、提升游客的满意度和重游率，而且可以提高景区的竞争力，同时优质的景区服务质量能够给游客带来更好的游览体验，进而推动景区的良性发展。玉龙雪山景区为了提高游客满意度，就需要针对游客需求从改善景区的消费环境、提高景区自身的综合服务质量、提升游客体验、优化景区餐饮环境等方面提升服务质量。

（一）改善景区消费环境

旅游者在旅游过程中，消费是不可避免的。首先就是景区的门票类消费是旅游者进入景区不可避免的消费之一。还有不少游客会在景区内用餐、买水、买纪念品等，从而衍生出各种各样的消费。作为景区的管理者就要做好对景区游客消费环境的管理，及时了解游客的不同消费需求，尽最大的努力去满足游客在景区的消费需求。

首先，景区内商品的物价是游客极为关注的问题，基于景区内商品经营的特殊性，其物价一般都高于外界商铺的销售价格，景区管理者应该对景区内商品的物价加强监督管理，使其定价在合理的范围内，不断改善景区的消费环境，避免出现商铺定价过高而导致的“宰客”现象发生，进而影响游客的购物体验。

其次，作为景区的管理者，要关注游客在景区内的消费满意情况，在发现不好情况时，要及时了解问题，保障商铺运营商和旅游者的合法权益，不仅可以提高旅游者对玉龙雪山景区消费环境的满意情况，而且可以提高旅游者的旅游满意度。

（二）提高景区综合服务质量

景区在提高综合服务质量时，应该加强对服务质量细节的优化，精细化改善游客的旅游体验质量，为游客提供高品质的旅游产品服务。玉龙雪山景区可以从景区地图、景区标识、景区游客休息区、景区服务人员的服务质量等方面进行优化（俞万源等，2013）。首先，景区地图和标示牌作为引导游客游览景区的重要工具，景区应该将其设置在合理的地方，这样就可以为旅游者提供良好的引导效果。另外，旅游者在景区游览、观赏的过程中，会有暂时休息、用餐等需要，这就需要景区设有供游客休息所需的必要场所，即游客休息区，这样不仅让游客倍感亲切，而且让游客从心理上感受到了景区对他们的重视，当然必要的休息区域也要保障环境卫生良好，舒适良好的卫生环境也是提高游客满意的必要条件。与此同时，工作人员作为景区内的管理者和服务者，包括但不限于景区售票人员、景区安保人员、景区接驳车司机、景区保洁人员等一系列工作人员，他们一方面保障着景区的正常运营，另一方面也是景区接触游客的最前端人员，其服务质量的高低直接影响着游客们对景区的满意程度。所以，景区管理者有必要对景区所有的工作人员进行必要的培训和指导，让其拥有良好的职业素质和工作技能，在提高景区运营效益的同时，也可以为游客提供高质量的服务，用精细化的服务质量为游客提供高质量的旅游体验，进而赢得游客的喜爱。

众所周知，所有的事情都存在不完美的时候，旅游产业也是如此。游客离开常住居所，前往一个陌生环境去旅游，难免会遇到一些自己不能解决的问题，这就需要景区为游客设立相应的求助渠道或者是投诉渠道，能够及时了解游客的需求，并且做到及时给予游客帮助，在精细化的服务质量上让游客感受到他们在景区游览的过程中受到了景区的重视和关心。这样不仅可以快速地解决游客在游玩过程中的需求，也可以在游客心里留下美好的回忆，进而提高游客对景区的满意程度，而且对于提高景区在游客心目中的服务质量、提升景区的口碑和扩大景区的影响力具有重要意义。例如，在前文关于游客对玉龙雪山景区满意度的分析中，有部分游客评论道“小索道游览下来之后，可以坐景区大巴去蓝月谷……但是司机很不耐烦，问哪站下，也爱搭不理的，后面有个女孩又跟着我问了一遍，司机直接不理。”也有游客反映：玉龙雪山真的让我无语了，建设性建议我在投诉当天就已经给了工作人员，但到目前为止我接到的所有电话都是给我道歉，但道歉的内容是什么，是所谓的因为天气原因启动应急措施导致的索道延误，而其语气中均透露出我是个无理取闹的游客。景区所有张贴出来的索道求助电话没有一个能接通，最后是通过丽江市市长热线才得到了一个玉龙雪山管委会的电话，得到的解释是14：30前是休息时间。这种至关重要的岗位都没有人值班的吗？如果真的出了什么情况山上的医疗救援能跟上吗？或者其实是有应急预案的，但是面对排队处晕的晕、吐的吐的状况，我怎么什么措施也没有看见？建议：求助电话必须是全时段有效的。所以，玉龙雪山景区要在景区为游客建立起高效的求助渠道和有效的投诉渠道，在游客需要帮助、需要投诉的时候，能够快速介入其中，及时了解情况，并对游客问题给予合理的解决方案，做到及时消除游客不满情绪的同时，赢得游客对景区高效解决问题的认可，进而提高游客对玉龙雪山景区的满意度。

（三）提升游客体验感

在玉龙雪山景区的游客网络评论中，关于游客体验感不好的负面评论主要表现在游客跟团游的过程当中人流量多、游客游玩时间受到限制、游玩时间根本不够、时间紧凑、在导游的带领下在景区内以“特种兵”式的游玩方式快速游玩景点、让游客感觉不愉快，反而感觉很累、景区商业化严重等方面。要提升游客的体验感，第一，景区要通过预约限流的形式及时监测景区的人流量，及时发布景区票务信息、及时反馈景区人流量、及时发布景区拥堵情况、及时引导游客错峰出行，不仅可以缓解景区的容量压力，也可以让游客在信息准确的情况下做出合理的选择，这样既可以让游客感受到景区的人性化关怀，也提高了游客的体验满意度。第二，导游带领游客游玩的过程当中应该给予游客更多的时间去欣赏游玩景区，提高游客在游玩过程中的参与感，让游客感到此行值得，而不是花更多的时间给游客推销产品、介绍各种商品。第三，提高玉龙雪山景区的消费性价比。玉龙雪山除了门票之外，其他项目另行收费，建议健全价格监督机制，实行多种票制组合的形式，规范价格，淡化景区在游客心中过度严重的商业化气息，让游客以适合的价格游玩更多的景点（项目），从而获得更高的消费体验。总的来讲，景区应该控制进入景区的人流量，在景区合理的容量范围内为游客提供更好的游览体验，让游客觉得物有所值、获得更好的游玩体验感，同时也提高了游客对玉龙雪山景区的满意度。

（四）优化景区饮食环境

由于玉龙雪山景区的特殊性，大多数游客在玉龙雪山景区游玩的时候不可避免地需要吃饭、喝水及时补充身体能量，尤其是那些没有吃早餐或是需要长时间游玩的游客，吃饭、喝水是保障他们游览的基本保障条件。虽然也会有一些游客会选择自己提前采购食品、饮料，然后随身携带，不会在景区内再次购买，但是大多数游客还是会选择在景区内购买食物和饮品等来补充自身能量的需要，以此保障自身有足够的体力游玩景区，这就要求玉龙雪山景区内部有能为游客提供购买食物和饮品等补充身体能量所必需的地方。一方面，玉龙雪山景区可以通过在景区内设立各种商铺和超市等，以统一的价格向有需要的游客进行销售，在满足游客购买食物和饮料补充身体能量需求的同时，提高游客对景区的满意度；另一方面景区在满足游客的购物需求后，景区要保障游客的用餐环境是干净卫生的，这些用餐地点可以是本地特色饭店等，同时每个用餐区域都配有一定的服务人员来保障用餐环境的现场秩序和卫生情况，随时解答游客的困惑，为游客提供精细化的、高质量服务。对餐饮运营方自身来讲，要保障所有菜品的物价在合理范围之内，并且是高质量、安全卫生达标的菜品。虽然景区距离市区有一段距离，餐饮运营方为了节约采购时间和运输成本，可能会一次采购大批量的菜品，从而使得一些菜品的新鲜度不好。所以，基于这些细节问题，景区餐饮运营方应尽可能地缩短食材的储藏时间来保障食材的新鲜度，餐饮运营方可以通过多家联采或者定点配送的方式，又或者是景区组织联合供应，在保障食材安全的同时保证食材的新鲜度。还有就是景区督促所有参与景区饮食运营的商家充分利用好冰箱等冷藏工具对食材进行储藏，保证出现在游客餐桌上的食材是新鲜的。要从采购食材的源头上把控好食材的卫生和质量，并且设置多样化的菜品，这样不仅可以为游客提供安全、卫生的食物，也可以让游客有更多的选择权利，让游客吃到健康、卫生、可口的食物的同时感受玉龙雪山景区独特的美食文化。此外，餐厅服务人员作为餐厅“最后一站”直接接触游客的工作人员，其服务质量也是影响景区游客满意度的重要因素，这就需要运营方定期对其服务人员进行培训指导，让他们了解不同地区的饮食习惯，不断提高服务人员的服务质量，对来自全国各地的游客做到人性化服务，尽最大的努力服务好每位游客，不断提高游客对景区饮食的满意度。针对游客在评论中提到的景区周边的农家乐餐厅，政府方面也要对其进行统一监管，对其食材品质、环境卫生、服务质量等进行与景区一样的、统一的标准化管理，做到让游客满怀期待而来、满心欢喜地离开。除此之外，就景区和景区周边的发展来讲，政府要对景区及景区周边参与经营的商家、农家乐等进行统一的监督与管理，对其执行统一的环境卫生标准，监督其制定合理的价格，以此来保障商家和游客双方的共同权益，进而提升游客满意度。

三、提高景观环境质量

旅游景区作为景区的核心吸引物，其质量的好坏直接影响到景区的发展，进而影响游客对景区的满意程度。通过前面的分析可以知道，游客的不好评论主要表现在景点项目和环境卫生两个方面，所以针对这两方面的问题，景区应该重视旅游资源的开发与利用以及加强对景区环境卫生的治理。

（一）重视旅游资源的开发和利用

旅游资源是每一个旅游景区良好发展的基本条件，它值得旅游景区开发者和景区管理者高度重视（刘颖洁，2016）。即便玉龙雪山作为5A级旅游景区，且具有丰富且品质极高的旅游资源，但也应该重视对景区内部旅游资源的高效利用和新旅游产品的开发。玉龙雪山景区占地面积为2.6万公顷，这也就决定了其拥有发展多种旅游业态的优势。玉龙雪山可以利用自身丰富而独特的资源优势和游客的新诉求，充分、合理地利用自身高品质的旅游资源开发新的旅游产品，为游客提供更多优质的旅游体验项目，不断提高游客对玉龙雪山景区的满意度。优质的旅游体验项目不仅能够吸引更多游客前往玉龙雪山景区旅游，而且还能够进一步增加景区的游览性、知名度和影响力。综上所述，玉龙雪山景区的管理者可以在景区现有的旅游资源和旅游景点的前提下，充分发挥资源优势，并结合景区自身的发展目标开发一些具有吸引力的娱乐活动、娱乐项目以及游客参与度更高的旅游项目，让游客能够更深入地参加其中，增强游客的体验感，让游客深入体会到玉龙雪山景区的独特魅力。丰富而精彩的娱乐活动不仅可以提升游客对景区的满意度，还可以吸引更多潜在的游客前往游玩，同时也会不断提高玉龙雪山景区的知名度和影响力。

（二）加强环境卫生治理

通过前文的分析可以看出，游客前往玉龙雪山景区主要是为了感受它独特的自然景观，然而随着游客量的不断增长以及景区过度的商业化经营，玉龙雪山景区在环境卫生方面出现了一些问题。游客关于环境卫生方面不好的评论占比虽少，但环境卫生作为景区运营的细节问题，也是不可忽视的问题。例如，卫生间没有及时打扫，卫生间环境不好，观光车玻璃不干净影响游客观看风景，饮食环境卫生不好令游客担忧其食材是否安全卫生，羽绒服没有及时清洗或是有怪味等。根据木桶原理，即使玉龙雪山景区有着独特的人文与自然景观优势，但是环境卫生这些细节短板问题也会使游客对景区产生不好的旅游体验，从而降低对玉龙雪山景区的满意度。所以，玉龙雪山景区为了能够给游客带来更好的旅游体验，在发展景区经济的同时，也要加强对自身环境卫生的及时治理，保护好原有自然景区资源的同时，不断加大环境卫生保护的执行力度，及时督促工作人员维护景区环境卫生，同时大力提倡旅游者的环境保护行为，不断净化旅游环境卫生。除此之外，景区运营者应该意识到，景区的环境卫生不仅仅包含景区内部各景点的卫生环境情况，还包含景区周边的其他情况，比如景区周边设置的公共基础设施等也要保持干净、整洁，同时这些基础设施的造型等要与景区的整体环境、风格相匹配。这样不仅可以增加玉龙雪山景区的魅力和特色，还可以提高游客对玉龙雪山景区的满意度。

第三节　山地景区品牌提升策略

一、精准塑造山地景区品牌形象

在山地旅游景区的建设与经营发展中，打造并维持一个良好的品牌形象显得尤为关键。一方面能提升山地景区的竞争优势，吸引更多游客，增强游客忠诚度，促进山地景区的可持续发展；另一方面能够使其在激烈的市场竞争中脱颖而出，带动上下游产业链的延伸与发展。纵观国内外在山地旅游景区管理上取得成效的案例，品牌形象的塑造通常与景区的经营收益密切相关，特色鲜明的品牌形象往往能吸引更多的游客，从而提高景区经营收益。因此，精准塑造景区品牌形象成为吸引游客的关键，在日益激烈的行业竞争中，景区必须在品牌形象方面给游客留下深刻印象。为实现这一目标，旅游景区需要针对目标市场，制定一系列战略规划，即全面掌握目标市场对旅游景区的感知形象，识别可能的竞争对手，正视自身与竞争者之间的差异，并在此基础上突出自身独特形象，以满足游客的需求。

在全面加强云南省内旅游品牌形象建设的战略背景下，玉龙雪山景区正展开全方位的旅游宣传和营销革新。这一拥有丰富自然资源和深厚文化底蕴的山地旅游景区，已经在滇西北地区乃至更广阔的旅游版图上占据了一席之地。面对游客需求的日益增长和激烈的市场竞争，玉龙雪山景区一度也遭遇了诸多挑战。例如，旅游者在景区的平均停留时间较短，这一现象也凸显了延长游客逗留时间和深化体验的迫切性。对此，玉龙雪山景区更应充分利用国内外生态文化旅游发展大趋势，寻求政策指导与支持，以科学合理的规划持续推进品牌形象的发展，将玉龙雪山打造为具有国际影响力和吸引力的生态文化旅游目的地。

在推进玉龙雪山景区品牌形象提升过程中，吸收借鉴国际成熟的发展经验显得尤为重要，这包括旅游产品开发、旅游活动安排以及旅游目的地品牌形象塑造等关键方面。景区应紧密跟随市场动态，针对不同游客群体需求变化，持续优化和创新旅游产品及服务，以此满足消费者广泛而多样的需求，从而有效提高景区品牌吸引力和市场竞争力。此外，在玉龙雪山景区的品牌定位与塑造过程中，还应确保其独特性。例如，景区可以依托其独特的自然景观和文化传统，塑造如“云南的雪域天堂”“此景只应天上有，未知玉龙在人间”“牵手玉龙，回归自然”等独特品牌形象。这样独具山地旅游特色的品牌形象不仅能引起广泛的关注，还能吸引大量游客。

二、着力提升山地景区品牌质量

玉龙雪山景区作为一个典型的山地旅游品牌，要做好品牌形象的提升，就要一手抓景区基础设施的构建和优化，一手抓景区发展潜力的挖掘与拓展。景区的品牌质量直接决定了游客对该目的地的认知及体验，从而影响到景区的品牌评价与声誉，尤其是对于山地旅游景区而言，其管理与运营部门需关注景区品牌质量的提升，这包括增加人力资源投入、物质资源和财务资源的配置，以确保目的地品牌的持续成长。

首先，在山地旅游资源的整合利用与开发上，既要重视生态资源的保护，也要合理利用可开发区域，保持发展与保护的平衡。玉龙雪山的旅游资源具有稀缺性和独特性，这要求在开发过程中既要保留其自然和文化的本质特征，也要引入创新元素，提升旅游吸引力。其次，在山地旅游产品的开发中，应以玉龙雪山长远的发展为目标，借鉴国内外的成功案例与经验，同时注重产品与环境的适应性和兼容性，确保旅游产品的多样性和高质量。最后，进一步加强玉龙雪山旅游基础设施的建设和完善，特别是提升接待能力和服务质量，满足游客在高海拔地区的特殊需求。同时，随着玉龙雪山景区及其周边地区的交通和基础设施建设的完善，如高效便捷的交通网络，将进一步促进玉龙雪山成为国家级乃至世界级的山地旅游目的地。因此，不断提升景区品牌质量，对标国际化高标准，持续完善旅游基础设施和服务体系，将是玉龙雪山未来发展的重要方向。加强对从业人员的职业培训，如高山向导培训，提升服务意识和能力，也是提升玉龙雪山景区品牌质量的关键环节。

综上，通过完善政策和规划框架、加强生物多样性与传统文化资源的保护、创新独特的生态旅游产品、提升旅游服务质量和基础设施、建立规范化及标准化的管理系统、提高管理人员素养，以及促进社区广泛参与和共享利益，相关管理部门能有效提升玉龙雪山景区的品牌质量。这样不仅可以使玉龙雪山景区成为滇西北地区甚至全国的山地旅游文化示范点，也能够将其打造为一个兼具示范性和综合效益的山地旅游文化新典范。

三、多渠道提升山地景区品牌知名度

旅游景区的知名度对其品牌形象具有决定性的影响。知名度高的旅游景区更容易在潜在游客的心中留下深刻印象，从而塑造积极且持久的品牌形象。这种认知不仅能够吸引更多的游客，而且有助于提高游客对景区的预期和信任度。知名度还能提升景区在目标市场中的可见度和辨识度，有助于在众多竞争激烈的旅游目的地中脱颖而出。同时，高知名度还能够激发口碑营销，通过游客的正面分享和推荐，进一步加强景区品牌的正面形象。依据前述实证分析结果，玉龙雪山景区的品牌形象极大地依赖于其品牌知名度，后者又与品牌营销推广密切相关。因此，玉龙雪山景区在明确自身品牌定位后，应着力拓展品牌推广途径，凸显品牌优势，补齐短板，实现差异化竞争，打响知名度。

玉龙雪山景区在知名度提升方面可以重点关注社交媒体营销、旅游节庆活动的加强以及与不同品牌的合作伙伴关系的建立。首先，社交媒体营销是提升玉龙雪山知名度的关键途径。通过利用微博、抖音、微信等平台，景区工作人员可以发布关于玉龙雪山的美丽风景、独特的文化故事和实时旅游资讯，进行高效的网络推广和信息传播，以达到吸引社会公众关注的目的，也即“引流”效应。例如，可以制作关于纳西族文化、雪山徒步等的短视频或微电影，以及利用美图和旅游日记等方式吸引关注。此外，与网络红人和旅游博主合作，通过他们的影响力和粉丝基础进行品牌宣传，能够有效吸引年轻游客，扩大玉龙雪山的影响力。其次，旅游节庆活动的举办对于提升玉龙雪山的知名度和吸引力至关重要。可以定期举办各种与雪山相关的文化艺术展览、音乐节和传统节日庆典等。通过这些活动，玉龙雪山可以吸引更多的游客，特别是在节假日期间，吸引来自不同地区和国家的游客前来体验。最后，与其他品牌建立合作伙伴关系也是提升玉龙雪山知名度的有效途径。可以与航空公司、酒店、旅行社等旅游相关企业建立合作，形成共同开发和推广旅游产品和服务的上下游完整产业链。例如，与航空公司合作提供特价机票和旅游套餐，与酒店合作提供住宿优惠，与旅行社合作开发特色旅游线路。这种跨行业合作不仅能够为游客提供更多便利和优惠，也能增加玉龙雪山的曝光率和知名度。

在提升玉龙雪山景区知名度的同时，还应该重视其品牌形象的持续优化，将品牌形象管理纳入景区的整体营销策略中，实现品牌知名度提升和品牌形象优化的协同效应。

四、全面打造山地景区品牌个性

打造旅游景区的品牌个性在当前激烈的市场竞争中尤为重要。首先，建立竞争优势的关键在于是否具有独特的品牌个性，以帮助旅游景区在众多选择中脱颖而出，实现差异化。充分发挥景区品牌个性，可以促进游客与目的地之间的情感联系。此外，品牌个性对于塑造和维护清晰、一致的品牌形象至关重要，有利于游客识别和记忆特定景区。因此，做好品牌个性建设、明确市场定位，不仅有助于吸引目标游客，还优化了资源分配和营销策略，最重要的是一个吸引人的品牌个性可以激发游客通过口碑和社交媒体分享其体验，从而形成品牌推广效应。

基于上述分析，玉龙雪山景区首先应明确其品牌个性定位，立足于玉龙雪山景区的自然资源优势及人文资源优势，这包括了解其独特的地理特征、丰富的民族文化、历史故事和自然生态。例如，探索纳西族的文化遗产、雪山的自然风貌和地区的历史传说，都是构建品牌个性的关键要素。这一步骤的目标是提炼出玉龙雪山的核心特质，如“神秘”“壮丽”或“文化丰富”。这些特质将成为塑造景区品牌个性的基础，帮助明确景区在旅游市场中的独特定位。其次，关注如何将玉龙雪山景区的品牌个性转化为具体的游客体验。例如，如果玉龙雪山的品牌个性聚焦于“探险”，则可以开发高山徒步、攀岩等户外活动；若强调“文化”，则可以组织纳西族文化体验活动、民族音乐和舞蹈表演等。此外，通过故事叙述的方式，如通过导游讲解或设置互动展览，可以使游客更深入地了解玉龙雪山景区的文化和历史背景，从而提升整体的旅游体验。最后，构建一套强有力的视觉识别系统（VIS）对于加强玉龙雪山景区的品牌个性打造也至关重要。这包括设计具有辨识度的标志、Logo、配色方案和指示牌，这些元素都应该与景区的品牌个性和核心特质相吻合。例如，结合雪山元素、藏族图案或纳西族符号等，可以在视觉上强调玉龙雪山的独特性。统一的视觉风格不仅有助于提高品牌的识别度，还能在游客心中留下深刻的印象，从而加强品牌形象。

最后，对玉龙雪山景区而言，持续跟踪监测和服务改进是确保其品牌个性有效传播并适应市场变化的关键环节。这包括定期评估游客的满意度、品牌形象的市场表现，以及对景区提供的服务和体验的反馈。通过使用在线调查、社交媒体分析工具和游客反馈表，景区管理者可以收集宝贵的数据，了解游客对于景区的整体感受、特定活动的兴趣度以及任何改进的需求。这些信息对于识别强项和弱点至关重要，可以帮助管理团队做出必要的调整，如改善服务流程、更新营销策略或引入新的旅游产品和活动。此外，监测竞争对手和市场趋势也是不可忽视的一环，这有助于确保玉龙雪山在旅游市场上保持领先地位和吸引力。总的来说，持续监测和优化是一个动态的过程，需要景区管理者保持灵活性和敏感性，以便快速响应市场变化和游客需求，确保玉龙雪山的品牌个性和市场策略始终保持前瞻性和有效性。

参考文献

［1］艾尔·巴比．社会研究方法［M］．邱泽奇，译．北京：华夏出版社，2005.

［2］保继刚，楚义芳．旅游地理学［M］．北京：高等教育出版社，1999.

［3］保罗·亚当斯．媒介与传播地理学［M］．袁艳，译．北京：中国传媒大学出版社，2020.

［4］布迪厄，华康德．实践与反思：反思社会学导引［M］．李猛，李康，译．北京：中央编译出版社，1998.

［5］曹红英．乡村旅游者沉浸体验、地方依恋与游客忠诚的关系研究［D］．沈阳：沈阳师范大学，2023.

［6］曾凤鸣．基于扎根理论的山地景区旅游者动机研究［D］．昆明：云南师范大学，2023.

［7］曾一果，陈爽．恋地情结：传播媒介与地方感重塑——数字时代人与地的情感生成［J］．东南学术，2023（5）：216-226+248.

［8］曾一果，凡婷婷．重识“地方”：网红空间与媒介地方感的形成——以短视频打卡“西安城墙”为考察中心［J］．新闻与传播研究，2022，29（11）：71-89+128.

［9］常小艳．昆明旅游目的地品牌形象影响因素研究［D］．昆明：昆明理工大学，2018.

［10］常笑笑，李建伟，石亚灵．可持续发展语境下地质公园保护区划分——以玉龙雪山国家地质公园为例［C］// 中国城市规划学会，东莞市人民政府．持续发展　理性规划——2017 中国城市规划年会论文集（05 城市规划新技术应用），2017：8.

［11］陈昌凤，仇筠茜．技术可供性视角下优质 IP 的媒介逻辑分析［J］．清华大学学报（哲学社会科学版），2018（7）：163-168+197.

[12] 陈东琳 . 基于保护优先原则的古村落旅游规划研究 [D]. 西安：西安建筑科技大学，2009.

[13] 陈海鹰，杨桂华 . 社区旅游生态补偿贡献度及意愿研究——玉龙雪山案例 [J]. 旅游学刊，2015，30（8）：53-65.

[14] 陈汉添，孙锐，冯晓兵 . 基于问卷调查与情感分析的峨眉山游客满意度研究 [J]. 电脑编程技巧与维护，2022（9）：63-66.

[15] 陈洁，丛芳，康枫 . 基于心流体验视角的在线消费者购买行为影响因素研究 [J]. 南开管理评论，2009，12（2）：132-140.

[16] 陈礼珍 . 社交媒体使用对青年群体主观幸福感的影响研究 [D]. 广州：暨南大学，2019.

[17] 陈向明 . 扎根理论的思路和方法 [J]. 教育研究与实验，1999（4）：58-64.

[18] 陈兴，覃建雄，李晓琴，等 . 川西横断山脉高山峡谷区旅游特色化开发战略——兼论中国西部山地旅游发展路径 [J]. 经济地理，2012，32（9）：143-148.

[19] 陈业鹏 . 终端设备对用户生成内容情感性、自我披露及影响力的作用机制研究 [D]. 北京：北京邮电大学，2023.

[20] 晨星 . 旅游目的地旅游者地方感影响因素研究 [D]. 北京：北京第二外国语学院，2019.

[21] 程鸽 . 基于游客感知的西湖旅游形象提升策略研究 [D]. 济南：山东大学，2021.

[22] 崔庆江，赵敏燕，唐甜甜，等 . 基于网络文本分析的大熊猫国家公园公众体验感知研究 [J]. 生态经济，2020，36（11）：118-124+131.

[23] 代福昌 . 长沙市旅游景区游客满意度评价及其影响因素研究 [D]. 长沙：湖南师范大学，2019.

[24] 戴光全，陈欣 . 旅游者摄影心理初探——基于旅游照片的内容分析 [J]. 旅游学刊，2009，24（7）：71-77.

[25] 邓宁，蘧浪浪 . 基于视频机器分析的目的地形象差异对比——以北京 YouTube 视频为例 [J]. 旅游学刊，2022，37（8）：70-85.

［26］邓秀军，关越．可供、可见与可接纳：移动短视频用户的旅游意向生成机制［J］．现代传播（中国传媒大学学报），2022，44（12）：136–145.

［27］董观志，杨凤影．旅游景区游客满意度测评体系研究［J］．旅游学刊，2005（1）：27–30.

［28］董慧云．基于社交网络图片元数据分析的旅游目的地形象测量研究［D］．北京：北京第二外国语学院，2017.

［29］董静，李小龙，邱守明．基于游客视角的旅游小镇品牌资产的构成维度及形成路径研究——以丽江大研古镇为例［J］．云南农业大学学报（社会科学版），2018，12（6）：89–95.

［30］都成．媒介地理学视角下的手机传播研究［D］．南宁：广西大学，2013.

［31］段德罡，曹力尹．“可逆式”旅游规划模式研究——以丽江玉龙雪山裸美乐峡谷旅游规划为例［J］．规划师，2009，25（11）：59–66.

［32］段义孚．空间与地方：经验的视角［M］．王志标，译．北京：商务印书馆，2018.

［33］范恩泽．感知价值视角下短视频交互与消费者忠诚度的相关性［J］．商业经济研究，2022（16）：72–75.

［34］范梦余，张辉，陈怡宁．内蒙古视觉旅游形象的时空感知研究——基于 DeepSentiBank 的地理标记照片分析［J］．干旱区资源与环境，2020，34（10）：194–200.

［35］方世巧．旅游社区居民地方感概念模型与汉壮民族差异研究［M］．桂林：广西师范大学出版社，2016：61.

［36］房孟春，曲颖．三亚文化旅游投射品牌个性研究——基于与厦门对比分析的视角［J］．旅游研究，2019，11（3）：57–69.

［37］费小冬．扎根理论研究方法论：要素、研究程序和评判标准［J］．公共行政评论，2008（3）：23–43+197.

［38］冯德显．山地旅游资源特征及景区开发研究［J］．人文地理，2006（6）：67–70.

［39］符全胜．旅游目的地游客满意理论研究综述［J］．地理与地理信息科

学，2005（5）：90–94.

［40］傅予，曹屹楠，王强 . 基于图文多维特征融合的移动社交媒体用户生成内容信息采纳影响机制研究［J］. 情报资料工作，2024，45（1）：55–67.

［41］高江虹 .“反向旅游”成国庆假期关键词周边游带旺民宿市场［N］.21世纪经济报道，2022–10–10（011）.

［42］高明 . 游客感知价值、游客满意度和行为倾向的关系研究述评［J］. 江西农业大学学报（社会科学版），2011，10（3）：135–143.

［43］龚剑，杨远瑶，刘勇，等 . 游客满意度视角下山地探险旅游的影响因素研究——以黑竹沟景区为例［J］. 四川旅游学院学报，2022（6）：67–73.

［44］苟一丝，吴思睿 . 成都市旅游公交现状及游客满意度调查分析［J］. 四川旅游学院学报，2024（1）：54–58.

［45］顾亦然，徐泽彬，杨海根 . 基于多任务与用户兴趣变化的短视频用户行为预测算法［J］. 复杂系统与复杂性科学，2023，20（4）：69–76.

［46］管宁生 . 对云南丽江玉龙雪山开展生态旅游的探析［J］. 云南林业科技，1999（2）：78–81.

［47］郭晓丹 . 想象性疗愈：短视频打卡与小镇漫游者的地方感重塑［J］. 东南学术，2023（5）：227–237.

［48］郭月 . 山地景区可进入性评价研究［D］. 西安：西安科技大学，2015.

［49］郭志刚 . 欠发达地区山地小城镇景观风貌设计初探——以湖南省桂东县清泉镇为例［J］. 中外建筑，2010（7）：89–91.

［50］韩慧林 . 丝绸之路旅游品牌塑造与营销机理探索——以品牌基因为视角［J］. 技术经济与管理研究，2020（4）：67–71.

［51］韩剑磊，明庆忠 . 抖音短视频对旅游行为意向的影响［J］. 社会科学家，2021（10）：52–56.

［52］韩情 . 短视频媒介使用与 HPV 疫苗接种意向［D］. 上海：上海外国语大学，2023.

［53］韩薇 . 浙江省普陀山旅游者地方感特征研究［D］. 成都：成都理工大学，2019.

［54］何欣玮，殷珂 . 基于游客满意度和发展现状的老山国家森林公园旅游

开发与推广研究［J］. 旅游与摄影，2022（24）：50–52.

［55］贺祥，熊康宁 . 旅游景区游客满意度及其测评指标分析——以贵州省镇远古城为例［J］. 安徽农业科学，2011，39（9）：5483–5486+5489.

［56］贺星 . 基于游客满意度的五台山旅游发展研究［J］. 商业经济，2019（9）：63–64.

［57］洪学婷，张宏梅，张业臣 .Airbnb 平台的使用意愿与使用行为——对技术接受模型的扩展［J］. 地域研究与开发，2021，40（4）：91–95+117.

［58］洪延峰 . 寒地传统村落公共文化空间游客满意度评价指标体系研究［D］. 哈尔滨：哈尔滨工业大学，2020.

［59］侯淑霞，陈佳琪 . 产品功能价值对品牌忠诚度的影响研究——基于品牌伦理、品牌信任的中介作用［J］. 财经理论研究，2019（3）：76–85.

［60］胡海胜 . 山地景区生物多样性保护的景观生态途径［J］. 江西科学，2006（5）：332–336.

［61］胡欢 . 新媒体时代下 H 旅游公司短视频营销策略研究［D］. 邯郸：河北工程大学，2022.

［62］胡其波，冯芷菁，王纯阳 . 品牌个性对旅游地品牌溢价的影响［J］. 经济地理，2021，41（9）：232–239.

［63］胡翼青，马新瑶 . 作为媒介性的可供性：基于媒介本体论的考察［J］. 新闻记者，2022（1）：66–76.

［64］宦震丹，王艳平 . 地方感与地方性的异同及其相互转化［J］. 旅游研究，2015，7（2）：64–68.

［65］黄娟娟 . 社交网络背景下受众的媒介依赖现象——基于媒介生态学的视角［J］. 青年记者，2016（9）：86–87.

［66］黄明明，赵守盈 . 美妆视频使用与女大学生限制性饮食行为的关系：有调节的中介模型［J］. 中国临床心理学杂志，2023，31（6）：1400–1404+1409.

［67］黄倩 . 即时观看行为的愉悦感研究［D］. 南京：南京大学，2017.

［68］黄薷丹 . 温泉度假村服务质量评价体系构建与实证研究［D］. 无锡：江南大学，2010.

［69］黄向，宋惠敏．“自然依恋”的概念辨析及测量方法构建［J］．自然保护地，2022，2（1）：63–73.

［70］黄向，杨文彩．基于验证性因素分析的旅游地地方依恋结构解析——以广州白云山为例［J］．人文地理，2014，29（2）：144–149.

［71］黄潇婷，张琳琳，茂兰．从地域人到区域人假设的提出——旅游移动视角下关于地方感的思考［J］．旅游学刊，2019，34（6）：28–36.

［72］黄旭，于萍，杨振山，等．地方感的多态与分异：不同人群对旧城街区的感知［J］．人文地理，2023，38（1）：36–43.

［73］黄元豪，赖启福，林菲菲．社交媒体对游客旅游意向的影响——基于目的地形象感知的实证研究［J］．资源开发与市场，2018，34（9）：1327–1331+1261.

［74］黄章展，黄芳铭，周先捷．环境偏好与环境恢复性知觉关系之研究——以山景景观为例［J］．户外游憩研究，2008，21（1）：1–25.

［75］贾磊．基于网络内容分析法的成都市旅游感知形象研究［D］．重庆：西南大学，2014.

［76］贾雯霞．微电影的地方感审美与城市的形象建构——以福州本土微电影发展为例［J］．湖南工业大学学报（社会科学版），2014，19（5）：91–95.

［77］贾旭东，谭新辉．经典扎根理论及其精神对中国管理研究的现实价值［J］．管理学报，2010，7（5）：656–665.

［78］蒋晓雨．基于扎根理论的四川省业余自行车赛事旅游参与体验研究［D］．上海：上海体育学院，2023.

［79］雷禹．患者新媒介使用对其就医行为的影响［J］．中国公共卫生，2022，38（2）：246–249.

［80］李昊睿．抖音短视频中的济南城市形象对游客出游意向的影响［D］．桂林：广西师范大学，2023.

［81］李嘉兴，王晰巍，常颖．社交网络用户行为国内外研究动态及发展趋势［J］．现代情报，2020（1）：71–77.

［82］李镓，许晓盈，张明羽．抖音短视频下的“地方”：粤语短视频的地方感话语研究［J］．南方传媒研究，2021（3）：87–99.

[83] 李靖怡，柳喆俊，董华．沉浸式与非沉浸式媒介的注意力恢复作用比较［J］．包装工程，2018，39（16）：50–56.

[84] 李黎飞，卫旭华，程德俊．职场负面八卦对被八卦员工行为的影响：基于认知—情感人格系统理论的元分析［J］．心理科学进展，2022，30（12）：2681–2695.

[85] 李寿涛．面向乡村度假游发展的小城镇总体规划实践——以福清市南岭镇为例［J］．福建建筑，2012（8）：5–8.

[86] 李铁松．玉龙雪山冰川公园的旅游资源特色及其保护［J］．资源开发与市场，1999（5）：311–312.

[87] 李巍，张树夫．旅游地形象认知心理分析与测评［J］．地理与地理信息科学，2007，23（3）：92–95.

[88] 李文明，殷程强，唐文跃，等．观鸟旅游游客地方依恋与亲环境行为——以自然共情与环境教育感知为中介变量［J］．经济地理，2019，39（1）：215–224.

[89] 李欣，张明立，罗暖．品牌形象对品牌关系利益的影响［J］．管理科学，2016，29（6）：120–130.

[90] 李艳．基于 SEM 的开放型景区多群体地方感差异研究［D］．长沙：湖南师范大学，2016.

[91] 李智虎．谈旅游景区游客服务满意度的提升［J］．企业活力，2003（4）：39–41.

[92] 梁金凤．城市短视频传播对大学生旅游意愿的影响［D］．济南：山东大学，2019.

[93] 廖彬．城市历史街区变迁背景下居民地方感研究［D］．福州：福建师范大学，2014.

[94] 林锦屏，郭来喜．《改变世界的十大地理思想》评介［J］．地理学报，2010，65（4）：509–511.

[95] 林茜茜，刘丹．近 10 年国内旅游服务质量的研究综述［J］．旅游纵览（下半月），2020（6）：15–16.

[96] 刘冬，王欣．丽江玉龙雪山型生态旅游发展战略思考［J］．山西建筑，

2007（10）：56-57.

［97］刘福承，刘爱利，刘敏．游客满意度的内涵、测评及形成机理——国外相关研究综述［J］．地域研究与开发，2017，36（5）：97-103.

［98］刘慧悦，阎敏君．移动短视频使用对旅游者行为意愿的影响研究［J］．旅游学刊，2021，36（10）：62-73.

［99］刘菁菁．基于网络文本分析的韶山旅游形象感知研究［D］．湘潭：湘潭大学，2016.

［100］刘丽娟，吕兴洋．基于消费者的旅游目的地品牌资产研究——以呼和浩特市为例［J］．干旱区资源与环境，2016，30（10）：204-208.

［101］刘清平．认知能够凌驾于意志和情感之上吗？——“知情意”排序的解构与重构［J］．社会科学家，2017（1）：14-19.

［102］刘秋萍．基于扎根理论的阳朔县旅游民宿服务质量评价研究［D］．桂林：桂林理工大学，2023.

［103］刘群阅，陈烨，张薇，等．游憩者环境偏好、恢复性评价与健康效益评估关系研究——以福州国家森林公园为例［J］．资源科学，2018，40（2）：381-391.

［104］刘霜．基于因子分析法的游客地方感特征研究——以世界自然遗产地重庆武隆仙女山为例［J］．唐山学院学报，2018，31（3）：84-90.

［105］刘素君．媒介可供性视角下短视频对时空的建构研究［D］．南京：南京林业大学，2023.

［106］刘颖洁．张家界与韶山景区游客满意度的影响因素比较研究［J］．经济地理，2016，36（10）：216-221.

［107］刘云昕．短视频营销对游客消费行为意向的影响研究［D］．海口：海南大学，2023.

［108］柳理珍．基于在线评论的贵州旅游游客满意度实证研究［D］．贵阳：贵州师范大学，2021.

［109］龙肖毅，杨桂华．大理古城民居客栈中外游客满意度对比研究［J］．人文地理，2008，23（5）：95-100.

［110］龙瀛，周垠．图片城市主义：人本尺度城市形态研究的新思路［J］．

规划师，2017，33（2）：54–60.

［111］卢东，曾小桥．游客共享住宿消费的心理机制研究：基于认知—情感—意动理论的视角［J］．资源开发与市场，2022，38（11）：1382–1389+1400.

［112］卢政营，张威，唐静．乡村节事旅游活动品牌形象的实证研究——以罗平油菜花节为例［J］．旅游学刊，2009（5）：61–66.

［113］鲁芬．旅游景区生态化水平测度研究［D］．昆明：云南师范大学，2017.

［114］陆朋．基于游客感知的旅游目的地品牌形象研究——以湖北省武汉市为例［J］．社会科学家，2015（5）：94–98.

［115］骆泽顺，林璧属．旅游情境下内隐—外显地方依恋模型研究——基于心理学视角［J］．旅游学刊，2014，29（12）：45–54.

［116］吕宁．旅游体验中的地方感研究［D］．大连：东北财经大学，2010.

［117］吕婷，李君轶，代黎，等．电子口碑对乡村旅游行为意向的影响——以西安城市居民为例［J］．旅游学刊，2018，33（2）：48–56.

［118］马秋芳，夏媛媛，许文柱．基于游客视角的景区品牌资产模型研究［J］．商业研究，2017（1）：170–176.

［119］马天，李想，谢彦君．换汤不换药？游客满意度测量的迷思［J］．旅游学刊，2017，32（6）：53–63.

［120］马晓芳．基于TAM拓展模型的旅游直播对消费者购买意向影响研究［D］．西安：西安外国语大学，2022.

［121］马轶男，常小艳．旅游目的地品牌形象影响因素实证研究［J］．昆明理工大学学报（自然科学版），2019，44（1）：138–144.

［122］马有明，李咪咪．基于旅游者视角的国家公园品牌形象测量模型研究［J］．旅游论坛，2020，13（4）：20–32.

［123］马智伟．面向智慧旅游的情感分析［D］．海口：海南大学，2022.

［124］冒周莹．基于网络文本分析和修正的金坛茅山森林康养旅游满意度研究［J］．经营与管理，2014（2）：1–12.

［125］孟晓辉，欧剑．游戏沉浸形成过程中的心理注意因素分析［J］．科

技创新导报，2011（13）：216–217.

［126］明庆忠，王娟 . 山地旅游目的地人地关系研究框架［J］. 山地学报，2022，40（4）：485–490.

［127］潘莉 . 我国山岳型旅游地的品牌个性对应分析［J］. 四川师范大学学报（社会科学版），2018，45（2）：75–83.

［128］彭小舟，黄予勤 . 数字解说效果对地方感的作用机制——旅游涉入和旅游体验的双中介作用［J］. 湖南第一师范学院学报，2023，23（2）：92–99.

［129］钱俊希 . 地方性研究的理论视角及其对旅游研究的启示［J］. 旅游学刊，2013，28（3）：5–7.

［130］邱晓星，史璟 . 文旅融合视角下的城市旅游品牌建设研究［J］. 绿色科技，2018（17）：254–255.

［131］曲颖，李天元 . 旅游目的地形象，定位和品牌化：概念辨析和关系阐释［J］. 旅游科学，2011，25（4）：10–19.

［132］饶思敏 . 娱乐短视频的积极影响：压力缓解、身体康复、目标达成［D］. 武汉：华中科技大学，2021.

［133］阮氏清玄（NGUYEN THI THANH HUYEN）. 中国游客对越南下龙湾旅游品牌形象认知研究［D］. 南京：南京理工大学，2018.

［134］阮文佳 . 基于游客体验的节事形象对游客满意度、忠诚度影响研究［D］. 郑州：河南大学，2017.

［135］邵培仁，杨丽萍 . 媒介地理学：媒介作为文化图景的研究［M］. 北京：中国传媒大学出版社，2010.

［136］邵培仁 . 地方的体温：媒介地理要素的社会建构与文化记忆［J］. 徐州师范大学学报（哲学社会科学版），2010，36（5）：143–148.

［137］沈鹏熠 . 旅游目的地品牌资产的结构及其形成机理——基于目的地形象视角的实证研究［J］. 经济经纬，2014，31（1）：112–117.

［138］沈雪瑞，李天元，曲颖 . 联合匹配性对“丝绸之路”旅游联合品牌评价的影响［J］. 企业经济，2018，37（3）：146–153.

［139］施睿 . 数字地方感：移动性范式下新人地关系研究［D］. 福州：福

建师范大学，2022.

［140］史鹏飞，明庆忠，韩剑磊，等. 山地旅游的非功用性体验研究——基于云南玉龙雪山游记的扎根理论分析［J］. 人文地理，2021，36（2）：164-174.

［141］斯科特·麦奎尔. 地理媒介：网络化城市与公共空间的未来［M］. 潘霁，译. 上海：复旦大学出版社，2019.

［142］宋俐. 武陵源风景名胜区的游客满意度研究［J］. 旅游纵览（下半月），2016（8）：160-161.

［143］宋巍，李建伟，张威，等. 基于开发适宜性评价的国家地质公园旅游空间布局研究——以玉龙雪山冰川国家地质公园为例［C］// 中国城市规划学会，东莞市人民政府. 持续发展　理性规划——2017 中国城市规划年会论文集（13 风景环境规划），2017：11.

［144］宋巍. "多园并存"下旅游景区空间规划冲突及协调策略研究［D］. 西安：西北大学，2018.

［145］宋宗员，刘云刚，安宁，等. 跨国移民的地方感研究：以在穗非洲移民为例［J］. 人文地理，2022，37（4）：65-74.

［146］苏佳佳，叶浩生. 延展心智：脑是实现心智的唯一基础吗？［J］. 心理学报，2023，55（11）：1889-1902.

［147］隋丽娜，郭昳岚，程圩. 旅游目的地品牌资产感知模型构建研究——以陕西省为例［J］. 旅游研究，2018，10（3）：77-87.

［148］孙鸿雁，朱丽艳，李百航，等. 玉龙雪山省级自然保护区旅游发展现状及对策［J］. 林业建设，2010（5）：37-40.

［149］孙华贞，许亦善，肖丽芳. 基于顾客需求的武夷山民宿满意度研究［J］. 安阳师范学院学报，2016（5）：120-125.

［150］孙建竹. 基于网络文本分析的智慧景区游客满意度影响因素分析［J］. 辽宁科技学院学报，2023，25（3）：75-78.

［151］孙九霞，周尚意，王宁，等. 跨学科聚焦的新领域：流动的时间、空间与社会［J］. 地理研究，2016，35（10）：1801-1818.

［152］孙天陟. 短视频：移动互联网环境下城市形象建构及传播的关键进

路［D］. 西安：西北大学，2021.

［153］孙玮 . 我拍故我在我们打卡故城市在——短视频：赛博城市的大众影像实践［J］. 国际新闻界，2020，42（6）：6–22.

［154］覃若琰 . 网红城市青年打卡实践与数字地方感研究——以抖音为例［J］. 当代传播，2021（5）：97–101.

［155］谭海燕 . 媒介情境视域下微信朋友圈的自我呈现行为研究［D］. 重庆：重庆大学，2018.

［156］谭容培 . 论情感体验与情感表现［J］. 湖南师范大学社会科学学报，2004（5）：34–38.

［157］唐文跃，张捷，罗浩，等. 九寨沟自然观光地旅游者地方感特征分析［J］. 地理学报，2007（6）：599–608.

［158］唐文跃 . 地方性与旅游开发的相互影响及其意义［J］. 旅游学刊，2013，28（4）：9–11.

［159］唐小琳，严荣，薛鸿舰，等 .“一带一路”背景下新疆红色旅游游客满意度因素研究——基于网络文本［J］. 武汉商学院学报，2022，36（5）：17–22.

［160］唐晓波，陈馥怡 . 微信用户满意度影响因素模型及实证研究［J］. 情报杂志，2015，34（6）：114–120.

［161］田瑾，明庆忠 . 国外山地旅游研究热点、进展与启示［J］. 世界地理研究，2020，29（5）：1071–1081.

［162］田瑾，明庆忠 . 山地旅游目的地“山—镇”双核结构空间联系及耦合机理——来自云南丽江的案例剖析［J］. 经济地理，2021，41（1）：212–220.

［163］万绪才，丁敏，宋平 . 南京市国内游客满意度评估及其区域差异性研究［J］. 经济师，2004（1）：246–247.

［164］汪涵 . 抖音短视频对青年群体武汉地方感的建构研究［D］. 武汉：华中科技大学，2021.

［165］汪京强，林静远，李丹，等 . 旅游目的地品牌个性认知机制探索及应用：以一项大学生游客 ERP 实验为例［J］. 南开管理评论，2018，21（4）：

206–218.

［166］汪侠，梅虎.旅游地游客满意度：模型及实证研究［J］.北京第二外国语学院学报，2006（7）：1–6.

［167］王恩旭，武春友.基于灰色关联分析的入境旅游服务质量满意度研究［J］.旅游学刊，2008，23（11）：30–34.

［168］王泓砚，谢彦君，王俊亮.凝视性景观与互动性景观——旅游场景观类型对游客地方感的结构性影响［J］.旅游学刊，2021，36（11）：80–94.

［169］王泓砚，谢彦君，王俊亮.游客地方感认知图式的表征与结构［J］.旅游学刊，2019，34（10）：32–46.

［170］王静文.安顺屯堡聚落的地方性解读——以云山屯堡为例［J］.北京林业大学学报（社会科学版），2022，21（3）：82–89.

［171］王娟，明庆忠，覃纹，等.旅游驱动下玉龙雪山景区人地关系演化过程及其特征分析［J］.中国生态旅游，2022，12（6）：964–976.

［172］王敏，江冰婷，朱竑.基于视觉研究方法的工业遗产旅游地空间感知探讨：广州红专厂案例［J］.旅游学刊，2017，32（10）：28–38.

［173］王敏.基于网络文本分析的殷墟旅游形象游客感知研究［J］.地域研究与开发，2019，38（5）：115–119.

［174］王群，丁祖荣，章锦河，杨兴柱.旅游环境游客满意度的指数测评模型——以黄山风景区为例［J］.地理研究，2006（1）：171–181.

［175］王瑞，王镜.丝绸之路遗产旅游游客满意度研究——基于因子分析和 IPA 分析法［J］.河南牧业经济学院学报，2019，32（3）：6–15.

［176］王瑞花.云南山地旅游资源特征及开发保护策略［D］.昆明：昆明理工大学，2005.

［177］王世金，何元庆，和献中，等.我国海洋型冰川旅游资源的保护性开发研究——以丽江市玉龙雪山景区为例［J］.云南师范大学学报（哲学社会科学版），2008（6）：38–43.

［178］王涛.农村教师职业成就感及其影响因素研究［D］.长春：东北师范大学，2020.

［179］王婷.地方理论视角下城市历史文化街区居民游憩行为及驱动机制

研究［D］. 南昌：江西财经大学，2023.

［180］王锡苓 . 质性研究如何建构理论？——扎根理论及其对传播研究的启示［J］. 兰州大学学报，2004（3）：76–80.

［181］王焱 . 媒介可供性视角下在线协作文档与社会救灾行动研究［D］. 武汉：华中师范大学，2023.

［182］王瑜 . 视频平台中上海城市记忆更迭与地方情感研究［D］. 上海：华东师范大学，2023.

［183］王宗宝 . 山地景区标识解说系统效度对游客安全感的影响研究［D］. 沈阳：辽宁大学，2018.

［184］魏梅，殷红梅，李瑞 . 黔西南州山地旅游品牌感知测度及优化建议研究［J］. 兴义民族师范学院学报，2022（5）：43–51+97.

［185］吴晨玥 . 媒介朝觐："旅游打卡"短视频内在生成逻辑研究［J］. 新闻研究导刊，2023，14（1）：7–10.

［186］吴立博 . 移动短视频对城市"地方感"的建构［D］. 成都：成都理工大学，2019.

［187］吴丽敏 . 文化古镇旅游地居民"情感—行为"特征及其形成机理［D］. 南京：南京师范大学，2015.

［188］吴明隆 . 结构方程模型：Amos 实务进阶［M］. 重庆：重庆出版社，2013.

［189］吴思竹，张智雄 . 网络中心度计算方法研究综述［J］. 图书情报工作，2010，54（18）：107–110+148.

［190］吴玮，周孟杰 ."抖音"里的家乡：网红城市青年地方感研究［J］. 中国青年研究，2019（12）：70–79.

［191］吴艳，温忠麟 . 结构方程建模中的题目打包策略［J］. 心理科学进展，2011，19（12）：1859–1867.

［192］吴寅姗，陈家熙，钱俊希 . 流动性视角下的入藏火车旅行研究：体验、实践、意义［J］. 旅游学刊，2017，32（12）：17–27.

［193］席岳婷，贺雅娟 . 基于网络文本分析的美食街区游客感知研究——以西安永兴坊为例［J］. 经济研究导刊，2022（6）：130–133.

［194］夏铭阳．旅游者人格特质、沉浸体验对地方依恋的影响研究［D］．延吉：延边大学，2020.

［195］谢沁露．从空间转向到空间媒介化：媒介地理学在西方的兴起与发展［J］．现代传播（中国传媒大学学报），2018，40（2）：75–81.

［196］谢五届．基于游客的目的地品牌资产模型中品牌质量和品牌形象的中介作用——以赴澳大利亚凯恩斯的大陆游客为例［J］．华侨华人研究，2018：140–166.

［197］谢新洲．“媒介依赖”理论在互联网环境下的实证研究［J］．石家庄经济学院学报，2004（2）：218–224.

［198］谢彦君，樊友猛．身体视角下的旅游体验——基于徒步游记与访谈的扎根理论分析［J］．人文地理，2017，32（4）：129–137.

［199］谢彦君，基础旅游学［M］．北京：中国旅游出版社，2010.

［200］修巧艳．米契尔的认知社会学习理论述评［J］．山东师范大学学报（人文社会科学版），2004（6）：113–116.

［201］徐柯健．大香格里拉地区旅游开发模式比较分析［J］．地理科学进展，2008（3）：134–140.

［202］徐益君．基于视频内容分析的检索方法研究及实现［D］．广州：华南理工大学，2011.

［203］许春晓，莫莉萍．旅游目的地品牌资产驱动因素模型研究——以凤凰古城为例［J］．旅游学刊，2014，29（7）：77–87.

［204］许可含．地方感视角下B站中贵阳城市形象传播研究［D］．重庆：重庆工商大学，2022.

［205］许鹏．旅游品牌价值对游客满意度的影响——基于沉浸体验理论视角［J］．商业经济研究，2022（5）：88–91.

［206］杨帆．中国城市宣传片地方特色问题分析［D］．成都：西南交通大学，2014.

［207］杨凤影．旅游景区服务质量测评体系研究［D］．广州：暨南大学，2006.

［208］杨慧琳，胡舟妮，杨展艺，等．福州上下杭历史文化街区老年人悠

游五感体验探析［J］. 城市建筑空间，2022，29（3）：57-59.

［209］杨善林，王佳佳，等. 在线社交网络用户行为研究现状与展望［J］. 中国科学院院刊，2015，30（2）：200-215.

［210］杨雪. 网络游戏沉浸感测量问卷的编制［D］. 武汉：华中师范大学，2015.

［211］杨雅，林苗，丁汉青. 情感的狂欢：网络直播受众的信息加工机制和行为分析——感知有用性的中介和情感效价的调节作用［J］. 当代传播，2023（3）：86-91.

［212］杨一翁，孙国辉，陶晓波. 北京的认知、情感和意动城市品牌形象测度［J］. 城市问题，2019（5）：34-45.

［213］殷乐，高慧敏. 传统媒体新闻短视频发展现状与传播态势［J］. 当代传播，2018（6）：45-50.

［214］殷英梅. 游客对他人不文明旅游行为的道德情感与行为倾向研究——基于情绪认知评价理论的视角［J］. 燕山大学学报（哲学社会科学版），2018，19（6）：70-77.

［215］尹曾. 基于微博签到数据的游客时空行为模式及情感变化分析［D］. 南昌：江西师范大学，2022.

［216］英戴维·莫里，凯文·罗宾斯. 认同的空间——全球媒介、电子世界景观和文化边界［M］. 司艳，译. 南京：南京大学出版社，2001.

［217］于静. 基于微博大数据的游客情感及时空变化研究［D］. 西安：陕西师范大学，2016.

［218］于爽. 万仙山旅游形象期望—体验差异感知研究［J］. 林业与生态科学，2019，34（4）：443-450.

［219］余飞，肖松涛. 旅行社游客满意度指数测评研究［J］. 市场论坛，2008，49（4）：54-55+53.

［220］俞万源，冯亚芬，梁锦梅. 基于游客满意度的客家文化旅游开发研究［J］. 地理科学，2013，33（7）：824-830.

［221］袁登华，罗嗣明，李游. 品牌信任结构及其测量研究［J］. 心理学探新，2007（3）：81-86.

［222］袁艳．当地理学家谈论媒介与传播时，他们谈论什么？——兼评保罗·亚当斯的《媒介与传播地理学》［J］．国际新闻界，2019，41（7）：157-176.

［223］苑炳慧，辜应康．基于顾客的旅游目的地品牌资产量表开发与验证［J］．旅游科学，2016，30（4）：46-60.

［224］约书亚·梅洛维茨．消失的地域：电子媒介对社会行为的影响［M］．北京：清华大学出版社，2002.

［225］张波．计划行为理论视角下消费者对网红茶饮品牌广告的接受意愿研究［D］．北京：中央民族大学，2019.

［226］张红梅，龙嫵升，梁昌勇，等．葡萄酒旅游目的地品牌形象影响因素扎根研究——以贺兰山东麓为例［J］．中国软科学，2019（10）：184-192.

［227］张红梅，赵树平，徐健．特色旅游目的地品牌形象研究现状及发展趋势［J］．北方民族大学学报，2020（3）：62-70.

［228］张宏梅，张文静，王进，等．基于旅游者视角的目的地品牌权益测量模型：以皖南国际旅游区为例［J］．旅游科学，2013，27（1）：52-63.

［229］张鹏杨，郑婷．文本挖掘的旅游地官方投射形象与游客感知形象差异——以昆明市为例［J］．华侨大学学报（哲学社会科学版），2022（4）：24-36.

［230］张丕万．地方的文化意义与媒介地方社会建构［J］．学习与实践，2018（12）：111-118.

［231］张庆，孙华贞，兰宗荣，等．基于顾客网络评价的乡村民宿服务质量分析——以武夷山南源岭村民宿为例［J］．西昌学院学报（社会科学版），2018，30（2）：73-76.

［232］张轶群．丽江玉龙雪山景区旅游投资驱动效应研究［D］．昆明：云南师范大学，2021.

［233］赵春艳，陈美爱．基于网络文本分析的游客满意度影响因素分析［J］．统计与决策，2019，35（13）：115-118.

［234］赵怀远．视觉化的情感表达：Plog 传播的意义生成和价值反思［J］．青年记者，2023（20）：111-113.

［235］赵建平．玉龙雪山景区旅游发展驱动力变化研究［D］．昆明：云南师范大学，2021.

［236］赵金雨．黄山风景区在线评论的游客情感分析［D］．哈尔滨：哈尔滨商业大学，2022.

［237］赵瑾．用户抖音旅游类短视频价值感知对其出游意愿的影响研究［D］．昆明：云南大学，2022.

［238］赵鹏宇，崔嫱，张慧，李婷．基于网络评论的山西世界遗产旅游地游客满意度研究［J］．山西师范大学学报（自然科学版），2016，30（3）：64–69.

［239］赵青华．短视频特征对游客购买行为的影响研究［D］．桂林：桂林理工大学，2023.

［240］赵玮，秦枝丽．种草短视频内容特征对消费者购买意愿的影响［J］．商业经济研究，2023（21）：85–88.

［241］赵昱，王勇泽．短视频的传播现状分析［J］．数字传媒研究，2015，32（5）：54–58.

［242］赵子越，王怡，郭萌．秦巴山区“丰收节”活动中游客满意度及行为意向研究［J］．金华职业技术学院学报，2022，22（5）：16–22.

［243］者丽艳，徐小荣，赵东升．云南玉龙雪山景区优质品牌战略构建对策研究［J］．经济问题探索，2008（3）：128–133.

［244］郑伯铭．山地景区旅游高质量发展的驱动机制研究［D］．昆明：云南财经大学，2021.

［245］郑春晖，张佳，温淑盈．虚与实：虚拟旅游中的人地情感依恋与实地旅游意愿［J］．旅游学刊，2022，37（4）：104–115.

［246］钟士恩，章锦河，丁蕾，等．江南水乡游客满意度的多维度影响因素测量模型［J］．地理科学，2016，36（11）：1715–1721.

［247］周丽君．山地景区旅游安全风险评价与管理研究［D］．长春：东北师范大学，2013.

［248］周林，顾海根．大学生孤独感与网络自我表露关系［J］．当代青年研究，2012（9）：65–70.

［249］周炜．基于大数据的浙江云和梯田景区游客满意度的研究［D］．桂林：广西师范大学，2021.

［250］周永博，程德年，胡昕，等．生活方式型旅游目的地品牌个性建构——基于苏州古城案例的混合方法研究［J］．旅游学刊，2016，31（7）：85-95.

［251］周正嵩．物流企业服务质量评价模型构建及应用研究［D］．镇江：江苏大学，2014.

［252］朱从鑫．情感共同体：哔哩哔哩音乐视频的互动仪式研究［J］．北方传媒研究，2023（4）：92-96.

［253］朱竑，蔡晓梅，苏晓波，等．"晒"与"赞"：微信时代旅游体验的互动建构［J］．旅游学刊，2020，35（10）：96-108.

［254］朱婧雯，欧阳宏生．认知传播的理论谱系与研究进路：以体认、境化、行动的知觉—技术逻辑为线索［J］．南京社会科学，2020，29（5）：109-115.

［255］朱莹燕．基于内容分析法的＠四川共青团官方微博文本研究［D］．成都：西南交通大学，2015.

［256］朱智贤．心理学大词典［M］．北京：北京师范大学出版社，1989.

［257］邹琼，和赴宇，王珂．丽江玉龙雪山景区应对气候变化探索和实践［J］．环境科学导刊，2019，38（4）：22-25.

［258］邹永广，林炜铃，郑向敏．"驴友"旅游安全事故成因机理研究——基于扎根理论范式的质性分析［J］．旅游科学，2014，28（3）：76-86.

［259］Aaker D A. Measuring brand equity across products and markets［J］. California Management Review，1996，38（3）：102-120.

［260］Aaker J L. Dimensions of brand personality［J］. Journal of Marketing Research，1997，34（3）：347-356.

［261］Aaker J，Fournier S，Brasel S A. When good brands do bad［J］. Journal of Consumer Research，2004，31（1）：1-16.

［262］Aaker J，Schmitt B. Culture-dependent assimilation and differentiation of the self：Preferences for consumption symbols in the United States and China［J］.

Journal of Cross-Cultural Psychology, 2001, 32 (5): 561-576.

[263] Adams P C, Jansson A. Communication geography: A bridge between disciplines [J]. Communication Theory, 2012, 22 (3): 299-318.

[264] Akama J S, Kieti D M. Measuring tourist satisfaction with Kenya's wildlife safari: A case study of Tsavo West National Park [J]. Tourism Management, 2003, 24 (1): 73-81.

[265] Alhammad F, Beech J, Al-Dmour H. European package tourists' behaviour and world heritage attraction: An exploratory study [J]. Dirasat: Administrative Sciences, 2011, 3 (1): 269-287.

[266] Anderson E W, Sullivan M W. The antecedents and consequences of customer satisfaction for firms [J]. Marketing Science, 1993, 12 (2): 125-143.

[267] Anderson M. The Extended Mind [M]. Palgrave Macmillan UK, 2015.

[268] Ashton A S. Tourist destination brand image development—an analysis based on stakeholders' perception: A case study from Southland, New Zealand [J]. Journal of Vacation Marketing, 2014, 20 (3): 279-292.

[269] Auge M. Non-Places: Introduction to An Anthropology of Supermodernity [M]. London &New York: Verso, 1995: 21-35.

[270] Baker D A, Crompton J L. Quality, satisfaction and behavioral intentions [J]. Annals of Tourism Research, 2000, 27 (3): 785-804.

[271] Ball-Rokeach S J, Rokeach M, Grube J W. The great American values test: Influencing behavior and belief through television [J].Social Forces, 1986, 65 (2): 571-573.

[272] Baptista N, Matos N. Analysing destination image from a consumer behaviour perspective [J]. Journal of Spatial and Organizational Dynamics, 2018, 6 (3): 226-236.

[273] Beerli A, Martin J D. Factors influencing destination image [J]. Annals of Tourism Research, 2004, 31 (3): 657-681.

[274] Berelson B. Population policy: personal notes [J]. Population Studies, 1971, 25 (2): 173-182.

[275] Bhat M A, Qadir N. Tourist satisfaction in Kashmir: An empirical assessment [J] . Journal of Business Theory and Practice, Scholink Co., LTD, London, 2013, 1 (1): 152–166.

[276] Boem F, Ferretti G, Zipoli Caiani S. Out of our skull, in our skin: the microbiota–gut–brain axis and the extended cognition thesis [J] . Biology & Philosophy, 2021 (36): 1–32.

[277] Botterill, T. David; Crompton, John L. Personal constructions of holiday snapshots [J] . Annals of Tourism Research, 1987, 14 (1): 152–156.

[278] Bowen D. Antecedents of consumer satisfaction and dis–satisfaction (CS/D) on long–haul inclusive tours—a reality check on theoretical considerations [J] . Tourism Management, 2001, 22 (1): 49–61.

[279] Breakwell G M. Coping with Threatened Identity [M] . London: Methuen, 1986.

[280] Brian Massumi, The Parables of the Virtual [D] .Duke University Press, 2002.

[281] Cardozo R M.An experimental study of consumer effort, expectation and satisfaction [J] . Journal of Marketing Research, 1965, 2 (8): 244–249.

[282] Chang J H, Tseng C Y. Analyzing google trends with travel keyword rankings to predict tourists into a group [J] . Journal of Internet Technology, 2019, 20 (1): 247–256.

[283] Chatterjee S, Chaudhuri R, Vrontis D, et al. Adoption of artificial intelligence–integrated CRM systems in agile organizations in India [J] . Technological Forecasting and Social Change, 2021 (168): 120783.

[284] Chaudhuri A, Holbrook M B. The chain of effects from brand trust and brand affect to brand performance: The role of brand loyalty [J] . Journal of Marketing, 2001, 65 (2): 81–93.

[285] Chen T, Borth D, Darrell T, et al. Deepsentibank: Visual sentiment concept classification with deep convolutional neural networks [J] . Coupter Science, 2014.

[286] Chon K S. Understanding recreational traveler's motivation, attitude and satisfaction [J] . The Tourist Review, 1989, 44 (1): 3–7.

[287] Compeau D R, Higgins C A. Computer self–efficacy: Development of a measure and initial test [J] . MIS Quarterly, 1995: 189–211.

[288] Cresswell T. On the Move: Mobility in the Modern Western World [M] . New York: Routledge, 2006: 1–24.

[289] Cronin Jr J J, Taylor S A. Measuring service quality: a reexamination and extension [J] . Journal of Marketing, 1992, 56 (3): 55–68.

[290]Csikszentmihalyi M, LeFevre J. Optimal experience in work and leisure[J]. Journal of Personality and Social Psychology, 1989, 56 (5): 815.

[291] Dale A, Ling C, Newman L. Does place matter? Sustainable community development in three Canadian communities [J] . Ethics Place and Environment, 2008, 11 (3): 267–281.

[292] Davis F D. Perceived usefulness, perceived ease of use, and user acceptance of information technology [J] . MIS Quarterly, 1989: 319–340.

[293] De Fleur, Melvin and Ball–Rokeach, Sandra [M] . Theories of Mass Communication, Longman, NewYork, 1989: 302–304.

[294] Del Bosque I A R, San Mart í n H, Collado J. The role of expectations in the consumer satisfaction formation process: Empirical evidence in the travel agency sector [J] . Tourism Management, 2006, 27 (3): 410–419.

[295] Delgado - Ballester E, Munuera - Alem á n J L. Brand trust in the context of consumer loyalty [J] . European Journal of Marketing, 2001, 35 (11/12): 1238–1258.

[296] Deutsch K, Yoon S Y, Goulias K. Modeling travel behavior and sense of place using a structural equation model [J] . Journal of Transport Geography, 2013, 28 (4): 155–163.

[297] Diette G B, Lechtzin N, Haponik E, et al. Distraction therapy with nature sights and sounds reduces pain during flexible bronchoscopy: A complementary approach to routine analgesia [J] . Chest, 2003, 123 (3): 941–948.

[298] Dorfman P W. Measurement and meaning of recreation satisfaction: A case study in camping[J].Environmental and Behavior, 1979 (4): 483–510.

[299] Echtner C M, Ritchie J R B. The meaning and measurement of destination image [J]. Journal of Tourism Studies, 1991, 2 (2): 2–12.

[300] Ekinci Y, Hosany S. Destination personality: An application of brand personality to tourism destinations [J]. Journal of Travel Research, 2006, 45 (2): 127–139.

[301] Ellison N B, Steinfield C, Lampe C. The benefits of Facebook "friends": Social capital and college students' use of online social network sites [J]. Journal of Computer–Mediated Communication, 2007, 12 (4): 1143–1168.

[302] Evans M R, Chon K S. Formulating and evaluating tourism policy using importance–performance analysis [J]. Hospitality Education and Research Journal, 1989, 13 (3): 203–213.

[303] Ezeuduji I O, Mhlongo P S. Tourists' perceptions of a destination brand image: KwaZulu–Natal, South Africa [J]. African Journal of Hospitality, Tourism and Leisure, 2019, 8 (4): 1–11.

[304] Fisher J C, Mistry J, Pierre M A, et al. Using participatory video to share people's experiences of neotropical urban green and blue spaces with decision - makers [J]. The Geographical Journal, 2021, 187 (4): 346–360.

[305] Fiske J. Offensive bodies and carnival pleasures [J]. Understanding Popular Culture, 1989: 69–102.

[306] Fjørtoft I, Sageie J. The natural environment as a playground for children: Landscape description and analyses of a natural playscape [J]. Landscape and Urban Planning, 2000, 48 (1–2): 83–97.

[307] Fournier S. Consumers and their brands: Developing relationship theory in consumer research [J]. Journal of Consumer Research, 1998, 24 (4): 343–373.

[308] Garvin D.A.Quality on the Line [J].Harvard Business Review, 1983 (61): 65–73.

[309] Gibson J J. The Ecological Approach to Visual Perception: Classic Edition

[M]. Psychology Press, 2014: 127.

[310] Grant A E, Guthrie K K, Ball-Rokeach S J. Television shopping: A media system dependency perspective [J]. Communication Research, 1991, 18 (6): 773-798.

[311] Grönroos C. Strategic management and marketing in the service sector. Helsinkis, Swedish School of Economics [R]. Research Report, 1982.

[312] Gross J J. The extended process model of emotion regulation: Elaborations, applications, and future directions [J]. Psychological Inquiry, 2015, 26 (1): 130-137.

[313] Hamilton M, Kaltcheva V D, Rohm A J. Social media and value creation: The role of interaction satisfaction and interaction immersion [J]. Journal of Interactive Marketing, 2016, 36 (1): 121-133.

[314] Hammitt W E, Backlund E A, Blxler R D. Experience use history, place bonding and resource substitution of trout anglers during recreation engagements [J]. Journal of Leisure Research, 2004, 36 (3): 356-378.

[315] Handani N D, Wang J, Kim H S. The destination attributes of travelers' satisfaction and experience at Uluwatu tourism area based on online reviews [C] //3rd International Conference on Business Law and Local Wisdom in Tourism (ICBLT 2022). Atlantis press, 2023: 829-835.

[316] Hankinson G. Destination brand images: a business tourism perspective [J]. Journal of Services Marketing, 2005, 19 (1): 24-32.

[317] Harrison S, Dourish P. Re-place-ing space: The roles of place and space in collaborative systems [C] //Proceedings of the 1996 ACM conference on Computer Supported Cooperative Work, 1996: 67-76.

[318] Hashemnezhad H, Heidari A A, Mohammad Hoseini P. Sense of place and place attachment [J]. International Journal of Architecture and Urban Development, 2013, 3 (1): 5-12.

[319] Hes D, Hernandez-Santin C. Placemaking Fundamentals for the Built Environment [M]. Springer Singapore, 2020.

［320］Hoffman D L，Novak T P. Marketing in hypermedia computer–mediated environments：Conceptual foundations［J］. Journal of Marketing，1996，60（3）：50–68.

［321］Howard J A. The Theory of Buyer Behavior［M］. Wiley，1969.

［322］Hsu C，Cai L A. Brand knowledge，trust and loyalty–a conceptual model of destination branding［C］//International CHRIE Conference–refereed Track，2009：12.

［323］Huang H C，Huang L S，Chou Y J，et al. Influence of temperament and character on online gamer loyalty：Perspectives from personality and flow theories［J］. Computers in Human Behavior，2017（70）：398–406.

［324］Hummon D M. Community Attachment［M］. Altman I，Low S M. Place Attachment. New York：Plenum Press，1992：2–36.

［325］James W. The principles of psychology［J］. Encyclopedia Britannica，1890.

［326］Johns N，Avci T，Karatepe O M. Measuring service quality of travel agents：Evidence from Northern Cyprus［J］. The Service Industries Journal，2004，24（3）：82–100.

［327］Jorgensen B S，Stedman R C. A comparative analysis of predictors of sense of place dimensions：Attachment to，dependence on，and identification with lakeshore properties［J］. Journal of Environmental Management，2006，79（3）：316–327.

［328］Josiam B M，Huang T Y，Spears D L，Kennon L，Bahulkar G A.Understanding ethnic Chinese travelers on North American cruise tours：Motivations，perceptions，and satisfaction of cruisers［J］.Journal of China Tourism Research，2009，5（1）：77–101.

［329］Junaedi S，Harjanto J. Examining the Effect of Destination Awareness，Destination Image，Tourist Motivation，and Word of Mouth on Tourists' Intention to Revisit［M］//Advanced Issues in the Economics of Emerging Markets. Emerald Publishing Limited，2020：27–38.

［330］Kaiser H F. An index of factorial simplicity［J］. Psychometrika，1974，39（1）：31–36.

[331] Kaltenborn B P. Nature of place attachment: A study among recreation homeowners in southern Norway [J]. Leisure Science, 1997, 19 (2): 175–189.

[332] Kapferer J N. The new Strategic Brand Management: Creating and Sustaining Brand Equity Long Term [M]. Kogan Page Publishers, 2008.

[333] Kaplanidou K, Jordan J S, Funk D, et al. Recurring sport events and destination image perceptions: Impact on active sport tourist behavioral intentions and place attachment [J]. Journal of Sport Management, 2012, 26 (3): 237–248.

[334] Keller K L. Building customer–based brand equity: A blueprint for creating strong brands [J]. Marketing Management, 2001: 15–19.

[335] Keller K L. Conceptualizing, measuring, and managing customer–based brand equity [J]. Journal of Marketing, 1993, 57 (1): 1–22.

[336] Khamitov M, Wang X, Thomson M. How well do consumer–brand relationships drive customer brand loyalty? Generalizations from a meta–analysis of brand relationship elasticities [J]. Journal of Consumer Research, 2019, 46 (3): 435–459.

[337] Kim C K, Chung J Y. Brand popularity, country image and market share: an empirical study [J]. Journal of International Business Studies, 1997, 28 (2): 361–386.

[338] Kirchhoff M D, Kiverstein J. Attuning to the world: The diachronic constitution of the extended conscious mind [J]. Frontiers in Psychology, 2020 (11): 1966.

[339] Knickerbocker L M. Enhancing the development of sense of place using reflective field journal techniques during a Traveling School semester [J]. Science Study& Teaching, 2012 (12): 5–19.

[340] Kock F, Josiassen A, Assaf A G. Advancing destination image: The destination content model [J]. Annals of Tourism Research, 2016 (61): 28–44.

[341] Koltko–Rivera M E. Rediscovering the later version of Maslow's hierarchy of needs: Self–transcendence and opportunities for theory, research, and unification [J]. Review of General Psychology, 2006, 10 (4): 302–317.

［342］Konecnik Ruzzier M, Antoncic B, Ruzzier M. Cross-cultural model of customer-based brand equity for a tourism destination［J］. The IUP Journal of Brand Management, 2014, 11（1）: 30–46.

［343］Kress G., Van Leeuwen, T. Reading Images: The Grammar of Visual Design［M］. London: Rouldege, 1996: 85–94.

［344］Krueger J, Szanto T. Extended emotions［J］. Philosophy Compass, 2016, 11（12）: 863–878.

［345］Krueger J. Varieties of extended emotions［J］. Phenomenology and the Cognitive Sciences, 2014（13）: 533–555.

［346］Kulczycki C. Place meanings and rock climbing in outdoor settings［J］. Journal of Outdoor Recreation and Tourism, 2014（7）: 8–15.

［347］Kyle G, Graefe A, Manning R, et al. Effects of place attachment on users' perceptions of social and environmental conditions in a natural setting［J］. Journal of Environmental Psychology, 2004, 24（2）: 213–225.

［348］Kyle G, Graefe A, Manning R. Testing the dimensionality of place attachment in recreational settings［J］. Environment and Behavior, 2005, 37（2）: 153–177.

［349］Lawson F, Baud-Bovy M. Tourism and Recreation Development, A Handbook of Physical Planning［M］. Architectural Press, 1977.

［350］Lee C K, Lee Y K, Lee B K. Korea's destination image formed by the 2002 World Cup［J］. Annals of Tourism Research, 2005, 32（4）: 839–858.

［351］Lee C S. Exploring emotional expressions on YouTube through the lens of media system dependency theory［J］. New Media & Society, 2012, 14（3）: 457–475.

［352］Lewicka M. Place attachment, place identity, and place memory: Restoring the forgotten city past［J］. Journal of Environmental Psychology, 2008, 28（3）: 209–231.

［353］Li M. Evaluation on the effect of cultivation mode for new engineering college students' innovation ability in local colleges and universities［C］//2020 6th

International Conference on Social Science and Higher Education（ICSSHE 2020）. Atlantis Press，2020：967–971.

[354] Loewenstein G. Because it is there：The challenge of mountaineering··· for utility theory [J] . Kyklos，1999，52（3）：315–343.

[355] Loureiro S M C. The role of the rural tourism experience economy in place attachment and behavioral intentions [J] . International Journal of Hospitality Management，2014（40）：1–9.

[356] Lu W，Stepchenkova S. Ecotourism experiences reported online：Classification of satisfaction attributes [J] . Tourism Management，2012，33（3）：702–712.

[357] Lukermann F. Geography as a formal intellectual discipline and the way in which it contributes to human knowledge [J] . Canadian Geographer，1964，8（4）：167–172.

[358] Mckercher B，Wang D，Park E. Social impacts as a function of place change [J] . Annals of Tourism Research，2015（50）：52–66.

[359] Mischel W，Shoda Y. A cognitive–affective system theory of personality：Reconceptualizing situations，dispositions，dynamics，and invariance in personality structure [J] . Psychological Review，1995，102（2）：246.

[360] Morgan R M，Hunt S D. The commitment–trust theory of relationship marketing [J] . Journal of Marketing，1994，58（3）：20–38.

[361] Murphy P，Pritchard M P，Smith B. The destination product and its impact on traveller perceptions [J] . Tourism Management，2000，21（1）：43–52.

[362] Nepal S K. Mountain ecotourism and sustainable development [J] . Mountain Research and Development，2002，22（2）：104–109.

[363] Nunnally J C. Psychometric theory [J] . American Educational Research Journal，1978，5（3）：83.

[364] Ogucha E B，R iungu G K，Kiama F K，et al. The influence of homestay facilities on tourist satisfaction in the Lake Victoria Kenya Tourism Circuit [J] . Journal of Ecotourism，2015，14（2–3）：278–287.

［365］Oliver R L，Swan J E. Consumer perceptions of interpersonal equity and satisfaction in transactions：A field survey approach［J］. Journal of Marketing，1989，53（2）：21–35.

［366］Oliver RL.A cognitive model of the antecedents and consequences of satisfaction decisions［J］. Journal of Marketing Research，1980，17（4）：460–469.

［367］Oliver，R.L. Measurement and evaluation of satisfaction process in retail setting［J］. Journal of Retailing，1981（57）：25–48.

［368］Pan L，Zhang M，Gursoy D，et al. Development and validation of a destination personality scale for mainland Chinese travelers［J］. Tourism Management，2017（59）：338–348.

［369］Parasuraman A，Zeithaml V A，Berry L L. SERVQUAL：A multiple–item scale for measuring consumer perceptions of service quality［J］. Journal of Retailing，1988，64（1）：12–40.

［370］Peschardt K K，Stigsdotter U K. Associations between park characteristics and perceived restorativeness of small public urban green spaces［J］. Landscape and Urban Planning，2013（112）：26–39.

［371］Pizam A，Neumann Y，Reichel A. Dimentions of tourist satisfaction with a destination area［J］. Annals of Tourism Research，1978，5（3）：314–322.

［372］Prayag G，Ryan C. The relationship between the "push" and "pull" factors of a tourist destination：The role of nationality – an analytical qualitative research approach［J］. Current Issues in Tourism，2011，14（2）：121–143.

［373］Pred A，Pred A R. Place，Practice and Structure：Social and Spatial Transformation in Southern Sweden：1750–1850［M］. Cambridge：Polity press，1986.

［374］Qu H，Kim L H，Im H H. A model of destination branding：Integrating the concepts of the branding and destination image［J］. Tourism Management，2011，32（3）：465–476.

［375］Ramkissoon H，Smith L D G，Weiler B. Testing the dimensionality of place attachment and its relationships with place satisfaction and pro-environmental behaviors: A structural equation modelling approach [J] . Tourism Management, 2013 (36): 552-566.

[376] Raymond C M, Brown G, Weber D. The measurement of place attachment: Personal, community, and environmental connections [J] . Journal of Environmental Psychology, 2010, 30 (4): 422-434.

[377] Relph E. Geographical Experiences and Being-in-the-world: The Phenomenological Origins of Geography [M] //Dwelling, Place and Environment: Towards A Phenomenology of Person and World. Dordrecht: Springer Netherlands, 1985: 15-31.

[378] Relph E. Place and placelessness [J] . Pion Limited, 1976, 68 (1): 116.

[379] Rice R E, Evans S K, Pearce K E, et al. Organizational media affordances: Operationalization and associations with media use [J] . Journal of Communication, 2017, 67 (1): 106-130.

[380] Rubin R B, McHugh M P. Development of parasocial interaction relationship [J] . Journal of Broadcasting& Electronic Media, 1987, 31 (3): 279-292.

[381] Ruhanen L. The prominence of eco in ecotourism experiences: An analysis of post-purchase online reviews [J] . Journal of Hospitality and Tourism Management, 2019 (39): 110-116.

[382] Saker M, Evans L. Everyday life and locative play: An exploration of Foursquare and playful engagements with space and place [J] . Media, Culture & Society, 2016, 38 (8): 1169-1183.

[383] Scannell L, Gifford R. Defining place attachment: A tripartite organizing framework [J] . Journal of Environmental Psychology, 2010, 30 (1): 1-10.

[384] Scannell L, Gifford R. The relations between natural and civic place attachment and pro-environmental behavior [J] . Journal of Environmental Psychology, 2010, 30 (3): 289-297.

[385] Schrock A R. Communicative affordances of mobile media: Portability, availability, locatability, and multimediality [J] . International Journal of Communication, 2015 (9): 18.

[386] Shamai S. Sense of place: An empirical measurement [J] . Geoforum, 1991, 22 (3): 347–358.

[387] Sheller M, Urry J. The new mobilities paradigm [J] . Environment and Planning A, 2006, 38 (2): 207–226.

[388] Sirgy M J. Self–concept in consumer behavior: A critical review [J] . Journal of Consumer Research, 1982, 9 (3): 287–300.

[389] Soini K, Varala H, Pouta E. Residents' sense of place and landscape perceptions at the rural–urban interface [J] . Landscape and Urban Planning, 2012, 104 (1): 124–134.

[390] Sotiriadis M D. Sharing tourism experiences in social media: A literature review and a set of suggested business strategies [J] . International Journal of Contemporary Hospitality Management, 2017, 29 (1): 179–225.

[391] Stedman R C. Toward a social psychology of place: Predicting behavior from place–based cognitions, attitude, and identity [J] . Environment and Behavior, 2002, 34 (5): 561–581.

[392] Steel F. The Sense of Place [M] . Boston: CBI Publishing Company, 1981: 13–123.

[393] Stephens Balakrishnan M. Strategic branding of destinations: A framework [J] . European Journal of Marketing, 2009, 43 (5/6): 611–629.

[394] Sutton J. Exograms and Interdisciplinarity: History, the Extended Mind, and the Civilizing process [M] . Cambridge, MA: MIT Press, 2010.

[395] Tonge J, Moore S A. Importance–satisfaction analysis for marine–park hinterlands: A western Australian case study [J] . Tourism Management, 2007, 28 (3): 768–776.

[396] Tuan Y F.Topophilia: A Study of Environmental Percep tion [M] . Englewood Cliffs, NJ: Prentice–Hall, 1974.

[397] Tyrväinen L, Ojala A, Korpela K, et al. The influence of urban green environments on stress relief measures: A field experiment [J]. Journal of Environmental Psychology, 2014 (38): 1–9.

[398] Ujang N. Place attachment and continuity of urban place identity [J]. Procedia–Social and Behavioral Sciences, 2012, 49 (5): 156–167.

[399] Urry J. Sociology beyond societies: Mobilities for the Twenty–first Century [M]. Routledge, 2012.

[400] Venkatesh V, Davis F D. A theoretical extension of the technology acceptance model: Four longitudinal field studies [J]. Management Science, 2000, 46 (2): 186–204.

[401] Vinyals O, Toshev A, Bengio S, et al. Show and tell: A neural image caption generator [C] //Proceedings of the IEEE Conference on Computer Vision and Pattern Recognition, 2015: 3156–3164.

[402] Wall G, Wright C. The environmental impact of outdoor recreation [D]. University of Waterloo, 1977.

[403] White D D, Virden R J, Van Riper C J. Effects of place identity, place dependence, and experience–use history on perceptions of recreation impacts in a natural setting [J]. Environmental Management, 2008 (42): 647–657.

[404] Williams D R, Roggenbuck J W. Measuring place attachment: Some preliminary results [C] //NRPA Symposium on Leisure Research, San Antonio, TX. 1989.

[405] Williams D R, Stewart S I. Sense of place: An elusive concept that is finding a home in ecosystem management [J]. Journal of Forestry, 1998, 96 (5): 18–23.

[406] Xiang Z, Magnini V P, Fesenmaier D R. Information technology and consumer behavior in travel and tourism: Insights from travel planning using the internet [J]. Journal of Retailing and Consumer Services, 2015 (22): 244–249.

[407] Xiang Z, Schwartz Z, Gerdes Jr J H, et al. What can big data and text analytics tell us about hotel guest experience and satisfaction? [J]. International

Journal of Hospitality Management, 2015（44）: 120–130.

[408] Xu K, Ba J, Kiros R, et al. Show, attend and tell: Neural image caption generation with visual attention [C] //International Conference on Machine Learning. PMLR, 2015: 2048–2057.

[409] Yang R, Xu Q, Xu X, et al. Rural settlement spatial patterns and effects: Road traffic accessibility and geographic factors in Guangdong Province, China [J]. Journal of Geographical Sciences, 2019（29）: 213–230.

[410] Yoon Y, Uysal M. An examination of the effects of motivation and satisfaction on destination loyalty: A structural model [J]. Tourism Management, 2005, 26（1）: 45–56.

[411] Yuksel A, Yuksel F, Bilim Y. Destination attachment: Effects on customer satisfaction and cognitive, affective and conative loyalty [J]. Tourism Management, 2010, 31（2）: 274–284.

[412] Zhai Y, Chen P. Sentiment analysis on tourist satisfaction with rural homestay inns based on reviews from the website of online travel agency [J]. International Journal of Sustainable Development and Planning, 2020, 15（5）: 705–712.

[413] Zhang H, Fu X, Cai L A, et al. Destination image and tourist loyalty: A meta–analysis [J]. Tourism Management, 2014（40）: 213–223.

附　录

附录 A　视频使用对玉龙雪山旅游者地方感的影响测度问卷

尊敬的受访者：

您好！我们是国家自然科学基金山地旅游课题调研组。因研究所需，特向您了解视频使用对地方感的影响，本研究采取匿名问卷的形式，您的回答将只用作学术探索，您可以放心填写。十分感谢您的配合，祝愿您生活愉快！

1. 您的性别：

○男　　○女

2. 您的年龄：

○ 20 岁及以下　　○ 21~30 岁　　○ 31~45 岁　　○ 45 岁以上

3. 您的学历：

○初中以下　　○初中　　○高中　　○专科　　○本科　　○研究生

4. 在过去的一周内，您平均每天在视频媒介（快手、抖音、哔哩哔哩、油管等）上花费大约多少分钟？

○小于 10 分钟　　○ 11~30 分钟　　○ 31~60 分钟

○ 1~2 小时　　○ 2~3 小时　　○超过 3 小时

5. 以下题项是对视频媒介使用依赖度的调查，并无对错，请您根据自己的直观感受作答，并在相应框格内画“√”。

题项	很不同意	不同意	一般	同意	十分同意
	1	2	3	4	5
观看视频媒介是我日常活动的一部分	1	2	3	4	5
我可以告诉身边的人我在使用视频媒介	1	2	3	4	5
如果一段时间不使用视频媒介我会觉得自己的生活与社会脱节	1	2	3	4	5

6. 以下选项是使用视频对您认知的影响，并无对错，请您根据自己的直观感受作答，并在相应框格内画“√”。

题项	很不同意	不同意	一般	同意	十分同意
	1	2	3	4	5
玉龙雪山视频提供了丰富的信息，如画面、声音、弹幕评论等	1	2	3	4	5
玉龙雪山视频让我了解当地文化风貌和自然风光等信息	1	2	3	4	5
玉龙雪山视频让我了解当地交通住宿等服务	1	2	3	4	5
观看玉龙雪山视频让我能够快速获取相关信息	1	2	3	4	5
我不需要学习很多东西就能从观看玉龙雪山视频过程中获取信息	1	2	3	4	5
我很自信能够快速掌握视频软件并从中获取玉龙雪山旅游信息	1	2	3	4	5

7. 以下选项是使用视频对您行为及意向的影响，并无对错，请您根据自己的直观感受作答，并在相应框格内画“√”。

题项	很不同意	不同意	一般	同意	十分同意
	1	2	3	4	5
我会因为想去玉龙雪山拍视频而到玉龙雪山旅游	1	2	3	4	5
观看玉龙雪山的视频增加了我去玉龙雪山旅游的可能性	1	2	3	4	5
观看玉龙雪山视频会让我有想去玉龙雪山旅游的冲动	1	2	3	4	5
玉龙雪山视频中的活动会成为我游览玉龙雪山时的参考	1	2	3	4	5
我会想去视频中博主所去的地方打卡	1	2	3	4	5
如果要拍摄视频，我会根据拍摄需要选择游览的地点	1	2	3	4	5
观看或拍摄玉龙雪山视频让我产生许多优美的想象	1	2	3	4	5
拿着手机或相机进行拍摄会使我更加细致地观察	1	2	3	4	5
观看或拍摄玉龙雪山视频会使我更乐意在某些景点停留并欣赏	1	2	3	4	5
观看或拍摄玉龙雪山视频会让我想要将玉龙雪山景区分享给身边的人	1	2	3	4	5
观看或拍摄玉龙雪山视频会让我愿意再来到玉龙雪山景区	1	2	3	4	5
观看或拍摄玉龙雪山视频会让我更想将视频发布或转载到社交平台上	1	2	3	4	5

8. 以下选项是使用视频对您情感的影响，并无对错，请您根据自己的直观感受作答，并在相应框格内画“√”。

题项	很不同意	不同意	一般	同意	十分同意
	1	2	3	4	5
观看或拍摄玉龙雪山视频的过程让我感到很愉快	1	2	3	4	5
观看或拍摄玉龙雪山视频为我增添了生活乐趣	1	2	3	4	5
观看或拍摄玉龙雪山视频让我觉得兴奋	1	2	3	4	5
观看或拍摄玉龙雪山视频让我投入其中	1	2	3	4	5
观看或拍摄玉龙雪山视频让我保持注意力集中	1	2	3	4	5
观看或拍摄玉龙雪山视频让我感觉不到时间流逝	1	2	3	4	5
我觉得观看玉龙雪山视频或拍摄玉龙雪山视频很有价值	1	2	3	4	5
我能通过对玉龙雪山视频的观看和拍摄得到更好的旅行经历	1	2	3	4	5
拍摄或观看玉龙雪山视频给予我积极的影响	1	2	3	4	5
旅途中观看玉龙雪山视频会让我获得放松感	1	2	3	4	5
使用手机和相机拍摄的过程会让我转移注意力而不那么疲惫	1	2	3	4	5
行程间隙观看别人或者自己拍摄的视频片段会让我更快恢复精力	1	2	3	4	5

9. 以下选项是您在玉龙雪山的地方感测量，并无对错，请您根据自己的直观感受作答，并在相应框格内画“√”。

题项	很不同意	不同意	一般	同意	十分同意
	1	2	3	4	5
我对玉龙雪山景区记忆深刻	1	2	3	4	5
我对玉龙雪山充满留恋	1	2	3	4	5
我觉得玉龙雪山有独特的魅力	1	2	3	4	5
我觉得在玉龙雪山景区的旅行经历让我更深刻地认识了自我	1	2	3	4	5
我对玉龙雪山景区十分认同	1	2	3	4	5
我觉得玉龙雪山景区拥有独特的自然资源和文化资源	1	2	3	4	5
我在玉龙雪山进行的活动是独一无二的	1	2	3	4	5
玉龙雪山景区给予我的感觉是其他地方无法给予的	1	2	3	4	5
玉龙雪山景区能很好地承载我的个人志趣	1	2	3	4	5

诚挚地感谢您的耐心填写，这对我们的研究十分有帮助，祝您旅途愉快！

附录 B　玉龙雪山景区品牌形象影响因素研究调查问卷

尊敬的女士 / 先生：

您好！我们是国家自然科学基金山地旅游课题调研组。为了探讨与分析玉龙雪山景区品牌形象的影响因素，希望向您了解一些您对玉龙雪山景区品牌形象的认识与评价。现特邀请您参与此次调查，为此需要占用您一些宝贵时间，期盼能得到您的支持。

本问卷采取不记名方式填写，收集的所有信息将完全保密且仅供研究使用。由于相关信息将会作为山地景区品牌形象影响因素研究的重要依据，请您根据自身的真实感受和经历客观地填写这份问卷。诚挚感谢您的参与，祝您生活愉快！

第一部分：玉龙雪山景区品牌形象影响因素

请您根据自己的实际旅游经历，对下列陈述项进行打分。从 1（非常不认同）到 5（非常认同），对应的数字越大，表示您越认同此看法。

维度	题项	分值				
		非常不认同	不认同	一般	认同	非常认同
山地景区品牌质量	1. 玉龙雪山景区开发程度高，产品内容丰富多样	1	2	3	4	5
	2. 玉龙雪山景区为旅游者提供了优质的服务	1	2	3	4	5
	3. 玉龙雪山景区内的各项旅游接待设施配套齐全	1	2	3	4	5
	4. 玉龙雪山景区内的各种项目活动丰富多彩，具有吸引力	1	2	3	4	5
山地景区品牌知名度	5. 玉龙雪山景区的名气很大	1	2	3	4	5
	6. 来旅游之前，我就对玉龙雪山景区有了一些了解	1	2	3	4	5
	7. 我时常能接触到有关玉龙雪山景区旅游的相关信息	1	2	3	4	5
	8. 我能很快想到玉龙雪山景区的旅游特色	1	2	3	4	5
	9. 每当提到山地旅游景区时，我总能第一时间想到玉龙雪山景区	1	2	3	4	5

续表

维度	题项	分值				
		非常不认同	不认同	一般	认同	非常认同
山地景区品牌信任个人	10. 玉龙雪山景区的旅游品牌是值得信赖的	1	2	3	4	5
	11. 玉龙雪山景区品牌能够提供其所声称的服务	1	2	3	4	5
	12. 玉龙雪山景区能够保障旅游消费者的利益	1	2	3	4	5
	13. 玉龙雪山景区的山地旅游资源得天独厚，值得信赖	1	2	3	4	5
	14. 在玉龙雪山景区内旅游是安全可靠的	1	2	3	4	5
山地景区品牌象征	15. 我认为玉龙雪山景区是刺激（险峻、奇特、户外运动）的	1	2	3	4	5
	16. 我认为玉龙雪山景区是胜任（豁达、包容、与世无争）的	1	2	3	4	5
	17. 我认为玉龙雪山景区是神圣（恭敬、虔诚、圣洁）的	1	2	3	4	5
	18. 我认为玉龙雪山景区是充满活力（热情、喧闹、充满异域风情）的	1	2	3	4	5
山地景区品牌形象	19. 玉龙雪山景区的旅游形象和我的个人形象很一致	1	2	3	4	5

续表

维度	题项	分值				
		非常不认同	不认同	一般	认同	非常认同
山地景区品牌形象	20. 如果我去玉龙雪山景区旅游，我的朋友们会很羡慕我	1	2	3	4	5
	21. 我认为玉龙雪山景区是云南旅游的一张标志性名片	1	2	3	4	5
	22. 玉龙雪山景区是山地旅游的好去处	1	2	3	4	5
	23. 玉龙雪山景区拥有完善的管理制度	1	2	3	4	5

第二部分：个人基本信息（均为单选，在对应选项处画“√”）

1. 您的性别：

A. 男　　B. 女

2. 您的年龄：

A. 18 岁以下　　B. 18~30 岁

C. 31~50 岁　　D. 51~60 岁

E. 60 岁以上

3. 您来自：

A. 云南省　　B. 其他省份

4. 您的受教育程度：

A. 初中及以下　　B. 高中 / 中专

C. 大专 / 本科　　D. 研究生及以上

5. 您个人的月收入情况：

A. 3000 元以下　　B. 3000~5000 元

C. 5001~8000 元　　D. 8000 元以上

6. 您的职业：

A. 公务员 / 事业单位职工　　B. 企业员工

C. 自由职业者　　D. 个体工商户 / 私营业主

E. 学生　　F. 离退休人员

G. 其他

7. 您到过玉龙雪山景区的次数：

A. 1 次　　B. 2 次

C. 3 次　　D. 4 次及以上

附录 C　玉龙雪山景区品牌形象影响因素调查问卷内容效度专家评价表

尊敬的专家：

您好！我们是国家自然科学基金山地旅游课题调研组。感谢您在百忙之中抽出时间来参与玉龙雪山景区品牌形象影响因素调查问卷的内容效度评价，您的专业知识和经验对我们的研究至关重要。

本问卷旨在了解影响玉龙雪山景区品牌形象的各种因素，以便我们能更好地理解和提升其品牌形象。请您根据自己的理解和判断，对问卷内容效度进行评价，并在可能的情况下提供改进建议。您的反馈将对我们的研究产生深远意义。再次感谢您的参与和支持！

一、专家个人信息

您的姓名：

您的工作单位：

您的职务 / 职称：

您的研究领域：

二、研究文件内容效度评价（请用“√”表明您的意见）

1. 您认为问卷的总体设计：

非常合理	比较合理	一般	不太合理	不合理

2. 您认为问卷的内容设计：

非常合理	比较合理	一般	不太合理	不合理

3. 您认为问卷的结构设计：

非常合理	比较合理	一般	不太合理	不合理

4. 如果您对问卷有任何建议或改进的地方，请在这里提出。

项目策划：张芸艳
责任编辑：张芸艳
责任印制：钱　宬
封面设计：武爱听

图书在版编目（CIP）数据

山地景区旅游者媒介地方感、满意度与品牌形象研究 / 明庆忠等著 . -- 北京 : 中国旅游出版社 , 2025. 3.
(国家自然科学基金旅游研究项目文库). -- ISBN 978-7-5032-7540-1

Ⅰ. F592.6

中国国家版本馆 CIP 数据核字第 2025QY1692 号

书　　名：山地景区旅游者媒介地方感、满意度与品牌形象研究

作　　者：明庆忠　邓杨夏　董敏杰　潘　雪　等
出版发行：中国旅游出版社
（北京静安东里 6 号　邮编：100028）
http://www.cttp.net.cn　E-mail:cttp@mct.gov.cn
营销中心电话：010-57377103，010-57377106
读者服务部电话：010-57377107
排　　版：北京天韵科技有限公司
经　　销：全国各地新华书店
印　　刷：北京工商事务印刷有限公司
版　　次：2025 年 3 月第 1 版　2025 年 3 月第 1 次印刷
开　　本：720 毫米 × 970 毫米　1/16
印　　张：16.5
字　　数：257 千
定　　价：59.80 元
I S B N　978-7-5032-7540-1